호산 박문호
『칠서주상설』 연구번역총서 18

대학장구상설 1

호산 박문호 원저

책임역주[주저자]: 신창호
전임역주: 김학목 · 윤원현 · 조기영
공동역주: 김언종 · 임헌규 · 허동현

박영story

이 저서는 2017년 대한민국 교육부와 한국연구재단의 지원을 받아 수행된 연구임
(NRF－2017S1A5B4056044)

연구번역자 서문

학문 연구의 토대를 다지는 작업은 지난하면서도 즐겁다. 동양학을 탐구하는 학자들이 상생상극(相生相剋)의 학문적 이치를 노정(路程)한다면, 학문 연구의 난제(難題)와 열락(悅樂)은 서로 스며들게 마련이기 때문이다. 공자가 유교를 집대성(集大成)한 이후, 주자의 주석(註釋)을 거치면서 전변(轉變)을 거쳐 온 유학은, 그 이론과 실천의 차원에서 엄청난 심사숙고를 요청한다. 우주자연과 인간 사회에 대한 근본, 그 알파와 오메가를 진지하고 투철하게 고려하도록 채찍질한다. 선현(先賢)들의 학문 활동을 돌아보건대, 상당수가 그러한 삶을 고민했음이 분명하다.

본 저술은 호산(壺山) 박문호(朴文鎬, 1846~1918)의 『칠서주상설(七書註詳說)』을 심도있게 연구하여 한글로 완역한 연구번역 성과이다. 『칠서주상설』은 말 그대로 '칠서(七書)'의 주석에 대해 자세하게 설명한 저술이다. <칠서주>는 회암(晦庵) 주희(朱熹, 1130~1200)의 『논어집주(論語集註)』, 『맹자집주(孟子集註)』, 『대학장구(大學章句)』, 『중용장구(中庸章句)』, 『시집전(詩集傳)』, 『서집전(書集傳)』, 『주역본의(周易本義)』를 가리키는 것으로, 유교의 핵심 경전인 사서삼경(四書三經)에 관한 주희(『서집전』의 경우는 채침(蔡沈, 1167~1230))의 주석을 말한다. 주지하다시피, 사서삼경과 그 주석은 조선 주자학의 뼈대를 이루는 중심 경전이다. 호산은 이 <칠서주>에 다시 상세하게 주석을 부가하여 조선 유교를 종합해내었다. 서구 근대 문명이 밀물처럼 밀려오던 19세기 중반에서 20세기 초반에 활동하면서도, 주자학의 정통 학문을 자신의 사명처럼 여기고, 유교의 핵심 경전을 집대성한 것이다.

호산은 『칠서주상설』을 편찬하면서, 자신이 연구한 나름의 소신을 저술의 편차(編次)에 반영하였다. 중국 송대의 사상가들을 비롯하여 주자학을 신봉하는 대부분의 학자들이 사서(四書)의 독서 순서를 『대학(大學)』으로 시작했던 것과 달리, 호산은 『칠서주상설』의 순서를 주석(註釋)의 명칭에 따라 『논어집주상설(論語集註詳說)』로부터 시작했다. 그것은 유학의 핵심 경전인 『논어』가 맨 앞에 자리해야 하는 당위성이기도 하다.

그렇게 하여 『칠서주상설』은 『논어집주상설』 20권, 『맹자집주상설』 14권, 『대학장구상설』 1권, 『중용장구상설』 1권, 『시집전상설』 18권, 『시서변설상설』 2권, 『주역본의상설』 12권, 『서집전상설』 14권, 『서서변설상설』 1권으로, 전체 83권에 이르는 방대한 저작이 되었다. 마치, 조선의 주자학을 마무리하듯이, 경전의 주석을 짜임새 있게 갖추었다. 사서삼경의 경문에 대한 중국 역대의 주석을 비롯하여, 조선시대 여러 학자들의 주석을 간단·명료하게 총망라하였다. 특히, 사서삼경에 대한 주자의 주해(註解)를 의리(義理)와 훈고(訓詁), 그리고 논리(論理)를 반영하는 등, 여러 측면에서 정밀하고 명확하게 분석하면서도, 사서삼경의 주요 텍스트인 <영락대전(永樂大全)>본의 오류를 바로잡은 엄밀한 주석서로 편찬해내었다.

주자 이후 중국의 주요 주석뿐 아니라, 퇴계(退溪), 율곡(栗谷), 사계(沙溪), 우암(尤庵), 남당(南塘), 농암(農巖) 등 조선 성리학을 대표하는 학자들의 학설과 호산 자신의 견해까지 담은 저술이기에, 주자학의 심오한 이해는 물론 조선 성리학의 맥락과 계보, 발전 양상을 포괄할 수 있는 학문성을 담보한다.

본 연구번역은 2017년도 한국연구재단의 토대연구 사업으로 시작되었다. 연구 기획을 할 무렵 연구진의 생각은 좀 단순했다. '『칠서주상설』이 조선 유교 경전 주석사의 대미를 장식하는 주요한 저작이므로 이를 번역하여 학계에 기여하면 좋겠다!'는 정도였다. 그러나 기획 단계에서 초역을 하고 연구계획서를 작성하면서, '토대'연구 사업에 어울리는 작업으로서 연구범위가 상당 부분 확장되었다. 분량도 그렇지만, 원문에는 없는 표점, 찾아보기 힘들게 되어 있는 원전의 구절과 문장의 정돈, 내용 가운데 보충 설명이 필요한 부분의 주석 등, 관련 전공자들의 수준 높은 연구를 곁들인 번역의 필요성이 요청되었다. 고민을 거듭한 결과, 연구 작업이 너무나 방대해졌다.

그러나 연구진들은 매월 2,000여 매(200자 원고지 기준)에 달하는 연구 번역에 온힘을 쏟아 부었다. 열정을 바친 만큼 원고는 계획대로 생산되었고 또한 다듬어졌다. 단행본 1권에 해당하는 분량이었다. 원본의 오탈자를 바로잡고, 표점을 찍고, 구절을 바르게 맞추고, 문장을 정렬하고, 관련 전거를 확인하는 등, 초역에서 교열·윤문, 그리고 출판에 이르기까지, 여러 과정을 반복했다. 정말이지, 연구번역이라는 학문의 토대 작업을 자임한, 고난의 행군이었다. 당초 계획대로 5년 동안의 연구기간에 『칠서주상설』을 마무리한다면, 매년 20,000여 매, 전체 100,000여 매의 원고가 성과물로 쌓일 것이다. 단행본으로는 약 50여 권이 될 것으로 예상된다.

어려우면서도 엄청난 작업이지만, 학문의 토대를 구축하는 데 기여할 수 있다는 자부심과 자긍심으로, 현재 2차년도 연구번역 작업이 마무리 단계에 와 있다. 분량이 많다 보니, 본 번역연구 성과물의 출간과 관련하여 고민하지 않을 수 없었다. 모든 작업이 끝나고 한꺼번에 출간하는 것은 다소 무리라는 판단이 들었다. 이에 매년 번역연구물이 산출되면, 다음년도 연구번역이 끝나기 전, 즉 1년 이내에 출간하는 것이 연구진이나 학계에 도움이 되겠다고 생각하였다.

이 책은 1차년도(2017년 9월~2018년 8월)의 결과물이다. 1차년도에는 『논어집주상설』과 『대학장구상설』을 연구번역하고 정본화 작업을 진행하였다. 책의 권수는 경전의 편제와 분량, 그리고 내용에 따라 나누어 조정하였는데, 17,000여 매에 달하는 『논어집주상설』은 10권으로, 3,000매 가량인 『대학장구상설』은 3권으로 출간하게 되었다.

무엇보다도 본 연구번역의 과정에 매진해준 연구진에게 큰 절을 올린다. '고맙다!'는 말 이외에 서로를 격려하고 용기를 북돋우며 동기부여할 수 있는 표현은 없는 것 같다. 전임연구교수로 연구번역에 힘써준 고려대학교 교육문제연구소의 김학목 박사님, 윤원현 박사님, 조기영 박사님의 초역은 본 연구의 밑거름이 되었다. 공동연구에 참여하신 고려대학교 김언종 명예교수님, 강남대학교 임헌규 교수님, 경희대학교 허동현 교수님은 각종 자문과 조언, 윤문과 교열 등을 맡아 고생해 주셨다. 이외에 연구보조원으로 참여한 한국외국어대의 서세영, 고려대의 우버들, 위민성, 장우재 등 대학원생들의 각종 보조가 도움이 컸다. 또한 자문에 응하여 충고를 아끼지 않으신 원로 한학자 중관(中觀) 최권흥 선생님을 비롯하여, 『칠서주상설』의 가치와 중요성을 일깨워주신 일우(一愚) 이충구 선생님, 여기에서 일일이 거론하지는 못했지만, 본 연구와 관련하여 도움을 주신 여러 선생님들께 감사의 말씀을 전한다.

본 연구는 연구책임자를 비롯하여 자문에 이르기까지 우리 모두의 땀과 정성이 배어 있는 합작의 결실이다. 다시 한번 수고해주신 모든 분들에게 고마움과 감사의 인사를 건넨다. 그리고 본 연구번역을 원활하게 수행할 수 있도록 각종 편의를 제공해준 고려대학교 교육문제연구소와 행·재정적으로 지원해 준 한국연구재단, 고려대학교 산학단에도 감사드린다. 그런 지원이 없다면 본 사업은 쉽게 할 수 없는 학술 작업이다. 남은 연구기간에도 지속적인 관심을 부탁한다.

호산 박문호의 『칠서주상설』은 1921년에 발간되었다. 1918년 그의 사후 3년만이었다. 그 후 100년이 지났다. 1세기가 지난 2018년, 호산 선생 사후 100여 년 만에, 후학에 의해 본 『칠서주상설』이 연구번역되었다는 점에서 상당한 의미를 부여할 수도 있겠다. 여러 차원을 고려하여, 본 연구번역이 조선 유학을 집대성한 경전 주석서로서, 본 연구사업의 취지에 맞게 관련 학계의 연구 토대로 작용할 수 있기를 간절히 소망한다. 어떤 연구번역이건 완벽하려고 하지만, 한 점의 실수나 오류도 없이 완벽을 기하기란 쉽지 않다. 그만큼 완전한 연구번역은 어렵다. 본 연구번역도 최선을 다하려고 했지만, 미비한 부분이 있을 것이다. 오류가 있다면 많은 질정을 바라며, 잘못된 부분이 발견되면, 추후에 수정 보완할 수 있도록 노력할 것이다.

마지막으로, 심심한 감사를 표해야 할 분이 있다. 상당한 어려움을 감수하면서도 가치 있는 학술도서에 애정을 갖고 출판을 맡아준 박영스토리의 노현 대표님, 불철주야(不撤晝夜) 성심껏 원고를 꼼꼼하게 다듬어 편집해준 문선미 과장님을 비롯한 박영사 편집진에게 고마운 마음을 전한다.

2019. 6. 하지(夏至)절

연구책임자 신창호 씀

일러두기

1. 본서는 1921년 풍림정사(楓林精舍)에서 간행된 박문호의 『칠서주상설(七書註詳說)』(한국학중앙연구원 장서각 소장)을 저본으로 하였다. 아울러 아세아문화사(亞細亞文化社)에서 간행한 『호산전서(壺山全書)』 1~8(1987~1990)을 참고하였다.

2. 원전(原典)은 직역(直譯)을 원칙으로 하되, 필요한 경우에는 현대적 의미를 고려하여 의역(意譯)하며 풀이하였다. 원문은 번역문과 함께 제시하되, 원문을 앞에 번역문을 뒤에 배치하였다.

3. 역주(譯註)의 경우 각주로 처리하고 간단한 단어나 개념 설명의 경우 본문에서 그대로 병기하여 노출하였다(예 : 잡기(雜記 : 잡다하게 기록함)). 주석은 인용 출처 및 근거를 비롯한 관련 자료를 최대한 밝혀내어 제시하고, 관련 자료의 원문 내용과 번역문을 동시에 수록하는 것을 원칙으로 하였다. 자료의 성격과 독해상의 혼란을 고려하여 원문만을 그대로 노출하거나 내용이 중복되는 부분일지라도 편장이 달라질 경우 다시 수록하여 연구 토대 자료로서의 편리성을 도모하였다.

4. 원전의 원문은 칠서의 '경문(經文)', 주자의 주석인 '주주(朱註)', 박문호의 주석인 '상설(詳說)'로 구분하되, '경문－주주－상설'순으로 글자의 크기를 달리 하였다. 경문의 경우, 별도로 경문이라는 표시 없이 편장별로 번호를 붙였다(예 : 『논어』「선진」 1장 첫 구절은 「선진」이 『논어』의 11편이므로 [11－1－1]로 표시). 상설은 모든 구절에 ○를 붙여 의미를 분명하게 하였다.

5. 원문의 표점 및 정본화 작업은 연구번역 저본과 참고로 활용한 판본을 충분히 대조하여 정돈하였다. 『칠서주상설』 편제의 특성상, 혼란의 소지가 있는 부분은 글자를 추가하거나 삭제한 경우도 있으나 번역에서 원전 그대로 확인할 수 있도록 다시 전체 문장

을 제시하였다. 원문의 정본화 및 역주에서 경전(經傳;『 』)이나 편명(篇名;「 」), 구두(句讀; , ; .), 인용문(따옴표; " " ; ' '), 강조점(따옴표; ' ') 등을 구분하여 표시하였다.

6. 원전의 특성상, 경문의 바로 아래에 제시되어 있는 음운(音韻)이나 음가(音價)는 주자의 주석인 주주(朱註)로 처리하였다.

7. 원문이나 역주 가운데, 인명이나 개념어는 기본적으로 한글과 한문을 병기하되, 상황에 맞추어서 정돈하였다(예: '주자(朱子)'의 경우, 때로는 주희(朱熹)로 표기. 개념어는 원문을 그대로 노출하기도 하고 풀이하기도 하였는데, 도(道)의 경우, 도리(道理), 이치(理致), 방법(方法) 등으로 해석).

8. <참고문헌>과 인명 및 개념·용어 등은 최종 <별책 부록>으로 정돈한다.

차례

― 대학장구상설 총 목차 ―

차례

— 대학장구상설 1 —

대학장구상설
大學章句詳說

대학장구서상설(大學章句序詳說)

경(經) 1장

大學章句序詳說

대학장구서상설

大學之道在明明德在親民在止於至善

知止而后有定定而后能靜靜而后能安安而后能慮慮而后能得

大學之道在明明德在親民在止於至善

知止而后有定定而后能靜靜而后

詳說

○ 尤菴曰 : "『庸』·『學』在『禮記』中只是一篇文字, 朱先生旣分章, 又析句, 仍著註說於其下, 謂之'章句'."[1)]

우암(尤菴 : 宋時烈)이 말하였다. "『중용(中庸)』과 『대학(大學)』은 『예기』 가운데 한 편의 글일 뿐이기 때문에, 주 선생(朱先生 : 朱熹)은 장(章)을 나누고 또 구(句)를 가른 뒤에 이어서 그 아래에 주석을 붙여 '장구(章句)'라고 하였다."

○ 按 : '章句', 『庸』·『學』之註名, 與『論』·『孟』註之名'集註'者同. 蓋就此一篇分其章, 析其句, 著註於其間, 而仍以'章句'名其註.

내가 생각하건대, '장구(章句)'는 『중용(中庸)』과 『대학(大學)』의 주석에 대한 명칭이니 『논어(論語)』와 『맹자(孟子)』의 주석에 대해 '집주(集註)'라고 이름 붙인 것과 같다. 대개 이 편(篇)에 나아가 장(章)을 나누고 구(句)를 가르고서, 그 사이에 주석을 붙이고 이어 '장구(章句)'로써 그 주석의 이름으로 하였다.

○ 析句卽定句絶也.

구(句)를 가르는 일은 곧 문장이 끊어지는 곳을 확정한 것이다.

○ 名註以'章句', 前乎朱子已有王逸『楚辭章句』云.

주석을 '장구(章句)'라고 이름 붙인 것은 주자 이전에 이미 왕일(王逸[2)])의 『초사장구(楚辭章句)』가 있었다고 한다.

---

1) 송시열(宋時烈), 『송자대전(宋子大全)』 권105, 「답심명중(答沈明仲)」에는 "『庸』·『學』在『禮記』中只是一片文字, 故朱先生旣分章又析句而謂之'章句'. 仍着註說於其下矣. 『論』·『孟』亦有'章句'字.(『중용(中庸)』과 『대학(大學)』은 『예기』 가운데 한 편의 글일 뿐이기 때문에 주 선생(朱先生 : 朱熹)이 장(章)을 나누고 구(句)를 가른 뒤에 '장구(章句)'라고 이름 붙였다. 이어서 그 아래에 주석을 붙였다. 『논어(論語)』와 『맹자(孟子)』에도 또한 '장구(章句)'라는 글자가 있다.)" 라고 되어 있다.

2) 왕일(王逸, 89?~158) : 자는 숙사(叔師)이고, 동한(東漢)시대 남군 의성(南郡宜城 : 현 호북성 양양(襄陽) 의성현) 사람이다. 안제(安帝) 원초(元初) 연간에 교서랑(校書郞)이 되었고, 순제(順帝) 때 시중(侍中)에 발탁되었으며 환제(桓帝) 때는 예주자사(豫州刺史), 예장태수(豫章太守) 등을 역임하였다. 저서에 부(賦), 뇌(誄), 서(書), 논(論) 등 모두 21편의 문장과 한시(漢詩) 123수를 지었지만 대부분 없어졌고, 굴원을 애도한 『구사(九思)』가 현존한다. 명나라 사람이 편집한 『왕숙사집(王叔師集)』이 있다. 특히 그의 『초사장구(楚辭章句)』는 가장 완정한 최초의 『초사』 주석본으로 후세 『초사』 연구에서 중시되고 있다.

朱註

『大學』之書, 古之大學所以敎人之法也.

『대학(大學)』이라는 책은 옛날 태학(太學)에서 사람들을 가르치던 규범이었다.

詳說

○ 此以書名言也. 下文云'此篇', 云'其書'者, 皆是也.

'『대학』지서(『大學』之書)'라고 한 것은 책 이름으로 말하였다. 아래 글에서 '이 편'이라 하고 '그 책'이라고 한 것은 모두 이것이다.

○ 此以學宮言也. 下文'皆入大學'及'古者大學'同.

'고지대학소이교인지법야(古之大學所以敎人之法也)'에서 '고지대학(古之大學)'은 학궁(學宮)으로 말한 것이다. 아래 글에서 '모두 태학에 들어간다'라고 한 말과 '옛날에는 태학이었다'라고 한 말은 같은 의미이다.

○ 此爲第一節.

여기까지가 제1절[단락]이다.

○ 此二句總提而起之, 與「中庸序」首二句同.

위의 두 구절은 『대학(大學)』에 대해 총괄적으로 제기한 것으로, 「중용장구서(中庸章句序)」의 첫 두 구절[3]과 마찬가지이다.

朱註

蓋自天降生民, 則旣莫不與之以仁義禮智之性矣.

대개 하늘이 사람을 생겨나게 할 때부터 이미 인의예지(仁義禮智)의 성(性)을 부여하지 않음이 없었다.

詳說

○ 此本推廣天地之初生人之始而言, 而亦當通凡古今人生之初者耳.

'개자천강생민(蓋自天降生民)'이라 함은 본래 하늘과 땅이 처음으로 사람을 생겨나게 한 시초를 미루어 넓혀서 말하였고, 또한 마땅히 예나 지금이나 사람이 생겨난 처음의 상황을 통달하는 것일 뿐이다.

---

3) 『중용장구(中庸章句)』「서(序)」의 첫 두 구절은 "中庸何爲而作, 子思子憂道學之失其傳而作也. (중용은 어찌하여 저술했는가? 자사 선생이 도학의 바른 전달이 없어질까 염려하여 이를 바르게 전하려고 저술한 것이다.)"이다.

○ 天降生民, 言天降衷而生此民也. 或云'天降生此民', 又或云'天降此生民'者, 恐皆不然.

'개자천강생민(蓋自天降生民)'에서 '천강생민(天降生民 : 하늘이 사람을 생겨나게 함)'은 하늘이 충(衷 : 中 : 속마음)을 내려 이 백성들을 생겨나게 했음을 말한다. 어떤 사람은 '하늘이 이 백성들을 내려서 생겨나게 했다'라 하고, 또 어떤 사람은 '하늘이 이 백성을 내렸다'라고 하는데, 아마 모두 그렇지 않을 것이다.

○ 朱子曰 : "性是道理之在我者耳. 凡此四者具於人心, 乃是性之本然."4)

'즉기막불여지이인의예지지성의(則旣莫不與之以仁義禮智之性矣)'에서 '인의예지지성(仁義禮智之性)'에 대해, 주자가 말하였다. "성(性)은 도리가 나에게 있는 것일 뿐이다. 무릇 인 · 의 · 예 · 지 네 가지는 사람의 마음에 갖추어지니, 곧 성(性)의 본디 그러함이다."5)

○ 新安陳氏曰 : "六經言性, 自『書』'上帝降衷于下民, 若有恒性'始. 此謂天降生民, 與之以性, 亦本『書』之意而言."6)

'즉기막불여지이인의예지지성의(則旣莫不與之以仁義禮智之性矣)'와 관련하여, 신안진씨(新安陳氏 : 陳櫟7))가 말하였다. "육경에서 성(性)을 말한 것은 『서경(書經)』에

---

4) 주희(朱熹), 『주문공문집(朱文公文集)』 권74, 「옥산강의(玉山講義)」에는 "大凡天之生物, 各付一性. 性非有物, 只是一箇道理之在我者耳 …… 凡此四者具於人心, 乃是性之本體.(대개 하늘이 만물을 생겨나게 할 때 각각 하나의 성(性)을 부여한다. 성은 구체적인 어떤 것이 아니고 다만 하나의 도리가 나에게 있는 것일 뿐이다 …… 무릇 인 · 의 · 예 · 지 네 가지는 사람의 마음에 갖추어지니, 곧 성(性)의 본체이다.)"라고 되어 있다.

5) 『주자어류(朱子語類)』 권5 「성리2(性理二)」, <성 · 정 · 심 · 의 등 명칭의 의미(性情心意等名義)> 7조목~14조목에는 성(性)과 관련하여 다음과 같은 아주 짤막한 언급들이 있다. "生之理謂性.(낳는 이치를 성이라고 한다.) 性只是此理.(성은 이 리일뿐이다.) 性是合當底.(성은 합당한 것이다.) 性則純是善底.(성은 순수하게 선한 것이다.) 性是天生成許多道理.(성은 하늘이 생성한 허다한 도리이다.) 性是許多理散在處爲性.(성은 허다한 리이며 산재한 곳이 성이다.) 性是實理, 仁義禮智皆具.(성은 실제의 이치이니 인의예지를 모두 갖추었다.)"

6) 호광 편(胡廣 編), 『대학장구대전(大學章句大全)』「서(序)」에 진력(陳櫟)의 말로 "『書』云, '惟皇上帝, 降衷于下民, 若有恒性.'六經言性自此始. 謂天降生民而與之以性, 亦本『書』之意而言.(『서(書)』에서 '상제(上帝)가 백성들에게 충(衷)을 내려줌에 순조롭게 불변하는 성(性)을 가지게 되었다.'라고 하였는데, 육경에서 성(性)을 말한 것은 여기에서 시작되었다. 이른바 하늘이 사람을 생겨나게 할 때부터 이미 인의예지(仁義禮智)의 싱(性)을 부여하였다고 한 것도 또한 『서』의 뜻에 근본해서 말한 것이다.)"라고 실려 있다.

7) 진력(陳櫟, 1252~1334) : 자는 수옹(壽翁)이고, 호는 정우(定宇) 또는 동부노인(東阜老人)이다. 송말원초 때 휘주(徽州) 휴녕(休寧) 사람이다. 송나라가 망하자 은거하여 학문과 제자 양성에 힘썼다. 학문 성향은 주희(朱熹)의 학문을 위주로 하면서 육구연(陸九淵)의 심학(心學)을 아울

서 ‘상제(上帝)가 백성들에게 충(衷 : 속마음)을 내려줌에 순조롭게 불변하는 성(性)을 가지게 되었다.’[8]라고 한 구절에서 시작되었다. 여기에서 이른바 하늘이 사람을 생겨나게 할 때부터 이미 인의예지(仁義禮智)의 성(性)을 부여하였다고 한 언급도 또한 『서경(書經)』의 뜻에 기초하여 말한 것이다.”

○ 按 : 此云‘教人’·云‘生民’, 而不及物, 是專就人性上說也. 以之與『中庸』首章註參看, 則可知『庸』註之及物爲帶說耳.

‘즉기막불여지이인의예지지성의(則旣莫不與之以仁義禮智之性矣)’와 관련해서, 내가 생각하건대 위의 주자 주석에서 ‘사람들을 가르친다’라 하고, ‘사람들을 생겨나게 했다’라고 하면서 사물에까지 미치지 않음은 오로지 사람의 성(性)에서 말한 것이다. 이것을 『중용(中庸)』 첫 장(章)의 주석[9]과 참조해 보면 『중용(中庸)』 첫 장의 주석이 사물에까지 미친 것은 붙여서 말한 것일 뿐임을 알 수 있다.

○ 雲峯胡氏曰 : “朱子四書釋仁·義·禮, 皆兼體用言, ‘智’字未有明釋. 智, 則心之神明, 所以妙衆理而宰萬物者也. 番陽沈氏云 : ‘智者, 函天理動靜之機, 具人事是非之鑑.’”[10]

러 취하려 하였다. 인종(仁宗) 연우(延祐) 초에 향시(鄕試)에 급제했지만 예부시(禮部試)에 나가지 않고 집에서 학생들을 가르쳤다. 효성과 우애가 지극했고, 세력이나 이익에 휩쓸리지 않았다. 주희와 여러 학자의 학설을 채집하고 자신의 견해를 덧붙여 『상서집전찬소(尚書集傳纂疏)』를 저술하였다. 그 밖의 저서에 『사서발명(四書發明)』, 『예기집의(禮記集義)』, 『역조통략(歷朝通略)』, 『근유당수록(勤有堂隨錄)』, 『정우집(定宇集)』 등이 있다.

8) 상제(上帝)가 백성들에게 충(衷)을 내려줌에 순조롭게 불변하는 성(性)을 가지게 되었다 : 『서(書)』「상서(商書)·탕고(湯誥)」.

9) 『중용(中庸)』 첫 장(章)의 주석 : 『중용(中庸)』 첫 장(章) 즉 ‘천명지위성(天命之謂性)’에 대한 주자의 주석은 “하늘이 음양·오행으로 만물을 조화하여 생겨나게 함에 기(氣)로써 형체를 이루고 리(理) 또한 부여하니 명령하는 것과 같다. 이에 사람과 사물이 생겨남에 각각 그 부여 받은 리(理)를 얻은 것에 따라서 그것으로써 건순(健順)·오상(五常)의 덕(德)을 삼으니, 이른바 성(性)이라는 것이다.(天以陰陽五行化生萬物, 氣以成形而理亦賦焉, 猶命令也. 於是, 人物之生, 因各得其所賦之理, 以爲健順五常之德, 所謂性也.)”라고 되어 있다.

10) 호병문(胡炳文), 『사서통(四書通)』「대학통(大學通)·대학주자서(大學朱子序)」에는, “朱子四書, 釋仁曰‘心之德, 愛之理’, 義曰‘心之制, 事之宜’, 禮曰‘天理之節文, 人事之儀則’, 皆兼體用, 獨‘智’字未有明釋. 嘗欲竊取朱子之意以補之曰, ‘智則心之神明, 所以妙衆理而宰萬物者也.’ 番陽沈氏云, ‘智者, 涵天理動靜之機, 具人事是非之鑑.’(주자가 사서(四書)에서 인(仁)을 풀이하여 ‘마음의 덕이고 사랑의 이치이다’라 했고, 의(義)를 풀이하여 ‘마음의 제재이고 일의 마땅함이다’라고 했으며, 예(禮)를 풀이하여 ‘천리(天理)의 절문(節文 : 꾸밈을 절도에 맞게 함)이고 인사(人事)의 의칙(儀則 : 따라야 할 법칙)이다’라고 한 것은 모두 본체와 작용을 겸해서 말했는데, 유독 ‘지(智)’자에 대해서는 분명하게 풀이하지 않았다. 일찍이 내가 주자의 뜻을 취하여 그것을

'즉기막불여지이인의예지지성의(則旣莫不與之以仁義禮智之性矣)'와 관련하여, 운봉호씨(雲峯胡氏 : 胡炳文)[11]가 말하였다. "주자가 사서(四書)에서 인(仁)·의(義)·예(禮)를 풀이한 것은 모두 본체와 작용을 겸해서 말했는데, '지(智)'자에 대해서는 분명하게 풀이하지 않았다. 지(智)는 마음의 신령한 밝음으로써 온갖 이치를 갖추어 만물을 재제(宰制)하는 일이다. 파양 심씨(番陽沈氏 : 沈貴瑤)[12]는 '지(智)는 천리(天理)의 움직임과 고요함의 기틀을 머금어 인사(人事)의 옳고 그름의 거울을 갖춘 것이다'라고 말하였다."

○ **農巖曰 : "智之訓, 雲峰·番陽說未明, 是'以理妙理, 以理函理'也.[13] 若云'別之理, 心之貞', 則似無病矣.[14]"**

보충하여 '지(智)는 마음의 신령한 밝음으로써 온갖 이치를 갖추어 만물을 재제(宰制)하는 일이다'라고 말하려고 하였다. 파양 심씨(番陽沈氏 : 沈貴瑤)는 '지(智)는 천리(天理)의 움직임과 고요함의 기틀을 머금어 인사(人事)의 옳고 그름의 거울을 갖춘 것이다'라고 말하였다.)"라고 되어 있다.

11) 호병문(胡炳文, 1250~1333) : 자는 중호(仲虎)이고, 호는 운봉(雲峯)이다. 원(元) 나라 때의 경학자로 휘주 무원(徽州 婺源 : 현 안휘성 소속) 사람이다. 주희(朱熹)의 종손(宗孫)에게 『주역(周易)』과 『서경(書經)』을 배워 주자학에 잠심했으며, 특히 『주역(周易)』에 뛰어났다. 신주(信州) 도일서원(道一書院) 산장(山長)을 지내고, 난계주학정(蘭溪州學正)이 되었는데 취임하지 않았다. 주자의 『주역본의(周易本義)』를 근거로 여러 설을 절충·시정하여 『주역본의통석(周易本義通釋)』 12권을 지었다. 처음 이름은 『주역본의정의(周易本義精義)』였고, 『통지당경해(通志堂經解)』에 들어있다. 이 밖에 『서집해(書集解)』, 『춘추집해(春秋集解)』, 『예서찬술(禮書纂述)』, 『사서통(四書通)』, 『대학지장도(大學指掌圖)』, 『오경회의(五經會義)』, 『이아운어(爾雅韻語)』 등이 있다.

12) 심귀보(沈貴瑤) : 자는 성숙(成叔)이고 남송 시대 요주 덕흥(饒州德興 : 현 강서성 소속) 사람이다. 동정(董鼎)의 제자이고 저서로 『정몽의해(正蒙疑解)』가 있었다고 한다.

13) 智之訓, 雲峰·番陽說未明, 是'以理妙理, 以理函理'也 : 김창협(金昌協), 『농암집(農巖集)』 권14, 「답민언휘(答閔彦暉)」에는 "竊謂兩說, 只說得心之知覺, 與'智'字不相干涉. 智乃人心是非之理, 確然而有準則者也; 知覺則此心虛靈之用, 神妙而不可測者也. 夫以知覺, 專爲智之用, 猶不可, 況直以言智可乎? 且智則理也, 而謂之妙衆理, 謂之涵天理, 則是以理妙理, 以理涵理, 恐尤未安也. (내가 생각하건대, 이 두 가지 주장은 다만 마음의 지각만을 말한 것으로, '지(智)'자와는 아무 상관이 없다. 지(智)는 곧 사람의 마음의 시비(是非)의 이치로서 확연하여 준칙이 있는 것이고, 지각은 이 마음의 허령(虛靈)한 작용으로서 신묘하여 헤아릴 수 없는 것이다. 무릇 지각을 오로지 지(智)의 작용이라고만 하는 것도 안 되는데, 하물며 곧바로 지(智)라고 할 수 있겠는가? 그리고 지(智)는 리(理)인데 그것을 온갖 이치를 갖춘다고 하고, 천리(天理)를 머금고 있다고 말한다면, 이는 리(理)로써 리(理)를 갖추고 리로써 리를 머금은 것이니 아마 더욱 온당치 않을 것이다.)"라고 되어 있다.

'즉기막불여지이인의예지지성의(則旣莫不與之以仁義禮智之性矣)'와 관련해서, 농암(農巖 : 金昌協)[15]이 말하였다. "지(智)에 대한 훈고는 운봉(雲峰 : 胡炳文)과 파양(番陽 : 沈貴珤)의 주장이 분명하지 않으니, 이는 리(理)로써 리(理)를 갖추고 리로써 리를 머금은 것이다. 만약 '구별의 이치이고 마음의 올곧음이다'라고 말한다면 병통이 없을 것 같다."

○ 按 : 雲峰說是『或問』致知, 平聲'知'字之訓也. 而今取作去聲'智'字之訓, 果誤矣. 雖然, '貞'字恐亦合更商也.

내가 생각하건대, 운봉(雲峰 : 胡炳文)의 주장은 『대학혹문(大學或問)』 치지(致知)에서 평성(平聲) '지(知)'자에 대한 훈고이다.[16] 그런데 이제 거성(去聲) '지(智)'자에 대한 훈고로 취했으니, 과연 잘못되었다. 비록 그렇지만 농암(農巖 : 金昌協)이 말한 '심지정(心之貞)'에서 '정(貞)'도 아마 마땅히 더욱 논의해야 할 것이다.

朱註

> 然其氣質之稟,[17] 或不能齊. 是以不能皆有以知其性之所有而全之也.

---

14) 若云'別之理, 心之貞', 則似無病矣 : 김창협(金昌協), 『농암집(農巖集)』 권16 「답이현익(答李顯益)」.

15) 김창협(金昌協, 1651~1708) : 본관은 안동이다. 자는 중화(仲和)이고, 호는 농암(農巖) 또는 삼주(三洲)이며, 시호는 문간(文簡)이다. 1669년 진사시에 합격하고, 1682년 증광문과에 전시장원으로 급제하여 벼슬길에 올랐다. 병조좌랑, 사헌부지평, 함경북도병마평사(咸鏡北道兵馬評事), 이조정랑, 동부승지, 대사성, 예조참의, 대사간 등의 요직을 두루 역임하였다. 학문적으로는 이황(李滉)과 이이(李珥)의 설을 절충했다고 평가된다. 저서에 『농암집』, 『주자대전차의문목(朱子大全箚疑問目)』, 『논어상설(論語詳說)』, 『오자수언(五子粹言)』, 『이가시선(二家詩選)』 등이 있고, 편저로는 『강도충렬록(江都忠烈錄)』, 『문곡연보(文谷年譜)』 등이 있다.

16) 『대학혹문(大學或問)』 치지(致知)에서 평성(平聲) '지(知)'자에 대한 훈고이다 : 주희(朱熹), 『대학혹문(大學或問)』에서 치지(致知)를 설명하면서, "그런데 (若夫에서 '夫'자는 음이 扶이다) 지(知)는 마음의 신령한 밝음으로써 온갖 이치를 갖추어 만물을 재제(宰制)하는 일이다.(若夫(音扶)知則心之神明, 妙衆理而宰萬物者也.)"라고 하였다.

17) 氣質之稟 : 『주자어류(朱子語類)』 권14, 「대학1(大學一)」 55조목에는 기질을 품부 받은 내용에 대해, 문인인 임각(林恪)과의 문답을 다음과 같이 기록하고 있다. "亞夫問 : "大學序云 : '旣與之以仁義禮智之性, 又有氣質之稟.' 所謂氣質, 便是剛柔·强弱·明快·遲鈍等否?" 曰 : "然." 又云 : "氣, 是那初稟底; 質, 是成這模樣了底. 如金之礦, 木之萌芽相似." 又云 : "只是一箇陰陽五行之氣, 滾在天地中, 精英者爲人, 渣滓者爲物; 精英之中又精英者, 爲聖, 爲賢; 精英之中渣滓者, 爲愚, 爲不肖." 恪.("난아부 : 『대학(大學)』 서문에서 '이미 인의예지의 성을 부여하고 또 품부 받은 기질이 있다.'고 하였습니다. 이른바 기질은 강유(剛柔) · 강약(强弱) · 명쾌(明快) · 지둔(遲鈍) 같은 것이 아닙니까? 주자 : 그렇다. 주자 : 기는 처음 품부 받은 것이고, 질은 이러한 모

그러나 그 기질을 품부한 것이 간혹 가지런하지 못하다. 이 때문에 모두 그 성(性)을 가지고 있다는 것을 알아서 그것을 온전하게 할 수는 없다.

詳說

◯ 退溪曰 : "呼吸 · 運動, 氣也; 耳目 · 形體, 質也. 氣陽而質陰也."18)

'연기기질지품(然其氣質之稟)'에서 '기질(氣質)'에 대해, 퇴계(退溪 : 李滉)가 말하였다. "호흡과 운동은 기(氣)이다. 눈과 귀 및 형체는 질(質)이다. 기는 양이고 질은 음이다."

◯ '或'字有商量.

'혹불능제(或不能齊)'에서 '혹(或)'이라는 글자는 헤아릴 것이 있다.

◯ 不及物欲者, 氣稟足以該物欲也. 蓋稟淸者不蔽於物欲, 稟濁者爲物欲所蔽耳.

'연기기질지품, 혹불능제(然其氣質之稟, 或不能齊)'라고 하여 물욕(物欲)을 언급하지 않은 것은 기의 품부가 물욕을 포괄하기에 충분하기 때문이다. 대개 기(氣)의 맑은 것을 품부한 자는 물욕에 가려지지 않고 탁한 것을 품부한 자는 물욕에 가려지기 때문이다.

◯ '有以'二字有商量.

'시이불능개유이지기성지소유이전지야(是以不能皆有以知其性之所有而全之也)'에서

양이 이루어지는 것이다. 마치 쇳돌이나 나무의 싹과 비슷하다. 주자 : 음양오행의 기가 하늘과 땅 가운데 흘러들어 빼어난 것이 사람이 되고 찌꺼기는 사물이 되니, 빼어난 것 가운데 빼어난 것은 성인이 되고 현인이 된다. 빼어난 것 가운데 찌꺼기는 우둔한 사람이 되고 불초한 사람이 된다.")

18) 이황(李滉), 『퇴계선생문집(退溪先生文集)』 권35, 「답이굉중(答李宏仲)」에는 "'氣質'二字之異亦明甚. 氣如俗言氣運, 質如俗言形質. 人物稟生之初, 氣以成質; 有生之後, 氣行於質之中. 氣陽而質陰, 氣以知, 質以行也. 夫呼吸運動, 氣也. 聖人與衆人皆有之, 聖人能知, 而衆人不能知, 氣之淸濁不同故也. 耳目形體, 質也. 聖人與衆人皆有之, 聖人能行, 而衆人不能行, 質之粹駁不齊故也.('기질(氣質)'이라는 두 글자의 차이 또한 매우 분명하다. 기(氣)는 예컨대 세속에서 기운이라 말하는 것과 같고, 질(質)은 예컨대 세속에서 형질이라 말하는 것과 같다. 사람과 사물은 생명을 품부받는 처음에는 기(氣)로써 질(質)을 이루고, 생명이 있은 뒤에는 기(氣)가 질(質) 가운데서 행한다. 기는 양이고 질은 음이며, 기로써 알고 질로써 실행한다. 무릇 호흡과 운동은 기이다. 성인과 보통 사람들이 모두 그것을 가지고 있는데, 성인은 알 수 있지만 보통 사람들이 알 수 없는 것은 기의 맑고 탁함이 같지 않기 때문이다. 눈과 귀 및 형체는 질이다. 성인과 보통 사람들이 모두 그것을 가지고 있는데, 성인은 실행할 수 있지만 보통 사람들이 실행할 수 없는 것은 질의 순수함과 잡박함이 가지런하지 않기 때문이다.)"라고 되어 있다.

'유이(有以)'라는 두 글자는 헤아릴 것이 있다.

○ 新安陳氏曰:"性之所有, 卽仁義禮智也. 性無智愚·賢不肖之殊, 惟氣有淸濁, 淸者能知而濁者不能知; 質有粹駁, 粹者能全而駁者不能全. 知性之所有屬知, 全性之所有屬行. 知行二者, 該盡一部『大學』意."[19)]

'시이불능개유이지기성지소유이전지야(是以不能皆有以知其性之所有而全之也)'와 관련해서, 신안 진씨(新安陳氏:陳櫟)[20)]가 말하였다. "성(性)이 가지고 있는 것은 인의예지이다. 성(性)에는 지혜로운 사람과 어리석은 사람, 현명한 사람과 못난 사람의 다름이 없는데, 오직 기(氣)에 맑음과 탁함이 있어서 맑은 사람은 알 수 있고, 탁한 사람은 알 수 없으며, 또 오직 질(質)에 순수함과 잡박함이 있어서 순수한 사람은 그것을 온전하게 할 수 있고, 잡박한 사람은 그것을 온전하게 할 수 없다. 성(性)이 가지고 있는 것을 아는 것은 앎에 속하고 성이 가지고 있는 것을 온전하게 하는 것은 실행에 속한다. 앎과 실행 이 둘은 『대학(大學)』의 뜻에 완전히 갖추어져 있다."

---

19) 호광 편(胡廣 編), 『대학장구대전(大學章句大全)』「서(序)」에 진력(陳櫟)의 말로서 "性之所有, 卽仁義禮智是也. 性無智愚·賢不肖之殊, 惟氣有淸濁, 淸者能知而濁者不能知, 故不能皆知; 質有粹駁, 粹者能全, 而駁者不能全, 故不能皆全. 知性之所有屬知, 全性之所有屬行. 知行二者, 該盡一部『大學』, 意已寓於此矣.(성(性)이 가지고 있는 것은 인의예지가 이것이다. 성(性)에는 지혜로운 사람과 어리석은 사람, 현명한 사람과 못난 사람의 다름이 없는데, 오직 기(氣)에 맑음과 탁함이 있어서 맑은 사람은 알 수 있고, 탁한 사람은 알 수 없기 때문에 모두 알 수 없는 것이다. 또 오직 질(質)에 순수함과 잡박함이 있어서 순수한 사람은 그것을 온전하게 할 수 있고, 잡박한 사람은 그것을 온전하게 할 수 없기 때문에 모두 온전하게 할 수 없는 것이다. 성(性)이 가지고 있는 것을 아는 것은 앎에 속하고 성이 가지고 있는 것을 온전하게 하는 것은 실행에 속한다. 앎과 실행 이 둘은 『대학(大學)』에 완전히 갖추어져 있으니, 그 뜻이 이미 여기에 깃들어 있다.)"라고 실려 있다.

20) 진력(陳櫟, 1252~1334):자는 수옹(壽翁)이고, 호는 정우(定宇) 또는 동부노인(東阜老人)이다. 송말원초 때 휘주(徽州) 휴녕(休寧) 사람이다. 송나라가 망하자 은거하여 학문과 제자 양성에 힘썼다. 학문 성향은 주희(朱熹)의 학문을 위주로 하면서 육구연(陸九淵)의 심학(心學)을 아울러 취하려 하였다. 인종(仁宗) 연우(延祐) 초에 향시(鄕試)에 급제했지만 예부시(禮部試)에 나가지 않고 집에서 학생들을 가르쳤다. 효성과 우애가 지극했고, 세력이나 이익에 휩쓸리지 않았다. 주희와 여러 학자의 학설을 채집하고 자신의 견해를 덧붙여 『상서집전찬소(尙書集傳纂疏)』를 저술하였다. 그 밖의 저서에 『사서발명(四書發明)』, 『예기집의(禮記集義)』, 『역조통략(歷朝通略)』, 『근유당수록(勤有堂隨錄)』, 『정우집(定宇集)』 등이 있다.

朱註

一有聰明睿智能盡其性者, 出於其間,

어떤 사람이 총명(聰明)하고 예지(叡智)하여 그 성(性)을 다 발현할 수 있는 자가 그 사이에서 나오면,

詳說

◯ 沙溪曰 : "當以'或有'意看."

'일유총명예지능진기성자(一有聰明睿智能盡其性者)'에서 '일유(一有)'에 대해, 사계(沙溪 : 金長生)[21]가 말하였다. "'일유(一有)'는 마땅히 '혹유(或有 : 혹시라도 ~함이 있다면)'라는 뜻으로 보아야 한다."

◯ 新安陳氏曰 : "是就清濁·粹駁不齊中, 指出極清極粹者言之. '聰明睿智', 生知之聖也, 與'知性'相應; '能盡其性', 安行之聖也, 與'全之'相應. 常人必先知其性, 方可望全其性, 故於中下一'而'字; 聖人不待知而方全,[22] 故只平說."[23]

'일유총명예지능진기성자(一有聰明睿智能盡其性者)'와 관련해서, 신안 진씨(新安陳氏 : 陳櫟)가 말하였다. "이것은 기(氣)의 맑음과 흐림, 질(質)의 순수함과 잡박함이 가지런하지 않은 가운데 지극히 맑고 지극히 순수한 사람을 지적해서 말한 것이다. '총명(聰明)하고 예지(叡智)함'이라는 것은 태어나면서부터 아는 성인이니

---

21) 김장생(金長生, 1548~1631) : 본관은 광산(光山)이고 자는 희원(希元)이며, 호는 사계(沙溪)이고 시호는 문원(文元)이다. 한양 정릉동(貞陵洞 : 현 서울 중구 정동)에서 태어났다. 1560년 송익필(宋翼弼)로부터 사서(四書)와 『근사록(近思錄)』 등을 배웠고, 20세 무렵에 이이(李珥)의 문하에 들어갔다. 1578년 학행(學行)으로 천거되어 창릉참봉(昌陵參奉)이 되고, 성균관 사업(司業), 집의(執義), 공조참의, 형조참판 등을 역임하였다. 인조반정 이후로는 서인의 영수격으로 영향력이 매우 컸다. 학문적으로 송익필, 이이, 성혼 등의 영향을 받았다. 이이와 성혼(成渾)을 제향하는 황산서원(黃山書院)을 세웠다. 특히 둘째 아들이 그와 함께 문묘에 종사된 유명한 신독재(愼獨齋) 김집(金集, 1574~1656)이다. 저서로는 1583년 첫 저술인 『상례비요(喪禮備要)』 4권을 비롯, 『가례집람(家禮輯覽)』·『전례문답(典禮問答)』·『의례문해(疑禮問解)』 등 예에 관한 것으로서, 조선 예학의 기반을 마련하였다. 스승 이이가 시작한 『소학집주(小學集註)』를 1601년에 완성하고 『근사록석의(近思錄釋疑)』, 『경서변의(經書辨疑)』, 시문집을 모은 『사계선생전서(沙溪先生全書)』가 있다.

22) 聖人不待知而方全 : 호광 편(胡廣 編), 『대학장구대전(大學章句大全)』「서(序)」에는 "聖人合下生知安行, 不待知而方全.(성인은 원래 태어나면서부터 알고 편안하게 실행하니 아는 것을 기다리지 않고 바로 온전하다.)"라고 되어 있다.

23) 호광 편(胡廣 編), 『대학장구대전(大學章句大全)』「서(序)」.

앞 구절 '시이불능개유이지기성지소유이전지야(是以不能皆有以知其性之所有而全之也)'에서 '지기성(知其性 : 그 성(性)을 앎)'과 상응하고, '그 성(性)을 다 발현할 수 있음'이라는 것은 편안하게 실행하는 성인이니 앞 구절 '시이불능개유이지기성지소유이전지야(是以不能皆有以知其性之所有而全之也)'에서 '전지(全之 : 그것을 온전하게 함)'와 상응한다. 보통 사람들은 반드시 먼저 그 성(性)을 알아야 비로소 그 성을 온전히 하기를 기대할 수 있기 때문에 앞 구절 '시이불능개유이지기성지소유이전지야(是以不能皆有以知其性之所有而全之也)'라는 말 중간에 '이(而)'자를 썼지만, 성인은 아는 것을 기다리지 않고 바로 온전하기 때문에 다만 연이어서 말하였다."

○ 農巖曰 : "'聰明睿智'應上'氣質不齊'句; '能盡其性'應上'知而全之'句."[24)]

'일유총명예지능진기성자(一有聰明睿智能盡其性者)'와 관련해서, 농암(農巖 : 金昌協)[25)]이 말하였다. "'총명(聰明)하고 예지(叡智)함'을 위의 '기질이 가지런하지 않다'라는 구절에 대응하고 '그 성(性)을 다 발현할 수 있음'을 위의 '알아서 그것을 온전히 한다'라는 구절에 대응한다."

○ 尤菴曰 : "以盡性對窮理, 則盡性屬行; 若專言盡性, 則兼知行."[26)]

'일유총명예지능진기성자(一有聰明睿智能盡其性者)'와 관련해서, 우암(尤菴 : 宋時

---

24) 김창협(金昌協), 『농암집(農巖集)』 권16, 「답이현익(答李顯益)」에는 "問 : 新安陳氏曰, '聰明睿智, 生知之聖云云.' 此當以'聰明睿智', 應上'氣質不齊'一句; '能盡其性', 應上'知而全之'一句. 陳說恐非是. 答 : 來說得之.(질문 : "신안 진씨(新安陳氏 : 陳櫟)가 '총명(聰明)하고 예지(叡智)함이라는 것은 태어나면서부터 아는 성인이니 …… '라고 말했는데, 이것은 마땅히 '총명(聰明)하고 예지(叡智)함'을 위의 '기질이 가지런하지 않다'라는 구절에 대응시키고 '그 성(性)을 다 발현할 수 있음'을 위의 '알아서 그것을 온전히 한다'라는 구절에 대응시켜야 할 것입니다. 진씨(陳氏 : 陳櫟)의 주장은 옳지 않은 것 같습니다." 답변 : "그대의 말이 옳다.")"라고 되어 있다.

25) 김창협(金昌協, 1651~1708) : 본관은 안동이다. 자는 중화(仲和)이고, 호는 농암(農巖) 또는 삼주(三洲)이며, 시호는 문간(文簡)이다. 1669년 진사시에 합격하고, 1682년 증광문과에 전시장원으로 급제하여 벼슬길에 올랐다. 병조좌랑, 사헌부지평, 함경북도병마평사(咸鏡北道兵馬評事), 이조정랑, 동부승지, 대사성, 예조참의, 대사간 등의 요직을 두루 역임하였다. 학문적으로는 이황(李滉)과 이이(李珥)의 설을 절충했다고 평가된다. 저서에 『농암집』, 『주자대전차의문목(朱子大全箚疑問目)』, 『논어상설(論語詳說)』, 『오자수언(五子粹言)』, 『이가시선(二家詩選)』 등이 있고, 편저로는 『강도충렬록(江都忠烈錄)』, 『문곡연보(文谷年譜)』 등이 있다.

26) 송시열(宋時烈), 『송자대전(宋子大全)』 권105, 「답심명중(答沈明仲)」에는 "然專言盡性, 則盡性兼知行; 若以盡性對窮理, 則盡性專屬行.(그러나 오로지 성(性)을 다 발현하는 것만으로 말하면 성을 다 발현하는 것은 앎과 실행을 겸하는 것이고, 만약 성을 다 발현하는 것으로써 이치를 궁구하는 것에 짝을 지으면 성을 다 발현하는 것은 오로지 실행에만 속한다.)"라고 되어 있다.

烈)이 말하였다. "성(性)을 다 발현하는 것으로써 이치를 궁구하는 것에 짝을 지으면 성을 다 발현하는 것은 실행에 속하고 만약 오로지 성을 다 발현하는 것만으로 말하면 앎과 실행을 겸하는 것이다."

○ 生人之間.

'출어기간(出於其間)'이라고 한 것은 사람을 생겨나게 하는 사이를 가리킨다.

朱註

則天必命之以爲億兆之君師, 使之治而敎之, 以復其性.

하늘이 반드시 그에게 명하여 만백성의 군주와 스승으로 삼아,[27] 그에게 백성을 다스리고 가르쳐서 백성들의 성(性)을 회복하도록 할 것이다.

詳說

○ 朱子曰: "天却自做不得, 所以必得聖人以敎化百姓.[28] 孔子雖不爲帝王, 然做出許多事, 以敎天下後世, 是亦天命也.[29]"

---

27) 하늘이 반드시 그에게 명하여 만백성의 군주와 스승으로 삼아: 『주자어류(朱子語類)』 권14, 「대학1(大學一)」 57조목에 다음과 같이 설명하고 있다. "물었다. ''하늘이 명령을 내려 천하 모든 백성의 군주이자 스승으로 삼는다.'라고 했는데, 하늘이 어떻게 명령을 내립니까?' 주희가 말하였다. '인심으로 귀결되는 것이 곧 천명이다.' 물었다. '공자는 왜 천명을 받지 못했을까요?' 주희가 말하였다. '『중용』에 '큰 덕이 있는 사람은 반드시 그 지위를 얻는다.'고 하였는데, 공자는 도리어 지위를 얻지 못했다. 기수(氣數)의 어그러짐이 이렇게 극에 이르렀기 때문에 돌이킬 수 없었다.'(問: ''天必命之以爲億兆之君師', 天如何命之?' 曰: '只人心歸之, 便是命.' 問: '孔子如何不得命?' 曰: '『中庸』云: '大德必得其位', 孔子卻不得. 氣數之差至此極, 故不能反.')"

28) 天却自做不得, 所以必得聖人以敎化百姓: 『주자어류(朱子語類)』 권14, 「대학1(大學一)」 58조목에는 "問'繼天立極.' 曰: '天只生得許多人物, 與你許多道理. 然天卻自做不得, 所以生得聖人爲之修道立敎, 以敎化百姓, 所謂「裁成天地之道, 輔相天地之宜」是也. 蓋天做不得底, 卻須聖人爲他做也.'('하늘을 계승하여 사람의 표준을 세운다'라는 것에 대해 물었다. 주자가 대답하였다. '하늘은 다만 수많은 사람과 사물을 생겨나게 하고 그것들에게 수많은 도리를 부여하였다. 그러나 하늘은 도리어 스스로 할 수 없기 때문에 성인을 생겨나게 하여 도를 닦고 가르침을 세워서 백성을 교화하도록 하였으니, 이른바 '천지의 도를 마름질하고, 천지의 마땅함을 돕는다'라고 한 것이 이것이다. 대게 하늘이 할 수 없는 것은 또한 반드시 성인이 그를 위해 해야 하기 때문이다.')"라고 되어 있다.

29) 孔子雖不爲帝王, 然做出許多事, 以敎天下後世, 是亦天命也: 『주자어류(朱子語類)』 권14, 「대학1(大學一)」 56조목에는 "問: ''一有聰明睿智能盡其性者, 則天必命之以爲億兆之君師', 何處見得天命處?' 曰: '此也如何知得? 只是才生得一箇恁地底人, 定是爲億兆之君師, 便是天命之也. 他旣

주자가 말하였다. “그러나 하늘은 도리어 스스로 할 수 없기 때문에 반드시 성인을 얻어서 백성을 교화시켰다. 공자는 비록 제왕은 되지 못했지만, 많은 일들을 해서 세상의 후세를 가르쳤으니, 이 또한 천명이다.”

◯ 新安陳氏曰 : “君以治之, 師以教之, 變化其氣質, 復還其本性. 以上四箇‘性’字須融貫看透.”[30]

신안 진씨(新安陳氏 : 陳櫟)가 말하였다. “군주로서 그들을 다스리고 스승으로써 그들을 가르쳐서 그 기질을 변화시켜 그 본성을 회복시킨다. 이상에서 말한 네 개의 ‘성(性)’자[31]는 모름지기 융회 관통해서 명확하게 보아야 한다.”

◯ 又曰 : “此「序」分六節, 精義尤在第二節, 曰‘知其性之所有而全之’, 曰‘教之以復其初’是也. 朱子論學, 必以復性初爲綱領要歸. 『論語』首註‘學’字曰‘人性皆善, 明善復初’; 「小學題辭」曰‘人性之綱, 乃復其初’;[32] 此書首釋‘明明德’亦曰‘遂明之以復其初’; 與此『序』凡四致意焉. 學者欲知性之所有,[33] 在格物 · 致知; 欲復全其性之

有許多氣魄才德, 決不但已, 必統御億兆之衆, 人亦自是歸他. 如三代已前聖人都是如此. 及至孔子, 方不然. 然雖不爲帝王, 也閑他不得, 也做出許多事來, 以教天下後世, 是亦天命也.’(물었다. ‘‘어떤 총명(聰明)하고 예지(叡智)하여 그 성(性)을 다 발현할 수 있는 자가 있으면, 하늘은 반드시 그에게 명하여 만백성의 군주와 스승으로 삼을 것이다’라고 하였는데, 어디에서 천명을 알 수 있겠습니까?’ 주자가 대답하였다. ‘이것을 어떻게 알 수 있겠는가? 다만 그러한 사람이 생겨나자마자 반드시 만백성의 군주와 스승이 되니, 이것이 바로 하늘이 명한 것이다. 그는 이미 많은 기백(氣魄)과 재덕(才德)이 있어서, 결코 그만두지 않을 뿐만 아니라 반드시 수많은 백성들을 거느릴 것이고, 사람들 또한 당연히 그에게 귀의할 것이다. 예컨대 삼대(三代) 이전의 성인들은 모두 이와 같았다. 공자에 이르러서 그렇게 되지 않았다. 그러나 비록 제왕은 되지 못했지만, 또한 그를 막지 못했고, 또한 많은 일들을 해서 세상의 후세를 가르쳤으니, 이 또한 천명이다.’)”라고 되어 있다.

30) 호광 편(胡廣 編), 『대학장구대전(大學章句大全)』「서(序)」.

31) 네 개의 ‘성(性)’자 : 능진기성(能盡其性 : 그 성을 다 발현함), 선지기성(先知其性 : 먼저 그 성을 앎), 전기성(全其性 : 그 성을 온전히 함), 복환기본성(復還其本性 : 그 본성을 회복함)이라는 네 구절에서 ‘성(性)’자를 가리킨다.

32) 「小學題辭」曰‘人性之綱, 乃復其初’ : 호광 편(胡廣 編), 『대학장구대전(大學章句大全)』「서(序)」에는 “「小學題辭」曰‘仁義禮智, 人性之綱’; 曰‘德崇業廣, 乃復其初’(「소학제사(小學題辭)」에서 ‘인의예지는 사람의 본성의 강령이다’라 말했고, ‘덕이 높고 공업(功業)이 광대함은 바로 그 처음을 회복하는 일이다.’)”라고 되어 있다.

33) 學者欲知性之所有 : 호광 편(胡廣 編), 『대학장구대전(大學章句大全)』「서(序)」에는 “聖人盡性, 盡其本全者也. 學者復其性, 復而後能全也, 欲知性之所有(성인이 성(性)을 다 발현하는 것은 그 본래 온전한 것을 다 발현하는 것이다. 배우는 사람들이 그 성(性)을 회복하는 일은 회복한 뒤에 온전히 할 수 있는 것이니, 성(性)이 가지고 있는 것을 알려면)”라고 되어 있다.

所有, 在誠意·正心·修身以力於行而已."[34)]

신안 진씨(新安陳氏 : 陳櫟)가 또 말하였다. "이 「서(序)」는 여섯 단락으로 나누어지는데 그 정밀한 뜻은 특히 제2단락에 있으니, '성(性)이 가지고 있는 것을 알아서 그것을 온전히 한다'라고 한 말과 '백성들을 가르쳐서 그 처음을 회복시킨다'라고 한 말이 이것이다. 주자가 배움을 논할 때는 반드시 성(性)의 처음을 회복하는 일을 강령의 요지로 삼았다. 『논어(論語)』에서 처음 '학(學)'자를 주석하여 '사람의 본성은 모두 선(善)하니 선함을 밝혀 그 처음을 회복해야 한다'라고 하였고,[35)] 「소학제사(小學題辭)」에서는 '사람 본성의 강령이니 이에 그 처음을 회복해야 한다'라고 하였으며, 이 책 즉 『대학(大學)』에서도 처음에 '명명덕(明明德 : 밝은 덕을 밝힘)'을 주석하여 '마침내 그것을 밝혀서 그 처음을 회복한다'라고 하였으니, 이 「서(序)」에서 말한 것과 함께 모두 네 곳에서 관심을 집중하였다. 배우는 사람들이 성(性)이 가지고 있는 것을 알려고 하면 격물·치지에 달려 있고, 그 성이 가지고 있는 것을 회복하여 온전히 하려고 하면 성의·정심·수신하여 실천에 힘쓰는 일에 달려 있을 뿐이다."

◯ 按 : 陳氏以'明德'爲性者, 恐得之.

내가 생각하건대, 진씨(陳氏 : 陳櫟)가 '명덕(明德 : 밝은 덕)'을 본성으로 여긴 것은 아마 잘 본 것 같다.

◯ 尤菴曰 : "『中庸』無'心'字, 故「序」言心特詳; 『大學』只於用人理財處略言性, 而非言性之本體, 故「序」言性特詳. 朱子爲人之意切矣."[36)]

우암(尤菴 : 宋時烈)이 말하였다. "『중용(中庸)』에는 '심(心)'자가 없기 때문에 주자

---

34) 호광 편(胡廣 編), 『대학장구대전(大學章句大全)』「서(序)」.

35) 『논어(論語)』에서 처음 '학(學)'자를 주석하여 '사람의 본성은 …… 회복해야 한다'라고 하였고 : 『논어(論語)』「학이(學而)」 제1장 주석에서 주자는 "사람의 본성(本性)은 모두 선(善)하지만, 이것을 깨닫는 데 먼저 깨닫고 뒤에 깨닫는 차이가 있으니, 뒤에 깨닫는 자는 반드시 먼저 깨달은 자가 한 것을 본받아야 선함을 밝혀 그 처음을 회복할 수 있다.(人性皆善, 而覺有先後, 後覺者, 必效先覺之所爲, 乃可以明善而復其初也.)"라고 하였다.

36) 송시열(宋時烈), 『송자대전(宋子大全)』 권131 「간서잡록(看書雜錄)」에는 "『中庸』無一'心'字, 故於序文言心特詳; 『大學』言性, 只於用人理財處略說過, 而非言性之本體, 故於序文言性特詳. 朱子爲人之意可謂切矣.(『중용(中庸)』에는 '심(心)'자가 하나도 없기 때문에 주자는 서문에서 심(心)을 특별히 상세하게 말했고, 『대학(大學)』에서는 성(性)을 말했지만, 다만 사람을 부리거나 재물을 관리하는 측면에서 약간 언급하였지 성(性)의 본체를 말한 것이 아니기 때문에 주자는 서문에서 성(性)을 특별히 상세하게 말하였다. 주자가 사람들을 위하는 뜻이 절실함을 알 수 있겠다.)"라고 되어 있다.

는 「서(序)」에서 심(心)을 특별히 상세하게 말했고, 『대학(大學)』에서는 다만 사람을 부리거나 재물을 관리하는 측면에서 약간 언급했지 성(性)의 본체를 말한 것이 아니기 때문에 주자는 「서(序)」에서 성(性)을 특별히 상세하게 말하였다. 주자가 사람들을 위하는 뜻이 절실하다."

◯ '性'字, 此「序」之骨子.

'성(性)'자는 이 「서문」의 핵심이다.

朱註

此伏羲 · 神農 · 黃帝 · 堯 · 舜所以繼天立極, 而司徒之職 · 典樂之官所由設也.

이것은 복희(伏羲) · 신농(神農) · 황제(黃帝) · 요(堯) · 순(舜)이 하늘을 계승하여 사람의 표준을 세운 근거이고, 사도(司徒)의 직책과 전악(典樂)의 관직을 이 때문에 설치한 것이다.

詳說

◯ 新安陳氏曰: "代天立標準."[37]

'차복희 · 신농 · 황제 · 요 · 순소이계천입극(此伏羲 · 神農 · 黃帝 · 堯 · 舜所以繼天立極)'이라는 말에 대해, 신안 진씨(新安陳氏 : 陳櫟)가 말하였다. "하늘을 대신하여 표준을 세운 것이다."

◯ 此以身敎也, 指義 · 農 · 黃帝.

'차복희 · 신농 · 황제 · 요 · 순소이계천입극(此伏羲 · 神農 · 黃帝 · 堯 · 舜所以繼天立極)'이라고 말한 것은 몸소 가르친 것이니, 복희, 신농, 황제를 가리킨다.

◯ 見『書』「舜典」.

'이사도지직 · 전악지관소유설야(而司徒之職 · 典樂之官所由設也)'에서 '사도지직 · 전악지관(司徒之職 · 典樂之官)'에 대해서는 『서경(書經)』「순전(舜典)」에 보인다.

◯ 雲峰胡氏曰: "司徒統敎百姓, 典樂專敎胄子."[38]

'이사도지직 · 전악지관소유설야(而司徒之職 · 典樂之官所由設也)'에서 '사도지직 · 전악지관(司徒之職 · 典樂之官)'에 대해, 운봉 호씨(雲峯胡氏 : 胡炳文)가 말하였다. "사도(司徒)는 백성들을 총괄하여 가르치고 전악(典樂)은 오로지 제왕과 귀족의

---

37) 호광 편(胡廣 編), 『대학장구대전(大學章句大全)』「서(序)」.

38) 호병문(胡炳文), 『사서통(四書通)』「대학통(大學通) · 대학주자서(大學朱子序)」.

장자(長子)를 가르친다."

○ 此以官敎也, 指堯·舜.

'이사도지직·전악지관소유설야(而司徒之職·典樂之官所由設也)'라고 했는데, 이는 관료로써 가르친 것이니, 요·순을 가리킨다.

○ 新安陳氏曰: "上文說其理, 此實之以其事. 此時敎已立, 而敎之法未備, '學'之名未聞也."[39]

신안 진씨(新安陳氏: 陳櫟)[40]가 말하였다. "위 글 즉 '즉천필명지이위억조지군사, 사지치이교지, 이복기성(則天必命之以爲億兆之君師, 使之治而敎之, 以復其性)'은 그 이치를 말하였고, 여기에서는 그 일로써 그것을 실질되게 하였다. 이때에 가르침이 이미 세워졌지만 가르치는 법도가 아직 갖추어지지 않았기 때문에 '학(學: 학교)'이라는 명칭을 듣지 못하였다."

朱註

三代之隆, 其法寖備, 然後王宮·國都以及閭巷莫不有學.

삼대(三代)가 융성했을 때에 그 법도가 점점 갖추어졌고, 그러한 뒤에 왕궁과 나라의 도읍으로부터 시골 마을에 이르기까지 학교가 있지 않은 곳이 없었다.

詳說

○ 天子之子入王宮之學, 公·卿·大夫之子入國都之學, 庶人子弟入閭巷之學.

천자의 자식은 왕궁의 학교에 들어가고, 공(公)·경(卿)·대부(大夫)의 자식은 나라 도읍의 학교에 들어가며, 서인의 자제들은 시골 마을의 학교에 들어간다.

39) 호광 편(胡廣 編), 『대학장구대전(大學章句大全)』「서(序)」.

40) 진력(陳櫟, 1252~1334): 자는 수옹(壽翁)이고, 호는 정우(定宇) 또는 동부노인(東阜老人)이다. 송말원초 때 휘주(徽州) 휴녕(休寧) 사람이다. 송나라가 망하자 은거하여 학문과 제자 양성에 힘썼다. 학문 성향은 주희(朱熹)의 학문을 위주로 하면서 육구연(陸九淵)의 심학(心學)을 아울러 취하려 하였다. 인종(仁宗) 연우(延祐) 초에 향시(鄕試)에 급제했지만 예부시(禮部試)에 나가지 않고 집에서 학생들을 가르쳤다. 효성과 우애가 지극했고, 세력이나 이익에 휩쓸리지 않았다. 주희와 여러 학자의 학설을 채집하고 자신의 견해를 덧붙여 『상서집전찬소(尙書集傳纂疏)』를 저술하였다. 그 밖의 저서에 『사서발명(四書發明)』, 『예기집의(禮記集義)』, 『역조통략(歷朝通略)』, 『근유당수록(勤有堂隨錄)』, 『정우집(定宇集)』 등이 있다.

朱註

人生八歲, 則自王公, 以下至於庶人之子弟, 皆入小學,
사람이 태어나 8세가 되면 왕 · 공(王 · 公)으로부터 아래로 서인의 자제에 이르기까지 모두 소학(小學)에 들어가서,

詳說

○ 照'生民'之'生'字.
'인생팔세(人生八歲)'에서 '생(生)'자는 위의 '천강생민(天降生民 : 하늘이 사람을 생겨나게 함)'이라고 할 때 '생민(生民)'의 '생(生)'자를 비추어 본 것이다.

○ 天子.
'즉자왕공(則自王公)'에서 '왕(王)'은 천자(天子)이다.

○ 句.
'즉자왕공(則自王公)'은 문장이 끊어지는 곳이다.

○ 非必俊秀.
'이하지어서인지자제(以下至於庶人之子弟)'에서 '서인지자제(庶人之子弟)'는 꼭 준수한 아이들만을 가리키는 것이 아니다.

○ 八歲入小學, 出『白虎通』.
위 구절에서, 8세에 소학에 들어간다는 것은 『백호통(白虎通)』에 나온다.[41)]

○ 『尚書大傳』曰 : "十三入小學."[42)]
『상서대전(尚書大傳)』에서 말하였다. "13세에 소학에 들어간다."

---

41) 8세에 소학에 들어간다는 것은 『백호통(白虎通)』에 나온다 : 『백호통(白虎通)』 권4, 「벽옹(辟雍)」에는 "8세에 젖니를 갈면서 비로소 인지능력이 있게 되니 학교에 들어가서 글씨쓰기와 계산하기를 배운다.(八歲毀齒, 始有識知, 入學學書計.)"라고 되어 있다.

42) 정현(鄭玄) 주(註) · 공영달(孔穎達) 소(疏), 『예기주소(禮記註疏)』 권13, 「왕제(王制)」에서 "『尚書周傳』云, '王子 · 公 · 卿 · 大夫 · 元士之適子, 十五入小學, 二十入大學.' 又『書傳』略說餘子, 十三入小學, 十八入大學.(『상서주전(尚書周傳)』에서 '왕의 자식과 공 · 경 · 대부 · 원사(元士)의 적자는 15세에 소학에 들어가고, 20세에 태학에 들어간다.'라고 하였다. 또 『서전(書傳)』에서는 대략 적장자 이외의 자식들은 13세에 소학에 들어가고 18세에 태학에 들어간다고 말하였다.)"라고 하였다.

朱註

而敎之以灑掃·應對·進退之節, 禮·樂·射·御·書·數之文.

물 뿌리고 쓸며, 응대(應對)하며, 나아가고 물러나는 절도와 예(禮)·악(樂)·사(射)·어(御)·서(書)·수(數)의 명칭을 가르친다.

詳說

○ 幷去聲.

'이교지이쇄소(而敎之以灑掃)'에서 '쇄소(灑掃)'는 모두 거성(去聲)이다.

○ 見『論語』「子張」.

'이교지이쇄소·응대·진퇴지절(而敎之以灑掃·應對·進退之節)'이라는 말은 『논어(論語)』「자장(子張)」에 보인다.[43]

○ 番陽齊氏曰: "三者言節, 有品節存焉."[44]

'이교지이쇄소·응대·진퇴지절(而敎之以灑掃·應對·進退之節)'과 관련하여, 파양 제씨(番陽齊氏: 齊夢龍)[45]가 말하였다. "이 셋은 절도를 말하니, 거기에는 품행과 절도가 있다."

○ 見『周禮』「大司徒」.

'예·악·사·어·서·수지문(禮·樂·射·御·書·數之文)'은 『주례』「지관사도(地官司徒) 대사도(大司徒)」에 보인다.

○ 番陽齊氏曰: "六者非八歲以上者所能盡究其事, 故言文. 文者, 名物之謂也, 非其事也."[46]

'예·악·사·어·서·수지문(禮·樂·射·御·書·數之文)'과 관련하여, 파양 제씨(番陽齊氏: 齊夢龍)가 말하였다. "이 여섯 가지는 8세 이상의 아이가 그 일을 다 궁구할 수 있는 것이 아니기 때문에 명칭이라고 말하였다. 명칭은 이름과 특징을

---

43) '이교지이쇄소·응대·진퇴지절(而敎之以灑掃·應對·進退之節)'이라는 말은 『논어(論語)』「자장(子張)」에 보인다: 『논어(論語)』「자장(子張)」 제12장에서 "자유(子游)가 말하였다. '자하(子夏)의 제자들은 물 뿌리고 쓸며, 응대(應對)하며, 나아가고 물러나는 예절을 감당해서는 괜찮지만, 이것은 말단이다. 그것에 근본하는 것은 없으니, 어찌하겠는가?'(子游曰: '子夏之門人小子當灑掃·應對·進退則可矣, 抑末也. 本之則無, 如之何?')"라고 하였다.

44) 호광 편(胡廣 編), 『대학장구대전(大學章句大全)』「서(序)」.

45) 제몽룡(齊夢龍): 자는 각옹(覺翁)이고 호는 절초(節初)이며, 원(元)나라 때 파양(番陽: 현 강소성 파양현) 사람이다. 주희의 4전(傳) 제자로서 『역』과 『효경』 등에 관련 저술이 있었다고 한다.

46) 호광 편(胡廣 編), 『대학장구대전(大學章句大全)』「서(序)」.

말하니, 그 일이 아니다."

○ 按:『論語』'遊藝'註以文與法分言之, 而此槪言文者, 統於禮·樂也, 抑射·御·書·數亦皆有其文云.

내가 생각하건대, 『논어(論語)』 '유어예(游於藝)'에 대한 주석에서 육예(六藝)에 대해 명칭과 법도로 나누어 말했는데,[47] 여기에서 개괄하여 명칭이라고 말한 것은 예(禮)·악(樂)에 총괄한 것이다. 그렇지만 사(射)·어(御)·서(書)·수(數)에도 또한 모두 그 명칭이 있다고 할 수 있을 것이다.

朱註

及其十有五年, 則自天子之元子·衆子, 以至公·卿·大夫·元士之適子, 與凡民之俊秀, 皆入大學,

15세에 이르면 천자의 원자(元子)·중자(衆子: 적장자 이외의 자식)로부터 공(公)·경(卿)·대부(大夫)·원사(元士)의 적자(嫡子)와 모든 백성의 준수(俊秀)한 자에 이르기까지 모두 태학(太學)에 들어가서

詳說

○ '又'通.

'급기십유오년(及其十有五年)'에서 '유(有)'자는 '우(又: 또)'자와 통한다.

○ 新安陳氏曰: "元子繼世有天下, 衆子建爲諸侯."[48]

'즉자천자지원자·중자(則自天子之元子·衆子)'에 대해, 신안 진씨(新安陳氏: 陳櫟)가 말하였다. "원자(元子)는 세대를 계승하여 천하를 다스리고, 중자(衆子)는 제후로 세워진다."

○ 上士.

'이지공·경·대부·원사지적자(以至公·卿·大夫·元士之適子)'에서 '원사(元士)'는 상사(上士)이다.

---

47) 『논어(論語)』 '유어예(游於藝)'에 대한 주석에서 육예(六藝)에 대해 명칭과 법도로 나누어 말했는데: 『논어(論語)』「술이(述而)」 제6장 '유어예(游於藝)'에 대한 주자 주석에서 "예(藝)는 곧 예(禮)·악(樂)의 명칭과 사(射)·어(御)·서(書)·수(數)의 법도이니, 모두 지극한 이치가 깃들어 있고 일상생활에서 빠트릴 수 없는 것이다.(藝, 則禮樂之文, 射御書數之法, 皆至理所寓而日用之不可闕者也.)"라고 되어 있다.

48) 호광 편(胡廣 編), 『대학장구대전(大學章句大全)』「서(序)」.

○ 音'的'.

'이지공 · 경 · 대부 · 원사지적자(以至公 · 卿 · 大夫 · 元士之適子)'에서 '적(適)'자는 음이 '적(的)'이다.

○ 新安陳氏曰 : "凡民, 惟賢者得入, 不比小學無貴賤賢愚皆得入也."[49]

'여범민지준수(與凡民之俊秀)'에 대해, 신안 진씨(新安陳氏 : 陳櫟)[50]가 말하였다. "모든 백성들 가운데 오직 현명한 사람만이 들어갈 수 있으니, 귀한 자와 천한 자, 현명한 자와 어리석은 자를 가릴 것 없이 모두 들어갈 수 있는 소학(小學)과는 같지 않다."

○ 按 : 天子則勿論元 · 衆, 公以下惟適子, 而凡民又惟俊秀, 此貴賤之敎也.

내가 생각하건대, 천자는 원자(元子)나 중자(衆子)를 따지지 않고, 공(公) 이하는 오직 적자(適子)만 태학에 들어갈 수 있는데, 백성 중에는 또 오직 준수한 자만 태학에 들어갈 수 있는 것은 귀한 자와 천한 자를 구별하는 교육이다.

○ 十五入大學, 出『白虎通』.

15세에 태학에 들어간다는 말은 『백호통(白虎通)』에 나온다.[51]

○ 『尙書大傳』曰 : "二十入大學."[52]

---

49) 호광 편(胡廣 編), 『대학장구대전(大學章句大全)』「서(序)」.

50) 진력(陳櫟, 1252~1334) : 자는 수옹(壽翁)이고, 호는 정우(定宇) 또는 동부노인(東阜老人)이다. 송말원초 때 휘주(徽州) 휴녕(休寧) 사람이다. 송나라가 망하자 은거하여 학문과 제자 양성에 힘썼다. 학문 성향은 주희(朱熹)의 학문을 위주로 하면서 육구연(陸九淵)의 심학(心學)을 아울러 취하려 하였다. 인종(仁宗) 연우(延祐) 초에 향시(鄕試)에 급제했지만 예부시(禮部試)에 나가지 않고 집에서 학생들을 가르쳤다. 효성과 우애가 지극했고, 세력이나 이익에 휩쓸리지 않았다. 주희와 여러 학자의 학설을 채집하고 자신의 견해를 덧붙여 『상서집전찬소(尙書集傳纂疏)』를 저술하였다. 그 밖의 저서에 『사서발명(四書發明)』, 『예기집의(禮記集義)』, 『역조통략(歷朝通略)』, 『근유당수록(勤有堂隨錄)』, 『정우집(定宇集)』 등이 있다.

51) 15세에 태학에 들어간다는 말은 『백호통(白虎通)』에 나온다 : 『백호통(白虎通)』 권4, 「벽옹(辟雍)」에는 "7+8인 15세에 음양이 갖추어지기 때문에 15세에 성장한 아동 가운데 지향이 분명한 아이는 태학에 들어가 경술(經術)을 배운다.(七八十五, 陰陽備, 故十五成童志明, 入太學, 學經術.)"라고 하였다.

52) 정현(鄭玄) 주(註) · 공영달(孔穎達) 소(疏), 『예기주소(禮記註疏)』 권13, 「왕제(王制)」에서 "『尙書周傳』云, '王子 · 公 · 卿 · 大夫 · 元士之適子, 十五入小學, 二十入大學.' 又『書傳』略說餘子, 十三入小學, 十八入大學.(『상서주전(尙書周傳)』에서 '왕의 자식과 공 · 경 · 대부 · 원사(元士)의 적자는 15세에 소학에 들어가고, 20세에 태학에 들어간다.'라고 하였다. 또 『서전(書傳)』에서는 대략 적장자 이외의 자식들은 13세에 소학에 들어가고 18세에 태학에 들어간다고 말하였다.)"

『상서대전(尙書大傳)』에서 말하였다. "20세에 태학에 들어간다."

朱註

> **而敎之以窮理·正心·修己·治人之道.**
> 이치를 궁구하고 마음을 바로잡으며 자신을 수양하고 남을 다스리는 도(道)를 가르쳤다.

詳說

○ 格致.

'이교지이궁리(而敎之以窮理)'에서 '궁리(窮理)'는 격물(格物)·치지(致知)이다.

○ 誠·正·修.

'정심·수기(正心·修己)'는 성의(誠意)·정심(正心)·수신(修身)이다.

○ 齊·治·平.

'치인지도(治人之道)'는 제가(齊家)·치국(治國)·평천하(平天下)이다.

○ 新安陳氏曰: "窮理, 知之事; 正心以下, 行之事. 三代有小學·大學之敎法, 而未有書也."53)

신안 진씨(新安陳氏: 陳櫟)가 말하였다. "궁리(窮理)는 앎의 일이고, 정심(正心) 이하는 실행의 일이다. 삼대(三代)에 소학(小學)과 태학(太學)의 교육 법도가 있었지만, 글이 없었다."

朱註

> **此又學校之敎·大小之節所以分也.**
> 이것은 또 학교의 가르침에 크고 작은 절차가 나누어진 근거이다.

詳說

○ 音效, 下幷同.

'차우학교지교(此又學校之敎)'에서 '교(校)'자는 음이 효(效)이고 아래도 모두 마찬가지이다.

라고 하였다.

53) 호광 편(胡廣 編), 『대학장구대전(大學章句大全)』「서(序)」.

○ 此句收上文'寢備'句.

위 구절은 앞의 글 '삼대지융, 기법침비, 연후왕궁 · 국도이급여항막불유학(三代之隆, 其法寢備, 然後王宮 · 國都以及閭巷莫不有學)'을 거두어들여 정리한 것이다.

○ '此' · '所'二字照應上節末'此' · '所'二字文勢.

'차우학교지교 · 대소지절소이분야(此又學校之敎 · 大小之節所以分也)'에서 '차(此)'자와 '소(所)'자는 앞 단락 끝부분 '차복희 · 신농 · 황제 · 요 · 순소이계천입극(此伏羲 · 神農 · 黃帝 · 堯 · 舜所以繼天立極)'에서 '차(此)'자와 '소(所)'자의 문장 흐름과 호응한다.

朱註

夫以學校之設, 其廣如此, 敎之之術, 其次第節目之詳又如此, 而其所以爲敎, 則又皆本之人君躬行心得之餘, 不待求之民生日用彝倫之外. 是以當世之人無不學.

무릇 학교의 설치가 그 넓음이 이와 같고, 교육 방법이 그 차례와 항목의 상세함이 또 이와 같으며, 그 교육하는 근거는 또 모두 군주가 몸소 실행하고 마음에 얻은 나머지에 근본하고, 백성들이 일상생활에서 지켜야 할 올바른 도리 이외의 것을 구하려고 하지 않았다. 이 때문에 당시 사람들은 배우지 않은 경우가 없었다.

詳說

○ 音扶.

'부이학교지설(夫以學校之設)'에서 '부(夫)'자는 음이 부(扶)이다.

○ 此又申論上文'學' · '敎'二事. 此下又收歸於上節'君師' · '生民'兩項.

'부이학교지설, 기광여차, 교지지술, 기차제절목지상우여차(夫以學校之設, 其廣如此, 敎之之術, 其次第節目之詳又如此)'라고 한 구절은, 또 앞의 글에서 '학교'와 '교육' 두 가지 일을 거듭 밝혀 논한 것이다. 이 아래는 또 앞 단락의 '군주와 스승'과 '백성들' 두 가지 항목을 거두어들여 귀결한다.

○ 照'君師'.

'즉우개본지인군궁행심득지여(則又皆本之人君躬行心得之餘)'라고 한 말은, '군주와 스승'을 비추어 본 것이다.

○ 新安陳氏曰：“言君身爲立教之本, 卽所謂億兆君師·繼天立極者也. 躬行仁義禮智之道, 而有得於心也.”[54]

‘즉우개본지인군궁행심득지여(則又皆本之人君躬行心得之餘)’라고 한 것과 관련하여, 신안 진씨(新安陳氏 : 陳櫟)[55]가 말하였다. “이것은 군주의 몸은 가르침을 세우는 근본이 되니 곧 이른바 만백성의 군주와 스승이고 하늘을 계승하여 표준을 세우는 사람임을 말한다. 인의예지의 도(道)를 몸소 실행하여 마음에 얻은 것이 있다는 뜻이다.”

○ 照‘生民’.

‘부대구지민생일용이륜지외(不待求之民生日用彝倫之外)’라고 한 것은 ‘백성들’을 비추어 본 것이다.

○ ‘彝倫’卽所謂‘降衷’者也.

‘부대구지민생일용이륜지외(不待求之民生日用彝倫之外)’에서 ‘이륜(彝倫)’은 곧 이른바 ‘하늘이 충(衷 : 中)을 내려준 것’이다.

○ 王至庶人.

‘시이당세지인무불학(是以當世之人無不學)’에서 ‘당세지인(當世之人)’은 왕에서부터 서민들까지를 말한다.

○ 照上文二‘皆入’.

‘시이당세지인무불학(是以當世之人無不學)’에서 ‘무불학(無不學)’은 앞의 글에서

---

54) 호광 편(胡廣 編), 『대학장구대전(大學章句大全)』「서(序)」에는 진력(陳櫟)의 말로 “上言學校施教之法, 此言君身爲立教之本, 卽所謂爲億兆君師·繼天立極者也. ‘躬行心得’, 謂躬行仁義禮智之道, 心得仁義禮智之德, 卽行道而有得於心也.(앞에서는 학교에서 교육을 시행하는 법도를 말했고, 여기에서는 군주의 몸은 가르침을 세우는 근본이 되니 곧 이른바 만백성의 군주와 스승이고 하늘을 계승하여 표준을 세우는 사람임을 말한다. ‘몸소 실행하고 마음에 얻는다’라는 말은 인의예지의 도(道)를 몸소 실행하여 인의예지의 덕을 마음에 얻은 것이니 곧 도를 실행하여 마음에 얻음이 있다는 뜻이다.)”라고 실려 있다.

55) 진력(陳櫟, 1252~1334) : 자는 수옹(壽翁)이고, 호는 정우(定宇) 또는 동부노인(東阜老人)이다. 송말원초 때 휘주(徽州) 휴녕(休寧) 사람이다. 송나라가 망하자 은거하여 학문과 제자 양성에 힘썼다. 학문 성향은 주희(朱熹)의 학문을 위주로 하면서 육구연(陸九淵)의 심학(心學)을 아울러 취하려 하였다. 인종(仁宗) 연우(延祐) 초에 향시(鄕試)에 급제했지만 예부시(禮部試)에 나가지 않고 집에서 학생들을 가르쳤다. 효성과 우애가 지극했고, 세력이나 이익에 휩쓸리지 않았다. 주희와 여러 학자의 학설을 채집하고 자신의 견해를 덧붙여 『상서집전찬소(尚書集傳纂疏)』를 저술하였다. 그 밖의 저서에 『사서발명(四書發明)』, 『예기집의(禮記集義)』, 『역조통략(歷朝通略)』, 『근유당수록(勤有堂隨錄)』, 『정우집(定宇集)』 등이 있다.

두 번 '모두 들어간다'라고 한 것, 즉 '개입소학(皆入小學)'과 '개입태학(皆入大學)'을 비추어 본 것이다.

朱註

其學焉者, 無不有以知其性分之所固有, 職分之所當爲, 而各俛焉以盡其力.

배운 자들은 그 성분(性分 : 성의 본분)이 본디 지니고 있는 것과 직분(職分 : 직위의 본분)에 마땅히 해야 할 일을 알아서 각각 힘써 그 힘을 다 발휘하지 않음이 없었다.56)

詳說

○ 去聲, 下同.

'무불유이지기성분지소고유(無不有以知其性分之所固有)'에서 '분(分)'자는 거성(去聲)이고, 아래도 마찬가지이다.

○ 照上'彝倫'.

'무불유이지기성분지소고유(無不有以知其性分之所固有)'에서 '성분지소고유(性分之所固有)'는 앞의 '부대구지민생일용이륜지외(不待求之民生日用彝倫之外)'에서 '이륜(彝倫)'을 비추어 본 것이다.

○ 照上'躬行'. 蓋職莫大於爲君.

'직분지소당위(職分之所當爲)'라고 한 것은 앞의 '즉우개본지인군궁행심득지여(則又皆本之人君躬行心得之餘)'에서 '궁행(躬行)'을 비추어 본 것이다. 대개 직분은 군주노릇 하는 것보다 큰 일이 없다.

○ 音免.

'이각면언이진기력(而各俛焉以盡其力)'에서 '면(俛)'자는 음이 면(免)이다.

○ 新安陳氏曰 : "性分固有, 卽仁義禮智, 是理, 是體; 職分當爲, 如子孝 · 臣忠之類, 是事, 是用. 知性分 · 職分是知之事, 俛焉 · 盡力是行之事, 與前'知性之所有而全之'相照應."57)

---

56) 각각 힘써 그 힘을 다 발휘하지 않음이 없었다 : 『주자어류(朱子語類)』 권14, 「대학1(大學一)」 59조목에는 힘써 그 힘을 발휘하는 문제를 다음과 같이 설명한다. " 물었다. ''각각 힘써 그 힘을 다 발휘하지 않음이 없었다.'라고 하였는데, '면(俛)'자는 무슨 뜻입니까?' 주희가 말하였다. ''면(俛)'이라는 글자는 반대 의견을 주장하는 것이고, 장차 없애려는 뜻일 뿐이다.'(問 : ''各俛焉以盡其力.' 下此'俛'字何謂?' 曰 : ''俛'字者, 乃是刺著頭, 只管做將去底意思.')"

신안 진씨(新安陳氏 : 陳櫟)가 말하였다. "성분(性分)이 본디 지니고 있는 것은 곧 인의예지이니, 리(理)이고 본체이다. 직분(職分)에 마땅히 해야 하는 일은 예컨대 자식으로서는 효도해야 하고 신하로서는 충성하는 것 따위이니, 일[事]이고 작용이다. 성분과 직분은 앎의 일이고 그것에 힘쓴 것과 힘을 다 발휘하는 것은 실행의 일임을 아는 것은 앞에서 '성(性)을 가지고 있음을 알아서 그것을 온전하게 하는 일'과 서로 호응한다."

朱註

此古昔盛時, 所以治隆於上, 俗美於下, 而非後世之所能及也.

이는 옛날 융성할 때 다스림이 위에서 융숭하고 풍속이 아래에서 아름다워 후세에서 미칠 수 있는 것이 아닌 까닭이다.

詳說

○ 去聲, 下幷同.

'소이치융어상(所以治隆於上)'에서 '치(治)'자는 거성(去聲)이고, 아래도 모두 마찬가지이다.

○ 又照上'躬行'句.

'소이치융어상(所以治隆於上)'에서 '융어상(隆於上)'은 또 앞의 '즉우개본지인군궁행심득지여(則又皆本之人君躬行心得之餘)'라는 구절을 비추어 본 것이다.

○ 又照上'彛倫'句.

'속미어하(俗美於下)'라고 한 것은 또 앞의 '부대구지민생일용이륜지외(不待求之民生日用彛倫之外)'라는 구절을 비추어 본 것이다.

○ 此收上文'三代之隆'句.

'이비후세지소능급야(而非後世之所能及也)'라고 한 것은 앞의 글 '삼대지융, 기법침비, 연후왕궁 · 국도이급여항막불유학(三代之隆, 其法寢備, 然後王宮 · 國都以及閭巷莫不有學)'이라는 구절을 거두어들인 것이다.

○ '此' · '所'二字又照應上節末句文勢.

'차고석성시, 소이치융어상(此古昔盛時, 所以治隆於上)'에서 '차(此)'자와 '소(所)'자는 또 앞 단락 끝부분 구절 '차복희 · 신농 · 황제 · 요 · 순소이계천입극(此伏羲 ·

57) 호광 편(胡廣 編), 『대학장구대전(大學章句大全)』「서(序)」.

神農·黃帝·堯·舜所以繼天立極)'의 문장 흐름과 호응한다.

○ 此「序」六節之末, 二'也'字·二'矣'字·一'焉'字·一'云'字, 此其分斷界限之字眼云.
이 「대학장구서(大學章句序)」 6개 단락의 끝은 '야(也)'자와 '의(矣)'자를 두 번씩 쓰고, '언(焉)'자와 '운(云)'자를 한 번씩 썼는데, 이것은 그 경계를 가르는 어휘라고 할 수 있다.

○ 此爲第二節.
여기까지가 제2절[단락]이다.

○ '後世'句引起下節.
'이비후세지소능급야(而非後世之所能及也)'라는 구절은 아래 단락을 일으킨다.

朱註

及周之衰, 賢聖之君不作, 學校之政不修, 教化陵夷, 風俗頹敗. 時則有若孔子之聖, 而不得君師之位, 以行其政教.

주(周)나라가 쇠퇴해지자 현명하고 성(聖)스러운 군주가 나오지 않아 학교의 정사(政事)가 닦아지지 못해, 교화가 침체되어 풍속이 무너졌다. 이때에는 공자와 같은 성인이 있었어도 군주와 스승의 지위를 얻어서 정사와 교육을 시행할 수 없었다.

詳說

○ 仍蒙上節三代而言.
'급주지쇠(及周之衰)'라고 한 구절은 앞 단락 삼대(三代)를 이어받아 말한 것이다.

○ 四句事皆相因.
'현성지군부작, 학교지정불수, 교화능이, 풍속퇴패(賢聖之君不作, 學校之政不修, 教化陵夷, 風俗頹敗)'라고 한 네 개 구절의 일은 모두 서로 이어진다.

○ 照上'君師'.
'시즉유약공자지성, 이부득군사지위(時則有若孔子之聖, 而不得君師之位)'라고 한 구절은 앞의 '군주와 스승'이라는 말을 비추어 본 것이다.

○ 一切與上二節相反.
'시즉유약공자지성, 이부득군사지위, 이행기정교(時則有若孔子之聖, 而不得君師之位, 以行其政教)'라고 한 구절은 모든 일이 앞의 두 단락과 상반된다.

○ 新安陳氏曰 : "當天地氣運衰時."[58]

'시즉유약공자지성, 이부득군사지위, 이행기정교(時則有若孔子之聖, 而不得君師之位, 以行其政敎)'라는 구절과 관련하여, 신안 진씨(新安陳氏 : 陳櫟[59])가 말하였다. "공자는 천지의 기운이 쇠퇴할 때를 맞았다."

朱註

於是獨取先王之法, 誦而傳之, 以詔後世.

이에 홀로 선왕의 법(法)을 취하여, 외워 전해서 후세에 알려서 가르쳐주었다.

詳說

○ 三代.

'어시독취선왕지법(於是獨取先王之法)'에서 '선왕(先王)'은 삼대(三代)를 가리킨다.

○ 告敎.

'이조후세(以詔後世)'에서 '조(詔)'자는 알려서 가르쳐준다는 뜻이다.

朱註

若「曲禮」·「少儀」·「內則」·「弟子職」諸篇, 固小學之支流餘裔,

「곡례(曲禮)」·「소의(少儀)」·「내칙(內則)」·「제자직(弟子職)」 같은 여러 편(篇)들

---

58) 호광 편(胡廣 編), 『대학장구대전(大學章句大全)』「서(序)」에 진력(陳櫟)의 말로 "皇帝生當天地氣運盛時, 所以達而在上, 以身爲敎, 而道行於當世. 孔子當天地氣運衰時, 不免窮而在下, 以言爲敎, 傳諸其徒, 而道明於後世而已.(황제(皇帝)는 천지의 기운이 융성할 때 생겨 나왔기 때문에 현달하여 윗자리에 있으면서 몸소 교육했고 도(道)가 당시에 행해졌다. 공자는 천지의 기운이 쇠퇴할 때를 맞아 곤궁하여 아래 자리를 모면하지 못해서 말로 교육했고 그 문도들에게 전하여 도(道)가 후세에 밝혀졌을 따름이다.)"라고 실려 있다.

59) 진력(陳櫟, 1252~1334) : 자는 수옹(壽翁)이고, 호는 정우(定宇) 또는 동부노인(東阜老人)이다. 송말원초 때 휘주(徽州) 휴녕(休寧) 사람이다. 송나라가 망하자 은거하여 학문과 제자 양성에 힘썼다. 학문 성향은 주희(朱熹)의 학문을 위주로 하면서 육구연(陸九淵)의 심학(心學)을 아울러 취하려 하였다. 인종(仁宗) 연우(延祐) 초에 향시(鄕試)에 급제했지만 예부시(禮部試)에 나가지 않고 집에서 학생들을 가르쳤다. 효성과 우애가 지극했고, 세력이나 이익에 휩쓸리지 않았다. 주희와 여러 학자의 학설을 채집하고 자신의 견해를 덧붙여 『상서집전찬소(尙書集傳纂疏)』를 저술하였다. 그 밖의 저서에 『사서발명(四書發明)』, 『예기집의(禮記集義)』, 『역조통략(歷朝通略)』, 『근유당수록(勤有堂隨錄)』, 『정우집(定宇集)』 등이 있다.

은 본디 소학의 지류(支流)와 말류(末流)이며,

詳說

○ 去聲.

'「소의」(「少儀」)'에서 '소(少)'자는 거성(去聲)이다.

○ 幷『禮記』篇名.

'「곡례(曲禮)」·「소의(少儀)」·「내칙(內則)」'은 모두 『예기』의 편명이다.

○ 『管子』篇名.

'「제자직(弟子職)」'은 『관자(管子)』의 편명이다.[60]

---

60) 『관자』 제59장의 「제자직」은 '학생들이 지켜야 하는 법도'로 전체가 9장으로 구성되어 있다. 첫 장은 학업(學業)과 덕행(德行)을 함께 말하고 있어 총칙(總則)이고, 나머지 8장은 이른 아침의 할 일, 수업하고 빈객을 응대하는 일, 시식(侍食), 취찬(就餐), 쇄소(灑掃), 집촉(執燭), 선생의 잠자리 돌보기, 복습 공부의 원칙 등을 다루고 있다. 이 모든 사항은 학생들이 덕(德)에 나아가고, 학업을 닦으며, 스승을 섬기는 규칙들이라 할 수 있다. 전문은 아래와 같다. "先生施敎, 弟子是則, 溫恭自虛, 所受是極. 見善從之, 聞義則服. 溫柔孝悌, 毋驕恃力. 赤毋虛邪, 行必正直. 游居有常, 必就有德. 顔色整齊, 中心必式. 夙興夜寐, 衣帶必飾. 朝益暮習, 小心翼翼. 一此不解, 是謂學則. 少者之事, 夜寐蚤作. 旣拚盥漱, 執事有恪, 攝衣共盥, 先生乃作. 沃盥徹盥, 汎拚正席, 先生乃坐. 出入恭敬, 如見賓客. 危坐鄕師, 顔色毋怍. 受業之紀, 必由長始. 一周則然, 其餘則否. 始誦必作, 其次則已. 凡言與行, 思中以爲紀, 古之將興者, 必由此始. 後至就席, 狹坐則起. 若有賓客, 弟子駿作, 對客無讓, 應且遂行, 趨進受命. 所求雖不在, 必以命反. 反坐復業, 若有所疑, 奉手問之. 師出皆起. 至於食時, 先生將食, 弟子饌饋. 攝衽盥漱, 跪坐而饋. 置醬錯食, 陳膳毋悖. 凡置彼食, 鳥獸魚鱉, 必先菜羹, 羹胾中別, 胾在醬前, 其設要方. 飯是爲卒, 左酒右醬. 告具而退, 奉手而立. 三飯二斗, 左執虛豆. 右執狹匕, 周還而貳, 唯嗛之視. 同嗛以齒, 周則有始, 柄尺不跪, 是謂貳紀. 先生已食, 弟子乃徹, 趨走進漱, 拚前斂祭. 先生有命, 弟子乃食, 以齒相要, 坐必盡席, 飯必奉擥, 羹不以手, 亦有據膝, 毋有隱肘, 旣食乃飽, 循咡覆手, 振衽掃席, 已食者作, 摳衣而降. 旋而鄕席, 各徹其餽, 如於賓客. 旣徹幷器, 乃還而立. 凡拚之道, 實水于盤, 攘臂袂及肘, 堂上則播灑, 室中握手. 執箕膺揲, 厥中有帚. 入戶而立, 其儀不忒. 執帚下箕, 倚于戶側. 凡拚之紀, 必由奧始, 俯仰磬折, 拚毋有徹, 拚前而退, 聚于戶內; 坐板排之, 以葉適己, 實帚于箕. 先生若作, 乃興而辭, 坐執而立, 遂出棄之. 旣拚反立, 是協是稽. 暮食復禮. 昏將擧火, 執燭隅坐. 錯總之法, 橫于坐所, 櫛之遠近, 乃承厥火, 居句如矩. 蒸間容蒸, 然者處下, 奉椀以爲緖. 右手執燭, 左手正櫛, 有墮代燭, 交坐毋倍尊者, 乃取厥櫛, 遂出是去. 先生將息, 弟子皆起, 敬奉枕席, 問所何趾, 俶衽則請, 有常則否. 先生旣息, 各就其友, 相切相磋, 各長其儀. 周則復始, 是謂弟子之紀.(선생이 가르침을 베풀면 제자는 이를 본받아야 한다. 온량(溫良)하고 공경하며 겸허(自虛)하면 가르침을 받은 것이 지극하게 된다. 선(善)을 보면 이를 좇고, 올바른 도리(義)를 들으면 실천한다. 온유하고 효성스러우며 교만하거나 자신의 용맹을 믿지 않아야 한다. 뜻(志)이 헛되거나 사악하지 않아야 하며 행동은 반드시 곧고 바르게 해야 한다. 외출할 때는 일정한 법도가 있어야 하며 반드

시 덕이 있는 사람을 가까이 해야 한다. 겉으로 드러나는 안색은 정숙하고 장중해야 하며, 마음 속은 반드시 법도에 합당해야 한다. 일찍 일어나고 밤늦게 자며 옷과 허리띠는 반드시 가지런히 해야 하며 아침에는 선생의 가르침을 받고 저녁에는 배운 것을 익히며, 삼가 익히고 신중히 해야 한다. 이 일을 한결같이 하고 게을리 하지 않는 것을 배우는 법도라 한다. ①어린이가 마땅히 해야 할 일은 밤늦게 자고 아침 일찍 일어나야 한다. 자리에서 기상하여 앉은 자리를 청소하고 세수하고 양치질하며 맡아 하는 일을 공손하게 한다. 옷매무새를 바르게 하고 세숫물을 받들고 선생이 일어나기를 기다린다. 선생이 세수하시거든 세수 도구를 치우고, 집안을 청소하고 공부할 좌석을 정돈하고 선생이 앉는다. 선생의 앞에서 출입을 할 때는 공경하여 손님을 맞이하듯 해야 한다. 공부를 하기 위해 바르게 앉고 얼굴은 스승을 향하며 안색은 단정히 하고 용모가 변하지 않아야 한다. ②제자가 선생을 좇아 학습하는 차례는 반드시 연장자로부터 시작하는 것이니 1년 동안은 그렇게 하고, 그 나머지는 그렇게 하지 않으며 재능에 따라 배운다. 처음 선생을 따라 암송할 때는 반드시 일어서고 그 다음부터는 그렇게 하지 않는다. 모든 말과 행동은 중용을 법도로 삼기를 생각한다. 옛날에 학업을 성취하려고 하는 자는 반드시 이와 같이 시작하였다. 늦게 온 사람이 자기 자리에 나아갈 때 곁에 앉은 사람은 일어나 길을 양보해 주어야 한다. 만약 손님이 오신다면 제자는 재빨리 몸을 일으킨다. 손님을 대할 때 냉담하게 하지 않으며, 한편으로 응대하고 한편으로 행동해야 하며, 급히 나아가 명을 받아야 한다. 손님이 찾는 사람이 계시지 않더라도 반드시 돌아와 알리고, 되돌아가 공부를 계속한다. 의심나는 바가 있으면 공손하게 질문한다. 스승이 나가시면 모두 일어난다. ③식사시간이 되어 선생이 식사를 드시려거든 제자가 밥과 반찬을 올린다. 옷매무새를 바르게 하고 세수하고 양치질하며, 꿇어앉아 선생에게 음식을 드린다. 간장을 놓고 음식을 진열하고 반찬을 펴놓을 때 법도를 어기지 말라. 선생에게 식사를 올리는 순서는 조수(鳥獸) 어별(魚鼈)과 같은 반찬에는 반드시 먼저 나물국을 올린다. 고기 덩어리를 크게 썰어 넣은 국은 중앙에 진열해 놓고, 고깃점은 간장 앞에 진열해 놓아 상을 진설하는 것을 방정하게 해야 한다. 밥은 마지막으로 놓고 왼쪽에는 술과 오른쪽에는 마실 것을 놓는다. 상차림을 끝내고 물러나 손을 받들고 한 쪽에서 기다린다. 선생의 식사를 기다리면서 세 주발의 밥과 두 국자의 술을 준비한다. 왼 손에는 빈 그릇을 들고, 오른 손에는 수저를 잡으며, 식탁을 돌면서 음식과 반찬을 첨가한다. 그릇이 비는 것을 살펴 나이에 따라 첨가해 준다. 한 바퀴 돌고 난 후에 다시 시작하며, 1척의 주걱으로 첨반(添飯)하되 꿇어앉지 않는다. 이것이 술과 음식을 첨반하는 법도이다. 선생이 식사를 마치시거든 제자는 상을 물린다. 그런 후에 재빨리 나아가 양치할 물을 올리고 자리 앞을 청소하고 고수레했던 음식들을 거두어 간다. ④선생의 분부가 있어야 제자는 식사를 한다. 나이 차례로 자리를 잡으며, 앉을 때는 좌석을 꽉 채워야 한다. 밥그릇은 반드시 손으로 잡고, 국은 손으로 잡지 않는다. 두 손으로 무릎을 누르고 팔꿈치를 기대지 않는다. 먹고 나서 배부르거든 손으로 입술 주위를 닦는다. 옷자락을 걷고 좌석을 청소하며 식사가 끝난 사람은 일어나 옷자락을 들어 올리고 식사 자리를 떠난다. 돌아와서 자리에 앉아서 각각 남은 반찬을 치우는 것을 빈객에게서와 같이 한다. 이미 상을 물려 식기를 치우고 돌아와 자리에 선다. ⑤청소하는 방법은 대야에 물을 담아 팔 소매와 팔꿈치를 걷고서 당(堂)위에서는 물을 뿌리고 방(室) 가운데는 두 손으로 물을 움켜잡고 뿌린다. 쓰레받기의 주둥이 손잡이를 잡고서 쓰레기를 그 가운데 쓸어 담는다. 방안에 들

○ 餘制反.

'고소학지지류여예(固小學之支流餘裔)'에서 '예(裔)'자는 여(餘)와 제(制)의 반절이다.

○ 番陽齊氏曰:"'支流', 水之旁出; '餘裔', 衣裾之末也. 四篇作於春秋時, 三代小學之全法, 僅存其一二, 故曰'支·餘'."[61]

파양 제씨(番陽齊氏:齊夢龍)[62]가 말하였다. "'지류(支流)'는 물이 곁으로 흘러가는 것이고, '여예(餘裔)'는 옷자락의 끝부분이다. 「곡례」·「소의」·「내칙」·「제자직」 네 편은 춘추 시대에 지어져서 삼대(三代) 때 소학의 모든 법도가 겨우 한두 가지 보존된 것이기 때문에, '지류(支流)와 말류(末流)'라고 하였다."

○ 按:小學經蓋亡矣, 此四篇非孔氏之正經, 故云'支·餘'耳.

내가 생각하건대, 소학(小學)의 경전은 모두 없어졌고 이 네 편은 공자의 참된 경전이 아니기 때문에 '지류(支流)와 말류(末流)'라고 하였다.

어와 서서는 거동이 흐트러지지 않는다. 빗자루를 잡고서 쓰레받기를 내려 방 곁에다 기대어 놓는다. 청소하는 순서는 반드시 서남쪽 모퉁이에서 시작한다. 허리를 펴기도 하고 굽히기도 하여 이리저리 구석구석까지 청소하며, 청소할 때는 크게 움직이지 않는다. 앞에서 청소하여 뒤로 가고 쓰레기를 방 가운데로 모은다. 그런 후에 무릎을 꿇고 앉아서 쓰레기를 거두어 버리며, 쓰레받기 입구를 자기에게 향하게 하여 빗자루 질을 하여 쓰레받기에 담는다. 선생이 만약 일어나서 청소하려고 하면 사양하여라. 쓰레받기를 잡고 일어서 밖에 나가 쓰레기를 버려라. 청소가 끝나면 돌아와 손을 모으고 선다. 이렇게 하는 것이 청소의 법도에 맞는 일이다. 저녁 식사는 아침 식사와 청소할 때의 예절과 같이 한다. ⑥황혼 녘에는 횃대에 불을 붙여 제자가 잡고 방의 한 모퉁이에 앉는다. 불을 붙이는 섶단(柴薪)을 두는 방법은 선생이 앉아 계신 곳에 가로로 두고, 원근(遠近)으로 늘어 놓고서 이어서 불을 붙이며, 나머지 섶단을 장단에 따라 불이 타는 곳에 가지런히 놓는다. 불 섶을 타는 섶단 사이에 내려놓고 화로를 들어 타다 남은 재를 담는다. 오른손으로 횃불을 잡고 왼손으로 남은 재를 정돈한다. 피로하여 다른 사람과 횃불을 교대한다면 앉아서 바꾸고 스승에게서 등을 돌리지 말아라. 남은 재는 모아 문밖에 나가서 버려야 한다. ⑦선생이 휴식하려고 하거든 제자들이 모두 일어난다. 삼가 베개 자리를 받들고, 발을 어디로 둘지를 여쭙는다. 잠자리가 정돈되면 마음에 드는지를 묻고, 제대로 되었으면 묻지 않는다. ⑧선생이 이미 휴식하시거든 각기 그 벗들에게 나아가 서로 절차탁마(切磋琢磨)하여 각각 그 배운 바의 의리를 키운다. 하나 하나를 두루 공부하여 게을리 하지 않는 것을 제자의 공부하는 도리라 한다.)"

61) 호광 편(胡廣 編), 『대학장구대전(大學章句大全)』「서(序)」.

62) 제몽룡(齊夢龍): 북송 시대 학자로, 자가 절초(節初)이고 심양(番陽) 사람이다. 『주역(周易)』에 밝았으며, 소옹(邵雍)의 학문에 전심(專心)하였다. 저서로는 『논어해(論語解)』 등이 있다.

朱註

而此篇者, 則因小學之成功, 以著大學之明法.

그런데 이 편(篇)은 소학의 공을 이루는 데 따라서 대학의 밝은 법을 드러내었다.

詳說

◯ 指'經一章'.

'이차편자(而此篇者)'는 '경1장(經一章)'을 가리킨다.

◯ 此以大學之道而言, 下文'過於『大學』'同.

'이저대학지명법(以著大學之明法)'이라 한 구절은 대학의 도(道)로써 말한 것이고, 아래 글에서 '『대학(大學)』보다 지나치다'라고 말한 것도 마찬가지이다.

朱註

外有以極其規模之大, 而內有以盡其節目之詳者也.

밖으로는 그 규모의 큼을 극진히 함이 있고, 안으로는 그 항목의 상세함을 다 발휘함이 있다.[63]

詳說

◯ 新安陳氏曰 : "'規模之大', 指三綱領; '節目之詳', 指八條目. 孔子時, 方有『大學』一章之經."[64]

신안 진씨(新安陳氏 : 陳櫟)[65]가 말하였다. "'규모의 큼'은 삼강령(三綱領)을 가리

63) 『주자어류(朱子語類)』 권14, 「대학1(大學一)」 60조목에는 다음과 같이 설명하고 있다. "이것은 먼저 외면의 규모가 이와 같이 크다는 것을 알고, 안으로 공부를 하여 채우는 일이다. 이른바 규모의 크기는 대개 사람들이 배우는데 마땅히 '명덕을 밝히고 백성을 새롭게 하며 지극한 선에 그치는 것' 및 '천하에 명덕을 밝히는 것'을 일로 삼아 오로지 그 몸을 선하게 하려는 것이 아니다. 반드시 천하에 뜻을 두고 이른바 '이윤의 뜻한 바에 뜻을 두고, 안자가 배운 것을 배운다.'는 말이다. 『대학』의 두 번째 구절에서 '백성을 새롭게 하는 데 있다.'를 말한다.(這个須先識得外面一个規模如此大了, 而內做工夫以實之. 所謂規模之大, 凡人爲學, 便當以'明明德, 新民, 止於至善', 及'明明德於天下'爲事, 不成只要獨善其身便了. 須是志於天下, 所謂'志伊尹之所志, 學顏子之所學也'. 所以大學第二句便說'在新民'.)"

64) 호광 편(胡廣 編), 『대학장구대전(大學章句大全)』「서(序)」.

65) 진력(陳櫟, 1252~1334) : 자는 수옹(壽翁)이고, 호는 정우(定宇) 또는 동부노인(東阜老人)이다. 송말원초 때 휘주(徽州) 휴녕(休寧) 사람이다. 송나라가 망하자 은거하여 학문과 제자 양성에 힘썼다. 학문 성향은 주희(朱熹)의 학문을 위주로 하면서 육구연(陸九淵)의 심학(心學)을 아울

키고, '항목의 상세함'은 팔조목(八條目)을 가리킨다. 공자 시대에는 다만 『대학(大學)』 1장(章)의 경(經)이 있었을 것이다."

○ **東陽許氏曰 : "獨以八條看之, 則平天下爲規模, 上七條爲節目. 須七條節節做工夫, 至于極功. 八條卽三綱中事也."**[66]

동양 허씨(東陽許氏 : 許謙)[67]가 말하였다. "다만 팔조목만으로 본다면 평천하(平天下)가 규모이고 앞의 7개 조목은 항목이다. 모름지기 7개 조목에 대해 하나하나 공부하여 극진한 공로에 이르러야 한다. 팔조목은 곧 삼강령 가운데의 일이다."

○ **按 : 陳氏以'大'·'詳'字爲說, 許氏以'外'·'內'字爲說, 合兩說, 其義方備.**

내가 생각하건대, 신안 진씨(新安陳氏 : 陳櫟)는 '대(大 : 규모의 큼)'자와 '상(詳 : 항목의 상세함)'자로 설명했고, 동양 허씨(東陽許氏 : 許謙)는 '외(外 : 밖으로는)'자와 '내(內 : 안으로는)'자로 설명했는데, 두 가지 설명을 합쳐야 그 의미가 비로소 갖추어진다.

러 취하려 하였다. 인종(仁宗) 연우(延祐) 초에 향시(鄕試)에 급제했지만 예부시(禮部試)에 나가지 않고 집에서 학생들을 가르쳤다. 효성과 우애가 지극했고, 세력이나 이익에 휩쓸리지 않았다. 주희와 여러 학자의 학설을 채집하고 자신의 견해를 덧붙여 『상서집전찬소(尙書集傳纂疏)』를 저술하였다. 그 밖의 저서에 『사서발명(四書發明)』, 『예기집의(禮記集義)』, 『역조통략(歷朝通略)』, 『근유당수록(勤有堂隨錄)』, 『정우집(定宇集)』 등이 있다.

66) 호광 편(胡廣 編), 『대학장구대전(大學章句大全)』「서(序)」에 허겸(許謙)의 말로서 "規模·節目, 以三綱·八條對言, 則三綱爲規模, 八條爲節目, 謂八條卽三綱中事也. 獨以八條言之, 則平天下爲規模, 上七條爲節目. 平天下是大學之極功, 然須是有上七條節節做工夫, 行至于極, 然後可以天下平.(규모와 항목은 삼강령과 팔조목으로 짝지어 말하면, 삼강령은 규모이고, 팔조목은 항목이니 팔조목은 곧 삼강령 가운데의 일이다. 다만 팔조목만으로 말하면 평천하(平天下)가 규모이고 앞의 7개 조목은 항목이다. 평천하는 대학의 극진한 공효이지만 모름지기 앞의 7개 조목에 대해 하나하나 공부하여 실행이 극진한 데 이르러야 그런 뒤에 천하가 평안해질 수 있다.)"라고 실려 있다.

67) 허겸(許謙 : 1269~1337) : 원나라 때 학자로, 자가 익지(益之)이고, 호가 백운산인(白雲山人)이고, 시호가 문의(文懿)이며, 절강성 동양(東陽) 사람이다. 어려서 아버지가 돌아가시자 어머니 도씨(陶氏)가 직접 『효경(孝經)』·『논어(論語)』를 가르쳤다. 원 대 말기에 이르러 금화(金華)에 하기(何基)·왕백(王柏)·김이상(金履祥)·허겸(許謙)의 사현서원(四賢書院)을 세웠다. 저서로는 『백운집』 외에 『사서총설』·『시집전명물초(詩集傳名物鈔)』·『관사치홀기미(觀史治忽機微)』 등이 있다.

朱註

三千之徒, 蓋莫不聞其說, 而曾氏之傳獨得其宗, 於是作爲「傳」義以發其意.
삼천명의 문도(門徒)가 대개 그 말을 듣지 않은 사람이 없었지만 증씨(曾氏 : 曾參)의 전함이 홀로 그 종지(宗旨)를 얻었고, 이에 「전(傳)」의 의미를 지어 그 뜻을 드러내었다.

詳說

○ 曾子作經一章.
'이증씨지전독득기종(而曾氏之傳獨得其宗)'이라고 한 구절은 증자가 「경(經)1장」을 지은 것을 말한다.

○ 去聲.
'어시작위「전」의이발기의(於是作爲「傳」義以發其意)'에서 '전(傳)'자는 거성(去聲)이다.

○ 曾子門人作傳十章.
'어시작위「전」의이발기의(於是作爲「傳」義以發其意)'에서 '작위전의(作爲傳義)'라고 한 것은 증자의 문인이 「전(傳)10장」을 지은 것을 말한다.

○ '義'字帶說.
'어시작위「전」의이발기의(於是作爲「傳」義以發其意)'에서 '의(義)'자는 '전(傳)'자에 붙여서 말한 것이다.

○ 『大全』曰 : "發明孔子之意."[68]
'어시작위「전」의이발기의(於是作爲「傳」義以發其意)'라고 한 구절에 대해, 『대학장구대전(大學章句大全)』에서 말하였다. "이는 공자의 뜻을 드러내 밝혔다는 것이다."

朱註

及孟子沒, 而其傳泯焉, 則其書雖存而知者鮮矣.
맹자가 세상을 떠남에 그 전함이 끊기니, 그 책이 비록 남아 있지만 아는 자가 드물었다.

68) 호광 편(胡廣 編), 『대학장구대전(大學章句大全)』「서(序)」

詳說

○ 不擧子思者, 蓋旣曰曾子門人作「傳」, 則子思乃門人之尤者, 雖不擧猶擧也.

'급맹자몰(及孟子沒)'이라고 하여, 자사(子思 : 공자의 손자로서 증자의 문인임)를 제기하지 않은 것은, 대개 이미 증자의 문인이 「전(傳)」을 지었다고 말했으면 자사는 곧 증자의 문인 가운데 뛰어난 사람이니, 비록 그를 제기하지 않았다고 하더라도 제기한 것과 마찬가지이기 때문이다.

○ 上聲.

'즉기서수존이지자선의(則其書雖存而知者鮮矣)'에서 '선(鮮)'자는 상성(上聲)이다.

○ 此爲第三節.

여기까지가 제3절[단락]이다.

○ '泯鮮'句引起下節.

'이기전민언, 즉기서수존이지자선의(而其傳泯焉, 則其書雖存而知者鮮矣)'라고 한 구절은 아래 단락을 끌어서 일으키고 있다.

朱註

自是以來, 俗儒記誦詞章之習, 其功倍於小學而無用;

이로부터 그 뒤 속유(俗儒 : 세속에 찌든 유학자)들이 암송하고 작문하는 익힘이 그 공부가 소학보다 곱절이 되었지만 쓸 데가 없었고,

詳說

○ 朱子曰 : "訓詁."[69]

69) 주희(朱熹), 『주문공문집(朱文公文集)』 권80, 「복주주학경사각기(福州州學經史閣記)」에는 "然自聖學不傳, 世之爲士者不知學之有本而唯書之讀, 則其所以求于書, 不越乎記誦訓詁文詞之間, 以釣聲名, 干祿利而已. 是以天下之書愈多而理愈昧, 學者之事愈勤而心愈放, 詞章愈麗·論議愈高而其德業事功之實愈無以逮乎古人.(그러나 성인의 학문이 전해지지 않게 되면서부터, 세상의 선비 노릇하는 사람들은 배움에 근본이 있음을 알지 못하고 오직 책만 읽으니, 그들이 책에서 구하는 것은 문사(文詞)를 암송하고 훈고(訓詁)하는 것을 넘어서지 못하여, 그것으로써 명성을 꾀하고 이록(利祿)을 얻으려는 것일 뿐이었다. 이 때문에 천하에 책이 많으면 많을수록 이치는 더욱 어두워지고, 배우는 사람들이 부지런하면 할수록 마음은 더욱 방만해지며, 작문은 더욱 화려하고 논의는 더욱 고원하지만, 그 덕업(德業)과 사공(事功)의 실질은 더욱 옛사람들에 미칠 수가 없었다.)"라고 되어 있다.

'속유기송사장지습(俗儒記誦詞章之習)'에서 '기송(記誦)'과 관련하여, 주자가 말하였다. "이는 훈고하는 일이다."

○ 訓詁, 漢學; 詞章, 唐學.

'속유기송사장지습(俗儒記誦詞章之習)'과 관련하여, 훈고는 한(漢)나라 때 유행한 학문이고, 작문은 당(唐)나라 때 유행한 학문이다.

○ 盡平生之力.

'기공배어소학이무용(其功倍於小學而無用)'에서 '기공배어소학(其功倍於小學)'이라고 한 것은 평생토록 힘을 다해 노력한다는 뜻이다.

○ 朱子曰 : "德業事功, 無以逮古人."70)

'기공배어소학이무용(其功倍於小學而無用)'에서 '무용(無用)'에 대해, 주자가 말하였다. "덕업(德業)과 사공(事功)이 옛사람들에 미칠 수가 없었다."

朱註

異端虛無 · 寂滅之教, 其高過於大學而無實.

이단(異端)의 허무(虛無) · 적멸(寂滅)의 가르침은 그 고원함이 대학의 도를 넘어서지만 실질이 없었다.

詳說

○ 新安陳氏曰 : "老氏虛無, 佛氏寂滅."71)

'이단허무 · 적멸지교(異端虛無 · 寂滅之教)'와 관련하여, 신안 진씨(新安陳氏 : 陳櫟)가 말하였다. "노자는 허무(虛無)이고 불교는 적멸(寂滅)이다."

○ 朱子曰 : "吾儒讀書, 逐一就事物上理會道理. 異端便都掃了, 只恁地空寂便道事都了. 若將些子事付之, 便都沒柰何."72)

---

70) 주희(朱熹), 『주문공문집(朱文公文集)』 권80, 「복주주학경사각기(福州州學經史閣記)」.

71) 호광 편(胡廣 編), 『대학장구대전(大學章句大全)』「서(序)」.

72) 『주자어류(朱子語類)』 권14, 「대학1(大學一)」 62조목에는 "仁甫問 : '釋氏之學, 何以說爲「高過於『大學』而無用」?' 曰 : '吾儒更著讀書, 逐一就事物上理會道理. 他便都掃了這个, 他便恁地空空寂寂, 恁地便道事都了. 只是無用. 德 · 行 · 道 · 藝, 藝是一介至末事, 然亦皆有用. 釋氏若將些子事付之, 便都沒奈何.'(인보(仁甫 : 주자 문인)가 물었다. '무엇 때문에 불교의 학문을 '고원함이 『대학(大學)』을 넘어서지만 실질이 없었다'라고 하였습니까?' 주자가 대답하였다. '우리 유학은 독서를 통하여 하나하나씩 사물에서 도리를 이해한다. 그러나 그들은 곧 이것을 전부 없애버리고 또 곧 그렇게 텅 비고 적막하면서도, 그렇게 하는 것이 바로 일을 모두 끝낸 것이라고

주자가 말하였다. "우리 유학은 독서는 하나하나씩 사물에서 도리를 이해한다. 그러나 이단(異端)은 곧 이것을 전부 없애버리고, 다만 그렇게 텅 비고 적막하면서도 곧 그렇게 하는 것이 바로 일을 모두 끝낸 것이라고 말한다. 만약 이러한 일을 텅 비고 적막한 데 붙인다면, 곧 모두 어떻게 할 수가 없을 것이다."

朱註

其他權謀術數, 一切以就功名之說, 與夫百家衆技之流, 所以惑世誣民, 充塞仁義者, 又紛然雜出乎其間.

기타 권모술수로서 임시로 공명(功名)을 이루는 학설과 저 여러 학파의 많은 기예의 부류들이 혹세무민하여 인의(仁義)를 가로막는 자들이 또 어지럽게 그 사이에 섞여 나왔다.

詳說

○ 音竊.

'일절이취공명지설(一切以就功名之說)'에서 '절(切)'자는 음이 절(竊)이다.

○ 音扶.

'여부백가중기지류(與夫百家衆技之流)'에서 '부(夫)'자는 음이 부(扶)이다.

○ 新安陳氏曰: "權術, 謂管·商等; 百家衆技, 如九流等是也."[73]

'기타권모술수, 일절이취공명지설, 여부백가중기지류(其他權謀術數, 一切以就功名之說, 與夫百家衆技之流)'와 관련하여, 신안 진씨(新安陳氏: 陳櫟)[74]가 말하였다.

말한다. 다만 쓸모가 없을 뿐이다. 덕·행·도·예(德·行·道·藝)에서 예(藝)는 하나의 지극히 말단적인 일이지만 또한 모두 쓸모가 있다. 불교가 만약 이러한 일을 텅 비고 적막한 데 붙인다면, 곧 모두 어떻게 할 수가 없을 것이다.')"라고 되어 있다.

73) 호광 편(胡廣 編), 『대학장구대전(大學章句大全)』「서(序)」.

74) 진력(陳櫟, 1252~1334): 자는 수옹(壽翁)이고, 호는 정우(定宇) 또는 동부노인(東阜老人)이다. 송말원초 때 휘주(徽州) 휴녕(休寧) 사람이다. 송나라가 망하자 은거하여 학문과 제자 양성에 힘썼다. 학문 성향은 주희(朱熹)의 학문을 위주로 하면서 육구연(陸九淵)의 심학(心學)을 아울러 취하려 하였다. 인종(仁宗) 연우(延祐) 초에 향시(鄕試)에 급제했지만 예부시(禮部試)에 나가지 않고 집에서 학생들을 가르쳤다. 효성과 우애가 지극했고, 세력이나 이익에 휩쓸리지 않았다. 주희와 여러 학자의 학설을 채집하고 자신의 견해를 덧붙여 『상서집전찬소(尙書集傳纂疏)』를 저술하였다. 그 밖의 저서에 『사서발명(四書發明)』, 『예기집의(禮記集義)』, 『역조통략(歷朝通略)』, 『근유당수록(勤有堂隨錄)』, 『정우집(定宇集)』 등이 있다.

"권모술수는 관중(管仲)과 상앙(商鞅) 등을 말하고, 여러 학파의 많은 기예는 예컨대 구류(九流 : 여러 학파들) 등이 이것이다."

○ 見『孟子』「滕文公」.

'소이혹세무민, 충색인의자(所以惑世誣民, 充塞仁義者)'라고 한 것은 『맹자(孟子)』「등문공(滕文公)」에 보인다.[75]

○ 俗儒異端之間.

'우분연잡출호기간(又紛然雜出乎其間)'에서 '기간(其間)'은 세속의 학자들과 이단(異端)의 사이를 말한다.

○ 以上分四品言之, 而害正學莫甚於異端, 故特言『大學』於彼.

이상으로 네 가지로 말했는데,[76] 올바른 학문을 해치는 부류는 이단보다 심한 것이 없기 때문에, 특히 이단을 논하는 데서 『대학(大學)』을 말하였다.[77]

朱註

使其君子不幸而不得聞大道之要, 其小人不幸而不得蒙至治之澤.

군자에게는 불행하게도 큰 도(道)의 요체를 듣지 못하도록 했고, 소인에게는 불행하게도 세상이 잘 다스려지는 혜택을 입지 못하도록 하였다.

詳說

○ 仕者.

'사기군자불행이부득문대도지요(使其君子不幸而不得聞大道之要)'에서 '군자(君子)'는 벼슬하는 사람을 가리킨다.

---

75) '소이혹세무민, 충색인의자(所以惑世誣民, 充塞仁義者)'라고 한 것은 『맹자(孟子)』「등문공(滕文公)」에 보인다 : 『맹자(孟子)』「등문공하(滕文公下)」 제9장에서 "양주(楊朱)·묵적(墨翟)의 도(道)가 그치지 않으면 공자의 도가 드러나지 못할 것이니, 이는 그릇된 학설이 백성을 속여 인의(仁義)를 가로막는 것이다.(楊·墨之道不息, 孔子之道不著, 是邪說誣民, 充塞仁義也.)"라고 하였다.

76) 이상으로 네 가지로 말했는데 : 네 가지는 앞에서 논한 속유(俗儒), 이단(異端), 권모술수(權謀術數), 백가중기(百家衆技)를 말한다.

77) 특히 이단을 논하는 데서 『대학(大學)』을 말하였다 : 앞에서 "이단의 허무(虛無)·적멸(寂滅)의 가르침은 그 고원함이 『대학(大學)』을 넘어서지만 실질이 없었다.(異端虛無·寂滅之教, 其高過於『大學』而無實.)"라고 한 것을 가리킨다.

○ 幷蒙上'使'字.

'기소인불행이부득몽지치지택(其小人不幸而不得蒙至治之澤)'에서 '기소인(其小人)'도 앞 구절의 '사(使)'자에 이어지고 있다.

○ 庶人.

'기소인불행이부득몽지치지택(其小人不幸而不得蒙至治之澤)'에서 '소인(小人)'은 서민을 가리킨다.

朱註

晦盲否塞, 反覆沈痼,

어두워 가려지고 막혀서 반복하여 고질이 되어,

詳說

○ 眉庚反.

'회맹비색(晦盲否塞)'에서 '맹(盲)'자는 미(眉)와 경(庚)의 반절이다.

○ 音鄙.

'회맹비색(晦盲否塞)'에서 '비(否)'자는 음이 비(鄙)이다.

○ 東陽許氏曰 : "如月之晦, 目之盲, 言不明; 知氣之否, 川之塞, 言不行."[78]

'회맹비색(晦盲否塞)'에 대해, 동양 허씨(東陽許氏 : 許謙)가 말하였다. "달이 어두운 것과 같고 눈이 보지 못하는 것과 같으니 밝지 못한 것을 말하고, 기(氣)가 통하지 않는 것과 같고 냇물이 막히는 것과 같으니 실행하지 못하는 것을 말한다."

○ 音福.

'반복침고(反覆沈痼)'에서 '복(覆)'자는 음이 복(福)이다.

○ 音固.

'반복침고(反覆沈痼)'에서 '고(痼)'자는 음이 고(固)이다.

○ 東陽許氏曰 : "'反覆'是展轉愈深而不可去底意. '沈'如物沒於水而不可浮, '痼'如病著於身而不可愈."[79]

---

78) 호광 편(胡廣 編), 『대학장구대전(大學章句大全)』「서(序)」에 허겸(許謙)의 말로 "如月之晦, 如目之盲, 如氣之否, 如川之塞. 晦盲, 言不明; 否塞, 言不行.(달이 어두운 것과 같고, 눈이 보지 못하는 것과 같으며, 기(氣)가 통하지 않는 것과 같고, 냇물이 막히는 것과 같다. '회맹(晦盲)'은 밝지 못한 것을 말하고, '비색(否塞)'은 실행하지 못하는 것을 말한다.)"라고 실려 있다.

'반복침고(反覆沈痼)'에 대해, 동양 허씨(東陽許氏 : 許謙)[80]가 말하였다. "'반복(反覆)'은 움직일수록 더욱 깊어져서 빠져나갈 수 없다는 뜻이다. '침(沈)'자는 마치 어떤 것이 물에 가라앉아서 떠오르지 못하는 것과 같고, '고(痼)'자는 마치 몸에 병이 들어 낫지 못하는 것과 같다."

朱註

以及五季之衰, 而壞亂極矣!

오계(五季 : 다섯 나라의 쇠퇴한 시대)의 쇠퇴함에 이르러 무너지고 혼란함이 지극했다!

詳說

○ 『大全』曰 : "梁 · 唐 · 晉 · 漢 · 周五代季世."

'이급오계지쇠(以及五季之衰)'에서 '오계(五季)'에 대해, 『대학장구대전(大學章句大全)』에서 말하였다. "'오계'는 후양(後梁) · 후당(後唐) · 후진(後晉) · 후한(後漢) · 후주(後周)의 다섯 나라의 쇠퇴한 시대를 가리킨다."

○ 雲峰胡氏曰 : "'惑世誣民', 使斯民昏而不能知; '充塞仁義', 使斯民壅而不能行. '晦盲', 全無能知者; '否塞', 全無能行者, 所以爲壞亂之極也. '大道之要', 是『大學』書中所載者; '至治之澤', 是自『大學』中流出者. 上之人無能知此『大學』, 故君子'不得聞大道之要'; 上之人無能行此『大學』, 故小人'不得蒙至治之澤'."[81]

운봉 호씨(雲峯胡氏 : 胡炳文)[82]가 말하였다. "'혹세무민'은 이 백성들을 어둡게 하

---

79) 호광 편(胡廣 編), 『대학장구대전(大學章句大全)』「서(序)」.

80) 허겸(許謙 : 1269~1337) : 원나라 때 학자로, 자가 익지(益之)이고, 호가 백운산인(白雲山人)이고, 시호가 문의(文懿)이며, 절강성 동양(東陽) 사람이다. 어려서 아버지가 돌아가시자 어머니 도씨(陶氏)가 직접 『효경(孝經)』 · 『논어(論語)』를 가르쳤다. 원 대 말기에 이르러 금화(金華)에 하기(何基) · 왕백(王柏) · 김이상(金履祥) · 허겸(許謙)의 사현서원(四賢書院)을 세웠다. 저서로는 『백운집』 외에 『사서총설』 · 『시집전명물초(詩集傳名物鈔)』 · 『관사치홀기미(觀史治忽機微)』 등이 있다.

81) 호병문(胡炳文), 『사서통(四書通)』「대학통(大學通) · 대학주자서(大學朱子序)」.

82) 호병문(胡炳文, 1250~1333) : 자는 중호(仲虎)이고, 호는 운봉(雲峯)이다. 원(元) 나라 때의 경학자로 휘주 무원(徽州 婺源 : 현 안휘성 소속) 사람이다. 주희(朱熹)의 종손(宗孫)에게 『주역(周易)』과 『서경(書經)』을 배워 주자학에 잠심했으며, 특히 『주역(周易)』에 뛰어났다. 신주(信州) 도일서원(道一書院) 산장(山長)을 지내고, 난계주학정(蘭溪州學正)이 되었는데 취임하지 않았다. 주자의 『주역본의(周易本義)』를 근거로 여러 설을 절충 · 시정하여 『주역본의통석(周易

여 알 수 없도록 하는 일이고, '인의(仁義)를 가로막는 것'은 이 백성들을 막히게 해서 실행할 수 없도록 하는 일이다. '회맹(晦盲)'은 전혀 알 수 없는 것이고 '비색(否塞)'은 전혀 실행할 수 없는 것이니, 그 때문에 무너져 어지럽게 됨이 극심하게 된다. '큰 도(道)의 요점'은 『대학(大學)』이라는 책 속에 실려 있는 내용이고, '세상이 잘 다스려지는 혜택'은 『대학(大學)』으로부터 흘러나오는 효과이다. 윗자리에 있는 사람이 이러한 『대학(大學)』을 알 수 없기 때문에 군자는 '큰 도(道)의 요점을 들을 수 없게 되고', 윗자리에 있는 사람이 이러한 『대학(大學)』을 실행할 수 없기 때문에 소인은 '세상이 잘 다스려지는 혜택을 입지 못하게 된다.'"

○ 此爲第四節.

여기까지가 제4절[단락]이다.

○ '亂極'句引起下節宋之治敎, 而遂歸重於二程, 因以自任.

'혼란함이 지극했다'라는 구절은 아래 단락인 송(宋)나라의 다스림과 교화를 이끌어내고, 마침내 이정(二程 : 程顥 · 程頤)을 높게 평가하여 이어서 주자 스스로 그 도통(道統)을 자신의 임무로 맡게 되었다.

朱註

天運循環, 無往不復,

하늘의 운수(運數)는 순환하니, 나아가서 돌아오지 않는 것은 없다.

詳說

○ 如循環, 言反於故處也.

'천운순환(天運循環)'에서 '순환(循環)'하는 것과 같다고 한 구절은 예전의 상태로 되돌아감을 말한다.

○ 出『易』「泰卦」.

'무왕불복(無往不復)'이라는 말은 『역』「태괘(泰卦)」에 나온다.[83)]

本義通釋)』 12권을 지었다. 처음 이름은 『주역본의정의(周易本義精義)』였고, 『통지당경해(通志堂經解)』에 들어있다. 이 밖에 『시집해(書集解)』, 『춘추집해(春秋集解)』, 『예서찬술(禮書纂述)』, 『사서통(四書通)』, 『대학지장도(大學指掌圖)』, 『오경회의(五經會義)』, 『이아운어(爾雅韻語)』 등이 있다.

83) '무왕불복(無往不復)'이라는 말은 『역』「태괘(泰卦)」에 나온다 : 『역』「태괘(泰卦)」 괘사에서 "나아가서 돌아오지 않음이 없음은 하늘과 땅이 교제하는 것이다.(無往不復, 天地際也.)"라고 하였다.

◯ 復, 反也. '無'字釋於'復'字.

'무왕불복(無往不復)'에서 '복(復)'자는 돌아온다는 뜻이다. '무(無)'자는 '복(復)'자에서 풀이한다.

朱註

宋德隆盛, 治教休明. 於是河南程氏兩夫子出, 而有以接乎孟氏之傳,

그 뒤 송(宋)나라의 덕이 융성하여 다스림과 교화가 훌륭하고 밝았다. 이에 하남 정씨(河南程氏) 두 선생(程顥와 程頤)이 나와 맹씨(孟氏 : 孟子)의 전함을 접함이 있었다.

詳說

◯ 程子所居之地.

'어시하남정씨양부자출(於是河南程氏兩夫子出)'에서 '하남(河南)'은 정자(程子)가 거주했던 지방이다.

◯ 尤菴曰 : "濂溪雖繼絶學, 無言及『庸』·『學』, 故「序」不及."[84)]

'하남정씨양부자출, 이유이접호맹씨지전(河南程氏兩夫子出, 而有以接乎孟氏之傳 : 하남 정씨(河南程氏) 두 선생(程顥와 程頤)이 나와 맹씨(孟氏 : 孟子)의 전함을 접함이 있었다)'는 구절과 관련하여, 우암(尤菴 : 宋時烈)[85)]이 말하였다. "주렴계(周濂溪 : 周敦頤)는 비록 끊어진 유학을 이었지만 『중용(中庸)』과 『대학(大學)』을 언급하지 않았기 때문에 「대학주자서(大學朱子序)」에서 언급하지 않았다."

◯ 按 : 『孟子』註, 末亦不及濂溪.

내가 생각하건대, 주자는 『맹자(孟子)』에 대한 주석에서도 끝내 주렴계(周濂溪 : 周敦頤)를 언급하지 않았다.

---

84) 송시열(宋時烈), 『송자대전(宋子大全)』 권105 「답심명중(答沈明仲)」에는 "周濂溪首繼絶學, 而「中庸序文」及此「序」中皆不及焉者, 何耶? 濂溪雖繼絶學, 而無言及『庸』·『學』之道. 雖略言'中'字之意, 而亦甚寂寥矣.(주렴계(周濂溪 : 周敦頤)는 처음으로 끊어진 유학을 이었는데, 「중용서문」과 「대학서문」에서 모두 그를 언급하지 않은 것은 무엇 때문인가? 주돈이는 비록 끊어진 유학을 이었지만 『중용(中庸)』과 『대학(大學)』의 도(道)를 언급하지 않았다. 비록 '중(中)'이라는 개념의 뜻에 대해 간략히 말했지만 역시 매우 공허하다.)"라고 되어 있다.

85) 송시열(宋時烈 : 1607~1689) : 본관이 은진(恩津)으로 자가 영보(英甫), 호가 우암(尤庵) 또는 우재(尤齋), 시호가 문정(文正)이다. 저서로는 『송자대전(宋子大全)』 외에 『주자대전차의(朱子大全箚疑)』·『주자어류소분(朱子語類小分)』·『이정서분류(二程書分類)』 등이 있다.

○ 以其人而曰'子', 以其傳而曰'氏'.

'이유이접호맹씨지전(而有以接乎孟氏之傳)'과 관련하여, 그 사람일 경우에는 '자(子)'라 하고, 그 전하는 것일 경우에는 '씨(氏)'라고 한다.

朱註

實始尊信此篇而表章之, 旣又爲之次其簡編, 發其歸趣,

실로 처음 이 책을 높이고 믿어서 널리 세상에 알려 칭찬하고, 또 이 책을 위해 장구(章句)에 순서를 정해 그 취지를 드러내니,

詳說

○ 去聲.

'기우위지차기간편(旣又爲之次其簡編)'에서 '위(爲)'자는 거성(去聲)이다.

○ 新安陳氏曰 : "始拔「大學」於『戴記』之中而尊信之, 又整頓其錯亂之簡而發揮之. 但未成書耳."[86]

신안 진씨(新安陳氏 : 陳櫟)[87]가 말하였다. "처음으로 『대대예기(大戴禮記)』 가운데서 「대학(大學)」을 뽑아내어 높여서 믿고, 또 그 어지럽게 뒤섞인 장구(章句)를 정돈하여 그 뜻을 발휘하였다. 그러나 아직 책으로 만들지는 못하였다."

○ 按 : 二程皆有『大學』改正本, 蓋改正簡編, 卽所以發其歸趣也. '發'字上有'以'字義.

내가 생각하건대, 이정(二程 : 程顥·程頤)에게는 모두 『대학(大學)』 개정본이 있었으니, 대개 장구를 개정한 것은 곧 그 취지를 드러낸 것이기 때문이다. '발기귀취(發其歸趣)'에서 '발(發 : 드러내다)'자에는 '이(以 : ~으로써)'자의 의미가 들어 있다.

---

86) 호광 편(胡廣 編), 『대학장구대전(大學章句大全)』「서(序)」.

87) 진력(陳櫟, 1252~1334) : 자는 수옹(壽翁)이고, 호는 정우(定宇) 또는 동부노인(東阜老人)이다. 송말원초 때 휘주(徽州) 휴녕(休寧) 사람이다. 송나라가 망하자 은거하여 학문과 제자 양성에 힘썼다. 학문 성향은 주희(朱熹)의 학문을 위주로 하면서 육구연(陸九淵)의 심학(心學)을 아울러 취하려 하였다. 인종(仁宗) 연우(延祐) 초에 향시(鄕試)에 급제했지만 예부시(禮部試)에 나가지 않고 집에서 학생들을 가르쳤다. 효성과 우애가 지극했고, 세력이나 이익에 휩쓸리지 않았다. 주희와 여러 학자의 학설을 채집하고 자신의 견해를 덧붙여 『상서집전찬소(尙書集傳纂疏)』를 저술하였다. 그 밖의 저서에 『사서발명(四書發明)』, 『예기집의(禮記集義)』, 『역조통략(歷朝通略)』, 『근유당수록(勤有堂隨錄)』, 『정우집(定宇集)』 등이 있다.

○ 表章, 言拔出而別行, 以表明之也.

‘실시존신차편이표장지(實始尊信此篇而表章之)’에서 ‘표장(表章)’은 끄집이내이 별도로 발행하여 그것을 드러내 밝혔음을 말한다.

○ ‘旣’字自爲一句.

‘기우위지차기간편(旣又爲之次其簡編)’에서 ‘기(旣)’자는 그 자체로 하나의 구절이 된다.

○ ‘未成書’謂未及註釋爲一部文字.

앞의 신안 진씨(新安陳氏 : 陳櫟)의 말에서 ‘아직 책으로 만들지는 못했다’라는 것은 아직 주석을 붙여 한 편의 글을 만들지는 못했음을 말한다.

朱註

然後古者大學敎人之法, 聖經賢傳之指, 粲然復明於世.

그런 뒤에 옛날 태학(太學)에서 사람을 가르치던 법도와 성인의 경(經) 및 현인(賢人)의 전(傳)의 뜻이 찬란하게 다시 세상에 밝혀졌다.

詳說

○『大全』曰 : “收拾「序」文起句.”

‘연후고자대학교인지법(然後古者大學敎人之法)’이라고 한 구절에 대해, 『대학장구대전(大學章句大全)』에서 말하였다. “이 말은 「대학주자서(大學朱子序)」의 첫 구절[88]을 수습한 것이다.”

○「經」一章.

‘성경현전지지(聖經賢傳之指)’에서 ‘성경(聖經)’은 『대학(大學)』「경(經)」1장을 가리킨다.

○ 去聲.

‘성경현전지지(聖經賢傳之指)’에서 ‘전(傳)’자는 거성(去聲)이다.

○「傳」十章.

‘성경현전지지(聖經賢傳之指)’에서 ‘현전(賢傳)’은『대학(大學)』「전(傳)」10장을 가

88) 「대학주자서(大學朱子序)」의 첫 구절 : 이는 곧 본 「서문」 첫 구절인 “『대학(大學)』이라는 책은 옛날 태학(太學)에서 사람들을 가르치던 규범이었다.(『大學』之書, 古之大學所以敎人之法也.)” 라는 말을 가리킨다.

리킨다.

◯ 去聲.

'찬연부명어세(粲然復明於世)'에서 '부(復)'자는 거성(去聲)이다.

◯ 此三句總收第三 · 第四節.

여기 세 개의 구절은 본 「서문」 제2절[단락]과 제3절[단락]을 총괄적으로 수습한 것이다.

朱註

雖以熹之不敏, 亦幸私淑而與有聞焉.

비록 나의 영민하지 못함으로도 또한 다행히 사숙(私淑)하여 그것을 전해 듣는 것에 참여하였다.

詳說

◯ 二字出『孟子』「離婁」.

'역행사숙이여유문언(亦幸私淑而與有聞焉)'에서 '사숙(私淑)'이라는 두 글자는 『맹자(孟子)』「이루(離婁)」에 나온다.[89)]

◯ 去聲.

'역행사숙이여유문언(亦幸私淑而與有聞焉)'에서 '여(與)'자는 거성(去聲)이다.

◯ 東陽許氏曰 : "不得爲程子之徒而私善於三傳之李氏."[90)]

'역행사숙이여유문언(亦幸私淑而與有聞焉)'에서 '사숙(私淑)'에 대해, 동양 허씨(東陽許氏 : 許謙)가 말하였다. "이 말은 주자가 정자(程子 : 程顥 · 程頤)의 문도가 되지는 못했지만, 정자의 3전(傳) 제자인 이씨(李氏 : 李侗)를 통해 사숙했다는 뜻이다."

◯ 與聞程子次簡編 · 發歸趣之『大學』.

'역행사숙이여유문언(亦幸私淑而與有聞焉)'에서 '여유문언(與有聞焉)'은, 정자(程子)가 장구에 순서를 정하고 그 취지를 드러낸 『대학(大學)』을 전해 듣는 것에 참여했다는 말이다.

---

89) '사숙(私淑)'이라는 두 글자는 『맹자(孟子)』「이루(離婁)」에 나온다 : 『맹자(孟子)』「이루하(離婁下)」 제22장에서 "나는 공자의 문도(門徒)가 되지 못했지만, 나는 다른 사람을 통해 공자의 학문을 사숙하였다.(予未得爲孔子徒也, 予私淑諸人也.)"라고 하였다.

90) 호광 편(胡廣 編), 『대학장구대전(大學章句大全)』「서(序)」.

○ 此爲第五節.

여기까지가 제5절[단락]이다.

○ '雖'·'亦'句引起下節.

'수이희지불민, 역행사숙이여유문언(雖以熹之不敏, 亦幸私淑而與有聞焉)'에서 '수(雖)'자와 '역(亦)'자 구절은 아래 단락을 이끌어낸다.

朱註

> 顧其爲書, 猶頗放失.
>
> 다만 그 책이 여전히 놓아 잃어버린 것이 많았다.

詳說

○ 亦指程子次簡編·發歸趣之『大學』. 以下文'猶'字而可知也.

'고기위서(顧其爲書)'에서 '서(書)'는 또한 정자(程子)가 장구에 순서를 정하고 그 취지를 드러낸 『대학(大學)』을 가리킨다. 아래의 글 '유파방실(猶頗放失)'에서 '유(猶 : 여전히)'자로써 알 수 있다.

○ 南塘曰 : "'放失'者, 本有此而中經放失也. 輯放失, 指整錯簡·補亡章而言."

남당(南塘 : 韓元震)이 말하였다. "'방실(放失)'이라는 것은 본래 어떤 것이 있었는데 도중에 잃어버린 것을 말한다. 잃어버린 것을 모은다는 뜻은 착간(錯簡)을 정리하고 없어진 장(章)을 보충하는 일을 가리켜 말한다."

○ 按 : 整錯簡, 本程子之事, 而亦有未及盡整者耳. 雖然, 當以補亡章爲主, 以下文'采'字而可知也. '放失', 謂失亡也. 此二字又見『詩』「商頌」篇題, 可參考.

내가 생각하건대, 착간을 정리한다는 것은 본래 정자(程子)가 한 일이었지만 또한 모두 정리하지는 못한 것이 있었을 뿐이다. 비록 그러하지만 없어진 장(章)을 보충한다는 것을 위주로 해야 하니, 아래 글 '채이집지(采而輯之)'의 '채(采)'자를 통해 알 수 있다. '방실(放失)'이라는 것은 잃어버려 없어진 것을 말한다. 이 두 글자는 또 『시경(詩經)』「상송(商頌)」의 표제(標題)에 보이니,[91] 참고할 만하다.

---

91) 『시경(詩經)』「상송(商頌)」의 표제(標題)에 보이니 : 표제에는 "은나라의 시조인 설이 순임금의 사도가 되어 상 땅에 봉해졌다. 14대 째 탕왕이 천하를 차지했음에도 불구하고 은나라의 흥망은 잦았고, 중종(中宗)·고종(高宗) 시대에 번성을 이루었다. 주왕 때에 이르러 주왕이 무도하자 무왕은 주왕의 동생인 미자를 송나라에 봉하여 예악을 닦고 상나라를 받들게 하였다. 그 후 7대 째인 대공 시대에 이르러 정사가 쇠퇴하여 예악이 흐트러지고 잃게 되었다. 이때 공자의

朱註

> 是以忘其固陋, 采而輯之,
> 이 때문에 그 고루함을 잊고, 뽑아 모으며,

詳說

○ 指己.

'시이망기고루(是以忘其固陋)'에서 '기(其)'자는 자신을 가리킨다.

○ 尤菴曰 : "采程子說, 輯之於『大學』也."[92]

'채이집지(采而輯之)'와 관련하여, 우암(尤菴 : 宋時烈)이 말하였다. "정자(程子)의 주장을 뽑아서 그것을 『대학(大學)』에 모았다는 뜻이다."

○ 按 : 補亡章所云'竊取程子之意以補之'者, 此也. '采'卽取也, '輯'卽補也.

내가 생각하건대, 주자가 보망장(補亡章)에서 '가만히 정자(程子)의 뜻을 취하여 보충했다'라고 말한 대목이 이것이다. '채(采)'는 곧 취한다는 말이고, '집(輯)'은 곧 보충한다는 말이다.

朱註

> 間亦竊附己意, 補其闕略,
> 간간이 또한 나의 의견을 가만히 붙여 빠트려지고 생략된 부분을 보충하여,

詳說

○ 猶言'時或'.

'간역절부기의(間亦竊附己意)'에서 '간역(間亦)'은 '때때로'라고 말하는 것과 같다.

○ 南塘曰 : "'闕略'者, 本無此而未免闕略也. 補闕略, 指'誠意'·'正心'章下註及'正心'章註'敬'字而言. 讀者只爲'闕略'下小註所誤, 未免錯看."

조상이라고 일컬어지는 정고보가 주나라로 가서 상송 12편을 주나라 악사에게서 받아 왔다.(契爲舜司徒而封於商, 傳十四世而湯有天下, 其後三宗迭興. 及紂無道, 爲武王所滅, 封其庶兄微子啓於宋, 修其禮樂以奉商, 後其地在禹貢徐州泗濱西及豫州盟豬之野, 其後政衰, 商之禮樂日以放失, 七世至戴公時, 大夫正考甫得商頌十二篇於周大師歸, 以祀其先王, 至孔子編詩而又亡其七篇, 然其存者亦多闕文疑義, 今不敢强通也.)"라고 하였다.

92) 송시열(宋時烈), 『송자대전(宋子大全)』 권101 「답정경유(答鄭景由)」에는 "'采而輯之', 恐是采程子說而輯之於『大學』也.('뽑아서 모았다'라는 것은 아마 정자(程子)의 주장을 뽑아서 그것을 『대학(大學)』에 모았다는 것일 것이다.)"라고 되어 있다.

'보기궐략(補其闕略)'에 대해, 남당(南塘 : 韓元震)이 말하였다. "'궐략(闕略)'이라는 말은 본래 어떤 것이 없어서 빠트려지고 생략됨을 모면하지 못한다는 뜻이다. 빠트려지고 생략된 부분을 보충했다는 것은 '성의장(誠意章)'과 '정심장(正心章)' 아래의 주석 및 '정심장'에서 '경(敬)'자를 주석한 일을 가리켜 말한다. 독자들은 다만 '궐략(闕略)' 아래의 소주(小註)가 잘못된 것[93] 때문에 잘못 보는 것을 모면하지 못한다."

○ 按 : 南塘此說深得朱子之意, 而迥出諸儒之見. 蓋此是「大學章句序」也, 將言其本事, 而補亡係是經文事. 且程子意, 故先特言之, 然後及於章句本事, 而以'以俟後之君子'承之, 與「庸序」'定著章句一篇, 以俟後之君子'若合符節. 豈有題命「章句序」而文沒入題事之理乎? 諸經註序, 凡他序文, 莫不皆然, 有可旁照也. 蓋此二句盡蔽此書之章句, 而'誠'·'正'章下註之補闕略尤其大者, 故執此爲說以推其他, 精眼者自能察之也. 或曰, "二章下註一箇'敬'字, 亦云狹矣." '補其'之'其'字, 非指『大學』也, 乃指程子也. 章句是程子之所未及遑, 故謂之'闕略'. 其稱'附'·稱'補'者, 主整錯補亡而自謙之辭, 更詳之. 且以「庸序」幷擧『或問』·『輯略』事推之, 『大學或問』之事亦當統於此二句中耳.

내가 생각하건대, 남당(南塘 : 韓元震)이 이렇게 말한 것은 주자의 뜻을 깊이 터득한 것이니 여러 학자의 견해를 훨씬 넘어섰다. 대개 이것은 「대학장구서(大學章句序)」이니 그 본래의 일을 말하고, 없어진 것을 보충한다는 말은 경문(經文)의 일이다. 또 정자(程子)의 뜻이기 때문에 먼저 특별히 그것을 말한 뒤에 장구(章句) 본래의 일을 언급했고, '후세의 군자를 기다린다'라는 말로써 이었으니, 이것은 「중용장구서(中庸章句序)」에서 '장구 한 편을 정해서 후세의 군자를 기다린다'라고 한 말과 마치 부절(符節)처럼 꼭 들어맞다. 어찌 「장구서(章句序)」라는 제목은 있는데 글은 제목과 관련되는 일에 들어가지 않는 이치가 있겠는가? 여러 경전에 대한 주석의 서문과 다른 서문도 모두 그렇지 않음이 없으니, 방증하여 비추어 볼 수 있다. 대개 이 두 구절은 이 책의 장구를 모두 개괄하고, '성의장(誠意章)'과 '정심장(正心章)' 아래의 주석이 빠트려지고 생략된 것을 보충함이 특히 크기 때문에 이것을 가지고 주장을 삼아서 다른 사안을 미루어보면 안목이 정밀한 사람은 저절로 그것을 살펴볼 수 있다. 어떤 사람은 "'성의장'과 '정심장' 아래에서

93) '궐략(闕略)' 아래의 소주(小註)가 잘못된 것 : 호광 편(胡廣 編), 『대학장구대전(大學章句大全)』 「서(序)」에서 '궐략(闕略)' 아래의 소주(小註)에 "謂補「傳」之第五章.(「전(傳)」을 보충한 제5장을 말한다)"라고 하였는데, 이것이 잘못이라는 말이다.

'경(敬)'자를 주석한 것도 또한 협소하다고 말할 수 있다."라고 한다. 그러나 '보기궐략(補其闕略)'에서 '기(其)'자는 『대학(大學)』을 가리키는 것이 아니라 정자를 가리킨다. 장구는 정자가 아직 미처 언급할 겨를이 없었던 것이기 때문에 '궐략(闕略)'이라고 하였다. '간역절부기의(間亦竊附己意)'에서 '부(附)'라고 일컫고 '보기궐략(補其闕略)'에서 '보(補)'라고 일컬은 것은 잘못된 것을 정돈하고 없어진 것을 보충하는 것을 위주로 하면서도 스스로 겸손해 한 말이니, 다시 자세히 살펴보아야 한다. 또 「중용장구서(中庸章句序)」로써 『중용혹문(中庸或問)』·『중용집략(中庸輯略)』의 일을 아울러 들어서 미루어 보면, 『대학혹문(大學或問)』의 일도 또한 이 두 구절 속에 총괄될 것이다.

朱註

以俟後之君子, 極知僭踰, 無所逃罪, 然於國家化民成俗之意, 學者修己治人之方, 則未必無小補云.

후세의 군자를 기다리니, 참람하고 주제넘어 그 죄를 도피할 수 없음을 매우 잘 알지만, 나라에서 백성을 교화하고 풍속을 이루려는 뜻과 배우는 사람들이 자신을 수양하고 남을 다스리는 방법에서는 작은 도움이 없지는 않을 것이다.

詳說

○ 如字.

'학자수기치인지방(學者修己治人之方)'에서 '치(治)'자는 본래의 음으로 읽는다.

○ 擧'修·治'以該'窮·正'.

'학자수기치인지방(學者修己治人之方)'이라고 한 것은 '수기(修己 : 자신을 수양함)'와 '치인(治人 : 남을 다스림)'을 들어서 '궁리(窮理 : 이치를 궁구함)'와 '정심(正心 : 마음을 바로잡음)'을 갖춘 것이다.[94]

○ 『大全』曰 : "'修己治人'四字, 包盡『大學』體用綱目."[95]

'학자수기치인지방(學者修己治人之方)'에 대해, 『대학장구대전(大學章句大全)』에서 말하였다. "'수기치인(修己治人)'이라는 네 글자는 『대학(大學)』의 본체와 작용의

94) '수기(修己 : 자신을 수양함)'와 …… '정심(正心 : 마음을 바로잡음)'을 갖춘 것이다 : 본 「서문」 앞의 제2절[단락]에서 "이치를 궁구하고 마음을 바로잡으며 자신을 수양하고 남을 다스리는 도(道)를 가르쳤다.(而敎之以窮理·正心·修己·治人之道.)"라고 한 말을 전제하고 있다.

95) 호광 편(胡廣 編), 『대학장구대전(大學章句大全)』「서(序)」.

강목(綱目)을 모두 포괄한다.”

○ **此四句總收上諸節.**

‘연어국가화민성속지의, 학자수기치인지방(然於國家化民成俗之意, 學者修己治人之方)’에서 ‘화민(化民)·성속(成俗)·수기(修己)·치인(治人)’이라는 네 개의 구(句)는 앞의 모든 절[단락]의 내용을 총괄하여 수습한 것이다.

○ **此爲第六節.**

여기까지가 제6절[단락]이다.

朱註

> 淳熙己酉二月甲子, 新安朱熹序.
>
> 순희(淳熙) 기유(己酉)[96] 2월(月) 갑자일(甲子日)에 신안(新安) 주희(朱熹)가 서문을 쓰다.

詳說

○ 孝宗年號.

‘순희기유이월갑자(淳熙己酉二月甲子)’에서 ‘순희(淳熙)’는 효종(孝宗)의 연호이다.

○ 朱子之本鄕.

‘신안주희서(新安朱熹序)’에서 ‘신안(新安 : 현 하남성 낙양시 소속)’은 주자의 본래 고향이다.

○ 按 : 此是朱子六十歲時也. 蓋朱子著述, 自庚寅始撰『家禮』, 壬辰編『語孟精義』, 撰『綱目』·『名臣錄』, 解『西銘』, 癸巳解『太極圖說』, 乙未編『近思錄』, 丁酉撰『語孟集註』·『或問』·『易本義』·『詩集傳』, 丙午撰『易學啓蒙』, 丁未編『小學』. 己酉序『庸學章句』, 蓋二書之成久矣, 修改不輟, 至是以穩愜於心而始序之. 二書又各有『或問』, 而『中庸』又有『輯略』. 至庚申易簀前三日, 又改‘誠意’章註, 蓋尤致意於『大學』一書云.

내가 생각하건대, 이 「서문」을 쓴 것은 주자 나이 60세 때의 일이다. 대개 주자의 저술은 경인년(庚寅 : 1170)에 『가례(家禮)』를 지은 것으로부터 시작하여, 임진년(壬辰 : 1172)에는 『어맹정의(語孟精義)』를 편찬하고 『자치통감강목(資治通鑑綱目)』·『팔조명신언행록(八朝名臣言行錄)』을 지었고 『서명(西銘)』을 해석하였으며, 계사

96) 순희(淳熙) 기유(己酉) : 남송(南宋)시대 효종(孝宗) 순희(淳熙) 16년 즉 서기 1189년을 가리킨다.

년(癸巳 : 1173)에는 『태극도설(太極圖說)』을 해석하였고, 을미년(乙未 : 1175)에는 『근사록(近思錄)』을 편찬했으며, 정유년(丁酉 : 1177)에는 『어맹집주(語孟集註)』·『어맹혹문(語孟或問)』·『역본의(易本義)』·『시집전(詩集傳)』을 지었으며, 병오년(丙午 : 1186)에는 『역학계몽(易學啓蒙)』을 지었고, 정미년(丁未 : 1187)에는 『소학(小學)』을 편찬하였다. 기유년(己酉 : 1189)에 『용학장구(庸學章句)』에 대해 「서문」을 쓴 것은, 이 두 책이 이루어진 지 오래되었지만 끊임없이 수정하다가 이때에 이르러 마음속으로 흡족하여 비로소 「서문」을 썼기 때문이다. 『대학장구(大學章句)』와 『중용장구(中庸章句)』는 또 각각 『혹문(或問)』이 있고, 『중용(中庸)』에 대해서는 또 『집략(輯略)』이 있다. 경신년(庚申 : 1200)에 이르러 임종하기 3일 전에 또 『대학장구(大學章句)』의 '성의장(誠意章)' 주석을 고쳤으니, 주자는 『대학(大學)』이라는 책에 더욱 주의를 기울였다고 할 수 있다.

○ 按 : 「讀大學法」[97], 不著撰人, 必是『大全』時所輯也. 然則例當小書, 而旣無大書可

97) 「독대학법(讀大學法)」의 전문은 다음과 같다. "朱子曰, 『語』『孟』, 隨事問答, 難見要領, 惟『大學』, 是曾子述孔子說古人爲學之大方, 而門人, 又傳述以明其旨. 前後相因, 體統都具, 玩味此書, 知得古人爲學所向, 却讀『語』『孟』, 便易入, 後面工夫雖多, 而大體已立矣. 看這一書, 又自與看『語』『孟』不同, 『語』『孟』中, 只一項事, 是一箇道理. 如『孟子』說仁義處, 只就仁義上說道理, 孔子答顏淵以'克己復禮', 只就'克己復禮'上說道理, 若『大學』, 却只統說. 論其功用之極, 至於平天下. 然天下所以平, 却先須治國 ; 國之所以治, 却先須齊家 ; 家之所以齊, 却先須修身 ; 身之所以修, 却先須正心 ; 心之所以正, 却先須誠意 ; 意之所以誠 ; 却先須致知, ; 知之所以至, 却先須格物. 『大學』是爲學綱目, 先讀『大學』, 立定綱領, 他書皆雜說在裏許. 通得『大學』了, 去看他經, 方見得此是格物致知事, 此是誠意正心事, 此是修身事, 此是齊家治國平天下事. 今且熟讀『大學』, 作間架, 却以他書塡補去. 『大學』是通言學之初終 ; 『中庸』是指本原極致處. 問欲專看一書, 以何爲先? 曰 : 先讀『大學』, 可見古人爲學首末次第, 不比他書. 他書, 非一時所言 ; 非一人所記. 又曰 看『大學』, 固是著逐句看去, 也須先統讀傳文敎熟, 方好從頭仔細看, 若專不識傳文大意, 便看前頭亦難. 又曰 嘗欲作一說敎人, 只將『大學』, 一日去讀一遍, 看他如何是大人之學, 如何是小學, 如何是明明德, 如何是新民, 如何是止於至善, 日日如是讀, 月來日去, 自見, 所謂溫故而知新. 須是知新, 日日看得新方得, 却不是道理解新 ; 但自家這箇意思長長地新. 讀『大學』, 初間也只如此讀, 後來也只如此讀, 只是初間讀得, 似不與自家相關, 後來看熟, 見許多說話須著如此做, 不如此做自不得. 讀書, 不可貪多, 當且以『大學』爲先, 逐段熟讀精思, 須令了了分明, 方可改讀後段, 看第二段, 却思量前段, 令文意連屬, 却不妨. 問『大學』稍通, 方要讀論語, 曰且未可, 『大學』稍通, 正好著心精讀. 前日讀時, 見得前, 未見得後面, 見得後, 未見得前面, 今識得大綱體統, 正好熟看, 讀此書功深, 則用博. 昔尹和靖, 見伊川半年, 方得『大學』「西銘」看, 今人半年, 要讀多少書. 某且要人讀此, 是如何? 緣此書却不多而規模周備. 凡讀書, 初一項, 須著十分工夫了 ; 第二項, 只費得八九分工夫 ; 第三項, 便只費得六七分工夫. 少間讀漸多, 自通貫, 他書, 自著不得多工夫. 看『大學』, 俟見大指, 乃及他書. 但看時, 須是更將大段, 分作小、字字句句, 不可容易放過, 常時暗誦默思, 反覆研

附. 故因作大書, 如「周易綱領」之類云.

究, 未上口時, 須教上口, 未通透時, 須教通透, 已通透後, 便要純熟, 直待不思索時, 此意常在心胸之間, 驅遣不去, 方是此一段了. 又換一段看, 令如此數段之後, 心安理熟, 覺工夫省力時, 便漸得力也. 又曰 : 『大學』是一箇腔子, 而今却要塡敎他實. 如他說格物, 自家須是去格物後塡敎他實 ; 著誠意亦然, 若只讀得空殼子, 亦無益也. 讀『大學』, 豈在看他言語? 正欲驗之於心如何, 如好好色, 惡惡臭, 試驗之吾心, 果能好善惡惡如此乎! 閒居爲不善, 是果有此乎! 一有不至, 則勇猛奮躍不已, 必有長進. 今不知如此, 則書自書, 我自我, 何益之有? 又曰 : 某一生, 只看得這文字透, 見得前賢所未到處. 溫公, 作通鑑, 言平生精力盡在此書. 某於『大學』亦然, 先須通此, 方可讀他書. 又曰 : 伊川, 舊日敎人, 先看『大學』, 那時, 未解說, 而今有註解, 覺大段分曉了, 只在仔細看. 又曰 : 看『大學』, 且逐章理會, 先將本文念得, 次將章句來解本文, 又將或問來參章句, 須逐一令記得, 反覆尋究, 待他浹洽, 旣逐段曉得, 却統看溫尋過. 又曰 : 『大學』一書, 有「正經」, 有「章句」, 有「或問」, 看來看去, 不用「或問」, 只看「章句」便了 ; 久之, 又只看「正經」便了; 又久之, 自有一部『大學』, 在我胸中, 而「正經」亦不用矣. 然不用某許多工夫, 亦看某底不出 ; 不用聖賢許多工夫, 亦看聖賢底不出. 又曰 : 『大學』解本文未詳者, 於「或問」中詳之, 且從頭逐句理會, 到不通處, 却看. 「或問」乃註脚之註脚. 某解書, 不合太多, 又先準備學者, 爲他說疑說了, 所以致得學者看得容易了. 人只說某說『大學』等不略說, 使人自致思, 此事大不然. 人之爲學, 只爭箇肯與不肯耳, 他若不肯向這裏, 略亦不解致思 ; 他若肯向此一邊, 自然有味, 愈詳愈有味. (주자가 말하였다. 『논어』와 『맹자』는 일에 따라 묻고 답하여 핵심을 파악하기 어렵지만 오직 『대학』은 공자(孔子)가 옛 사람들이 학문하던 큰 방법에 대해 말한 것을 증자(曾子)가 기술하였고, 문인들이 또 전술하여 그 뜻을 밝혔다. 그리하여 앞뒤가 서로 이어지고 체통(體統)이 모두 갖추어졌으니, 이 책을 완미하여 옛 사람이 학문에서 지향했던 것을 알고, 『논어』와 『맹자』를 읽으면 곧 들어가기가 쉬우니, 뒷면의 공부가 많으나 대체가 이미 서게 된다.

『대학』 한 책을 보는 것은 또 『논어』·『맹자』를 보는 것과는 같지 않다. 『논어』·『맹자』에서는 한 가지 일이 하나의 도리일 뿐이다. 예를 들면, 맹자가 인의(仁義)를 말한 부분에서는 인의(仁義)에 나아가 도리를 말하였고, 공자가 안연에게 극기복례(克己復禮)로 대답한 것에는 극기복례(克己復禮)에 나아가 도리를 말했을 뿐이다. 그런데 『대학』은 통합하여 말하였으니, 그 공용(功用)의 지극함을 논하면 천하(天下)를 평정함에 이른다. 그러나 천하를 평정하려면 먼저 나라를 다스려야 하고, 나라가 다스려지려면 먼저 집안을 가지런히 해야 하고, 집안이 가지런하려면 먼저 몸을 닦아야 하고, 몸이 닦아지려면 먼저 마음을 바루어야 하고, 마음이 바루어지려면 먼저 뜻을 성실히 해야 하고, 뜻이 성실해지려면 먼저 지식을 지극히 해야 하고, 지식이 지극해지려면 먼저 사물의 이치를 궁구해야 한다.

『대학』은 이 학문을 하는 줄거리이니, 먼저 『대학』을 읽어 강령을 세우면 다른 책은 모두 자질구레하여 이 속에 들어 있다. 『대학』을 통달하고 다른 경서(經書)를 보아야, 이것이 격물(格物)·치지(致知)의 일이고, 이것이 성의(誠意)·정심(正心)의 일이며, 이것이 수신(修身)의 일이고, 이것이 제가(齊家)·치국(治國)·평천하(平天下)의 일임을 보게 된다.

이제 먼저 『대학』을 익숙히 읽어 글을 짜임새 있게 만들고 다른 책으로 메꾸어가도록 하라.

『대학』은 학문의 처음과 끝을 통틀어 말하였고, 『중용』은 본원(本原)의 지극한 부분을 가리켰다.

물었다. "오로지 한 권의 책을 보려고 하는데 무엇을 먼저 봐야 합니까?" 답하였다. "먼저 『대

내가 생각하건대, 「독대학법(讀大學法)」에는 지은이를 드러내지 않았으니, 필시

학』을 읽으면 옛 사람들이 학문을 한 시작과 끝의 차례를 볼 수 있으니, 다른 책에 비할 것이 아니다. 다른 책은 한 때에 말씀한 것이 아니며, 한 사람이 기록한 것이 아니다."
또 말하였다. "『대학』을 볼 때는 진실로 글귀마다 하나씩 봐나가야 하지만, 전문(傳文)을 통독하여 익숙하게 한 다음에 처음부터 자세히 보는 것이 좋다. 전문(傳文)의 대의(大意)를 전혀 모른다면 앞부분을 보는 것도 또한 어렵다."
또 말하였다. "내 일찍이 하나의 말을 지어 사람들을 가르치려 하니, 『대학』을 가지고 하루에 한 차례씩 읽어, 어떤 것이 대인(大人)의 학문이며, 어떤 것이 소학(小學)이며, 어떤 것이 명명덕(明明德)이며, 어떤 것이 신민(新民)이며, 어떤 것이 지어지선(止於至善)인가를 보아, 날마다 이와 같이 읽어, 달이 가고 날이 가면 스스로 보게 될 것이니, 이른바 '온고이지신(溫故而知新)'이다. 모름지기 새로운 것을 알아야 하니, 날마다 새로운 것을 보아야 할 것이다. 이는 도리가 새로워지는 것이 아니고, 자기의 뜻이 자라나 새로워지는 것일 뿐이다."
『대학』을 읽을 때는 처음에도 이와 같이 읽고, 나중에도 이와 같이 읽되, 처음 읽을 때는 자기와 상관이 없는 것처럼 하다가 나중에 익숙히 보면 허다(許多)한 말씀이 이와 같이 공부해야 할 것이고, 이와 같이 공부하지 않으면 안 됨을 보게 될 것이다.
책을 읽을 때는 많이 읽을 욕심을 내서는 안 된다. 마땅히 『대학』을 우선으로 삼아 단락마다 익숙히 읽고 자세히 생각하여, 분명하게 깨닫고서야 뒤 단락을 바꾸어 읽되, 다음 단락을 볼 때는 앞 단락을 생각하여 글 뜻이 연결되게 해야 한다.
물었다. "『대학』에 조금 통하게 되어 『논어』를 읽으려고 합니다." 답하였다. "안 된다. 『대학』을 조금 통하였으면 바로 마음을 붙여 더욱 자세히 읽는 것이 좋다. 전날 읽을 때는 앞부분만 보고 뒷부분은 보지 못하며, 뒷부분만 보고 앞부분은 보지 못하였는데, 이제 대강(大綱)과 체통(體統)을 알았으니, 익숙히 읽는 것이 참으로 좋다. 이 책을 읽어 공력이 깊어지면 쓰임이 넓어질 것이다. 옛날에 윤화정(尹和靖)은 이천(伊川)을 뵌 지 반년(半年)만에 『대학』과 『서명(西銘)』을 볼 수 있었는데, 지금 사람들은 반년 동안에 많은 책을 읽으려고 한다. 내가 우선 『대학』을 읽으라고 하는 것은 어째서인가? 『대학』은 분량이 많지 않으면서도 규모가 두루 완비되었기 때문이다. 책을 읽을 때는 첫 번째 1항에는 모름지기 십분(十分)의 공부를 해야 하니, 이렇게 하면 제2항에는 팔구분(八九分)의 공부를 하면 되고, 제3항에는 육칠분(六七分)의 공부를 하면 된다. 얼마 동안 지속적으로 읽기를 점점 많이 하면, 저절로 꿰뚫려, 다른 책은 그만큼 많은 공부를 하지 않아도 된다."
『대학』을 볼 때는 대지(大指)를 파악하고 다른 책에 미쳐야 한다. 책을 볼 때는 큰 단락을 나누어 작은 단락으로 만들고, 자구마다 용이하게 지나쳐 버리지 말며, 항상 암송하고 묵묵히 생각하며 반복적으로 연구하여, 아직 입에 오르지 않았을 때는 입에 오르게 하고, 아직 꿰뚫지 못했을 때는 꿰뚫게 하고, 이미 꿰뚫은 뒤에는 익숙하기를 요청하여, 곧바로 사색하지 않을 때도 이 뜻이 항상 마음과 가슴 사이에 있어 쫓아 보내도 가지 않기를 기다려, 이 한 단락을 마치고, 또 한 단락을 바꾸어 보아야 한다. 이와 같이 하기를 몇 단락을 한 뒤에는 마음이 편안하고 이치가 익숙해져 공부하기에 힘이 덜 드는 것을 느낄 때 점점 힘을 얻게 될 것이다.
또 말하였다. "『대학』은 하나의 빈칸이니, 지금 이것을 메꾸어 꽉 차게 해야 한다. 예컨대 격물(格物)을 말한 것에는 자신이 격물한 뒤에 메꾸어 꽉 차게 해야 하고, 성의(誠意)를 할 때도 또

『대학장구대전(大學章句大全)』을 편찬할 때 모은 내용일 것이다. 그렇다면 관례에 따라 작은 글자체로 써야 하지 이미 큰 글자체로 붙일 수는 없다. 그러므로 이어서 큰 글자체로 쓴 것[98]은 「주역강령(周易綱領)」의 부류와 같다고 할 수 있을 것이다.

한 이렇게 해야 한다. 만일 빈껍데기만을 읽는다면 또한 유익함이 없다.
『대학』을 읽는 것이 어찌 그 말을 봄에 있겠는가! 바로 이 마음에 어떠한지를 징험하려고 해야 하니, 호색(好色)을 좋아하듯이 하고 악취(惡臭)를 미워하듯이 함을 내 마음에 시험하여, '과연 선(善)을 좋아하고 악(惡)을 미워함을 이와 같이 하는가? 한가히 거처할 때에 불선(不善)을 함이 과연 나에게도 있는가?'하여, 하나라도 지극하지 못함이 있으면, 용맹하게 분발하고 뛰쳐 일어나 그치지 않아야, 반드시 큰 진전이 있게 된다. 이와 같이 할 줄을 모른다면, 책은 책 대로이고 나는 나대로일 것이니, 무슨 유익함이 있겠는가?
또 말하였다. "나는 일생에 이 문자를 보아 꿰뚫어, 이전의 현인들이 미쳐보지 못한 것을 보았다. 사마온공(司馬溫公)이 『통감(通鑑)』을 짓고, '평생의 정력이 모두 이 책에 있다!'라고 하였는데, 나도 『대학』에서 또한 그러하다. 먼저 이 책을 통달해야 비로소 다른 책을 읽을 수 있다.
또 말하였다. "이천(伊川)이 옛날 사람을 가르칠 때 제일 먼저 『대학』을 보게 하였다. 그 때는 해설이 없었는데, 지금은 주해(註解)가 있어 아주 분명하게 알 수 있다. 그것은 다만 자세히 보는 데 달려 있다.
또 말하였다. "『대학』을 볼 때는 우선 장(章)마다 하나씩 이해해야 한다. 그리하여 먼저 본문(本文)을 가지고 생각하여 알고, 다음에 장구(章句)를 가지고 본문(本文)을 해석하고, 또다시 혹문(或問)을 가지고 장구(章句)를 참고(參考)하여, 하나하나 기억하여 반복해서 찾고 연구하여 무젓기를 기다려, 이미 단락마다 깨우쳤으면 다시 통합해서 보고 찾아야 한다.
또 말하였다. "『대학』 한 책에는 정경(正經)이 있고, 장구(章句)가 있고, 혹문(或問)이 있다. 그것을 보고 또 보면 혹문(或問)을 사용하지 않고 장구(章句)만 보아도 될 것이고, 오래하면 정경(正經)만을 보면 될 것이고, 또 오래하면 저절로 한 권의 『대학』이 자신의 가슴에 있어 정경(正經) 또한 필요가 없게 될 것이다. 그러나 나의 허다한 공부를 쓰지 않는다면 또한 나를 보는 것이 되지 못하고, 성현(聖賢)의 허다한 공부를 쓰지 않는다면 또한 성현(聖賢)을 보지도 못할 것이다.
또 말하였다. 『대학』에 본문(本文)을 해석한 것이 상세하지 못한 것을 혹문(或問)에서 상세히 말하였으니, 우선 처음부터 글귀마다 이해하여 통달하지 못하는 곳에 이르거든 보라. 혹문(或問)은 바로 각주의 각주이다.
내가 글을 해석함에 너무 많이 할 것이 없고, 또 우선 배우는 자들을 위하여 의문을 가설하여 설명하였는데, 이는 배우는 자들이 보기에 쉽게 하려고 해서이다.
사람들은 다만 '내가 『대학』 등을 해석함에 간략히 설명하여 사람들에게 스스로 생각을 다하도록 하지 않았다.'고 말하는데, 이는 절대 그렇지 않다. 사람들이 학문을 할 때 즐겨하는가 즐겨하지 않는가를 따질 뿐이다. 저들이 만일 학문을 즐겨 하지 않는다면 간략해도 또한 생각을 다할 줄 모를 것이고, 저들이 만일 학문을 즐겨한다면 자연스럽게 재미가 있어, 상세하게 할수록 더욱 재미가 있을 것이다.)

98) 이어서 큰 글자체로 쓴 것 : 호광 편(胡廣 編) 『대학장구대전(大學章句大全)』에는 「독대학법(讀

○ '皆雜說在裏許', 言他書皆汎及散出之說也, 莫不盡該於『大學』一書之中.

「독대학법(讀大學法)」에서 '다른 책은 모두 그 속에 뒤섞어서 말한 것일 뿐이다'라고 한 것[99]은, 다른 책은 모두 참된 도리를 범범하게 언급하고 드문드문 나오는 말이기 때문에 『대학(大學)』이라는 책 가운데 모두 포괄되지 않음이 없음을 말한다.

○ '逐句看去', 言從頭而讀也. '去'字下有'然'字意.

「독대학법(讀大學法)」에서 '『대학(大學)』은 참으로 한 구절 한 구절씩 읽어가야 한다'라고 한 것[100]은 처음부터 읽어야 한다는 것을 말한다. '축구간거(逐句看去)'에서 '거(去)'자 아래에는 '연(然 : 그러나)'자의 뜻이 있다.

○ '只將'以下, 卽教人底一說也.

「독대학법(讀大學法)」에서 '다만 『대학(大學)』을 ~' 아래의 글[101]은 곧 사람들을

大學法)」을 주자의 글로 보아 큰 글자체로 써놓았다.

99) 「독대학법(讀大學法)」에서 '다른 책은 모두 그 속에 뒤섞어서 말한 것일 뿐이다'라고 한 것 : 「독대학법(讀大學法)」에서 "『대학(大學)』은 학문을 하는 강목(綱目)이니, 먼저 『대학(大學)』을 읽어 강령을 세우면 다른 책은 모두 그 속에 뒤섞어서 말한 것일 뿐이다. 『대학(大學)』을 통달하고 난 뒤에 다른 경서(經書)를 보아야 비로소 이것이 격물(格物)·치지(致知)의 일이고 이것이 성의(誠意)·정심(正心)의 일이며, 이것이 수신(修身)의 일이고, 이것이 제가(齊家)·치국(治國)·평천하(平天下)의 일임을 알게 될 것이다.(『大學』是爲學綱目, 先讀『大學』, 立定綱領, 他書皆雜說在裏許. 通得『大學』了, 去看他經, 方見得此是格物·致知事, 此是誠意·正心事, 此是修身事, 此是齊家·治國·平天下事.)"라고 하였다.

100) 「독대학법(讀大學法)」에서 '『대학(大學)』은 참으로 한 구절 한 구절씩 읽어가야 한다'라고 한 것 : 「독대학법(讀大學法)」에서 "『대학(大學)』을 볼 때는 참으로 한 구절 한 구절씩 읽어가야 한다. 그러나 또한 마땅히 먼저 전문(傳文)을 통독(統讀)하여 익숙하도록 해야만 비로소 처음부터 자세히 읽는 것을 잘 해낼 수 있다. 만약 전문의 큰 뜻을 전혀 모른다면 앞부분을 보는 것도 또한 어려울 것이다.(看『大學』, 固是著逐句看去. 也須先統讀傳文教熟, 方好從頭仔細看. 若專不識傳文大意, 便看前頭亦難.)"라고 하였다.

101) 「독대학법(讀大學法)」에서 '다만 『대학(大學)』을~' 아래의 글 : 「독대학법(讀大學法)」에서 "나는 일찍이 하나의 학설을 만들어서 사람들에게 다만 『대학(大學)』을 하루에 한 차례씩 읽어 그에게 어떠한 것이 대인(大人)의 학문이고, 어떠한 것이 소학(小學)이며, 어떠한 것이 '명명덕(明明德)'이고, 어떤 것이 '신민(新民)'이며, 어떤 것이 '지어지선(止於至善)'인지를 보도록 하려고 하였다. 날마다 이와 같이 읽어서 날이 가고 달이 가면 스스로 이른바 '온고이지신(溫故而知新)'을 알게 될 것이다. 반드시 새로운 것을 알아야 하니, 날마다 새로운 것을 보아야 비로소 그렇게 될 수 있다. 그런데 이는 도리가 해석되는 것이 새로워지는 일이 아니라, 다만 자신의 생각이 오래되어 새로워진다.(嘗欲作一說, 教人只將『大學』一日去讀一遍, 看他如何是大人之學, 如何是小學, 如何是'明明德', 如何是'新民', 如何是'止於至善'. 日日如是讀, 月來

가르치는 하나의 학설이다.

○ '自見', 言上所稱五'如何'者可以自知耳.

「독대학법(讀大學法)」에서 '스스로 ~을 알게 될 것이다'라고 한 것은 앞에서 일컬은 다섯 가지 '어떠한 것'을 스스로 알 수 있을 것이라는 말이다.[102)]

○ '須是知新', 猶曰'如欲知新'.

「독대학법(讀大學法)」에서 '반드시 새로운 것을 알아야 하니'라고 한 것[103)]은 마치 '만약 새로운 것을 알려고 한다면'이라고 말하는 것과 같다.

○ '道理解新', 言文義之解釋, 異於舊也.

「독대학법(讀大學法)」에서 '도리가 해석되는 것이 새로워지는 일'이라고 한 것[104)]은 문장의 의미에 대한 해석이 예전과 다름을 말한다.

○ '意思長長地新', 與「論語序說」'但覺意味深長'之語相類.

「독대학법(讀大學法)」에서 '생각이 오래되어 새로워진다'라고 한 것[105)]은 「논어서설(論語序說)」에서 '다만 의미가 깊어지는 것을 느낀다'라고 한 말과 같은 부류이다.

○ '見許多'之'見'字, 釋於'自不得'下.

「독대학법(讀大學法)」에서 '견허다설화수저여차주, 불여차주자부득(見許多說話須著如此做, 不如此做自不得)'에서 '견(見)'자[106)]는 '자부득(自不得)' 아래에서 풀이한다.

○ '正好熟看', 句絶.

「독대학법(讀大學法)」에서 '금식득대강체통, 정호숙간(今識得大綱體統, 正好熟看)'이라는 구절은 '정호숙간(正好熟看)'에서 문장이 끊어진다.[107)]

日去, 自見所謂'溫故而知新'. 須是知新, 日日看得新方得. 却不是道理解新, 但自家這箇意思長長地新.)"라고 하였다.

102) 「독대학법(讀大學法)」에서 '스스로 …… '어떠한 것'을 스스로 알 수 있을 것이라는 말이다.

103) 「독대학법(讀大學法)」에서 '반드시 새로운 것을 알아야 하니'라고 한 것이다.

104) 「독대학법(讀大學法)」에서 '도리가 해석되는 것이 새로워지는 일'이라고 한 것이다.

105) 「독대학법(讀大學法)」에서 '생각이 오래되어 새로워지는 일이다'라고 한 것이다.

106) 「독대학법(讀大學法)」에서 '견허다설화수저여차주 …… '견(見)'자 : 「독대학법(讀大學法)」에서 "『대학(大學)』을 읽을 때는 처음에도 다만 이와 같이 읽고, 나중에도 다만 이와 같이 읽으니, 다만 처음 읽을 때는 자신과 관련이 없는 것 같을 뿐이다. 나중에 읽는 것이 익숙해지면 수많은 말들을 반드시 이와 같이 해야 되지, 이와 같이 하지 않으면 본래 안 된다는 것을 알게 된다.(讀『大學』, 初間也只如此讀, 後來也只如此讀, 只是初間讀得, 似不與自家相關. 後來看熟, 見許多說話須著如此做, 不如此做自不得.)"라고 하였다.

○ '見伊川半年', 此與其本文之意有異. 蓋斷章取義, 故'半年'下去'後'字耳. 本文見『近思錄』.

「독대학법(讀大學法)」에서 '견이천반년(見伊川半年 : 이천을 뵙고 반년 만에)'이라는 말은 그 본문의 뜻과 차이가 있다. 대개 단장취의 했기 때문에 '반년(半年)' 아래에 '후(後)'자를 제거하였다. 본문은『근사록(近思錄)』에 보인다.[108]

○ '要人讀此, 是如何?', 言使人讀此書者是何故也.

「독대학법(讀大學法)」에서 '요인독차, 시여하?(要人讀此, 是如何? : 내가 우선 이 책을 사람들에게 읽으라고 하는 것은 무엇 때문인가?)'라고 한 것은 사람들에게 이 책을 읽도록 하는 것은 무엇 때문인가[109]라는 것을 말한다.

---

107) 「독대학법(讀大學法)」에서 …… '정호숙간(正好熟看)'에서 문장이 끊어진다 : 「독대학법(讀大學法)」에서 "물었다. '『대학(大學)』에 조금 통해서 이제 『논어(論語)』를 읽으려고 합니다.' 대답하였다. '아직은 안 된다. 『대학(大學)』에 조금 통했으면 바로 마음을 기울여 정밀하게 읽어야 한다. 지난날 읽었을 때는 앞부분을 보면서 뒷부분은 보지 못했으며, 뒷부분을 보면서 앞부분을 보지 못하였다. 이제 큰 줄기와 체제를 알았으니 바로 숙독해야 한다. 이 책을 읽어 공부가 깊어지면 쓰임이 넓을 것이다. 옛날에 윤화정(尹和靖 : 尹焞)은 이천(伊川 : 程頤)을 뵙고 반년 만에 비로소 『대학(大學)』과 『서명(西銘)』을 볼 수 있었다. 요즘 사람들은 반년 동안에 제법 많은 책을 읽으려고 하는데, 내가 우선 이 책을 읽으라고 하는 것은 무엇 때문인가? 이 책은 분량이 많지 않지만 규모가 두루 갖추어졌기 때문이다. 무릇 책을 읽을 때에 처음 한 차례에는 반드시 십분(十分)의 노력을 기울여야 하고, 두 번째에는 다만 팔구분(八九分)의 노력을 쏟을 뿐이며, 세 번째에는 곧 다만 육칠분(六七分)의 노력을 쏟을 뿐이다. 오래지 않아 독서가 점점 많아지면 저절로 다른 책도 관통하게 되어, 저절로 많은 노력을 기울일 필요가 없다.(問 : '『大學』稍通, 方要讀『論語』.' 曰 : '且未可. 『大學』稍通, 正好著心精讀. 前日讀時, 見得前未見得後面, 見得後未見得前面. 今識得大綱體統, 正好熟看. 讀此書功深, 則用博. 昔尹和靖見伊川, 半年方得『大學』·『西銘』看. 今人半年要讀多少書, 某且要人讀此, 是如何? 緣此書却不多, 而規模周備. 凡讀書, 初一項須著十分工夫了, 第二項只費得八九分工夫, 第三項便只費得六七分工夫. 少間讀漸多, 自通貫他書, 自著不得多工夫.')"라고 하였다.

108) 「독대학법(讀大學法)」에서 '견이천반년(見伊川半年 …… 본문은 『근사록(近思錄)』에 보인다 : 박문호가 여기에서 말하는 본문은 윤돈(尹焞)과 관련된 원문 기록으로서의 본문이 아닌, 『근사록』에서 주자 주석 즉 "그러나 반년 뒤를 기다린 것은 그가 뜻을 성실히 하는 것을 두텁게 쌓고 기질의 습관을 제거하는 일을 학문하는 근본으로 삼으려 했기 때문이다.(然有待於半年之後者, 蓋欲其厚積誠意·蠲除氣習以爲學問根本也.)"라는 말을 가리키고 있는 것 같다. 『근사록』 권2, 「위학(爲學)」에 실려 있는 윤돈과 관련된 원문은 "윤언명(尹彦明 : 尹焞)이 이천(伊川 : 程頤)을 뵌 뒤 반년 만에 비로소 『대학(大學)』과 『서명(西銘)』을 볼 수 있었다.(尹彦明見伊川後半年, 方得『大學』·『西銘』看.)"라고 되어 있다. 참고로 이 원문기록은 『하남정씨외서(河南程氏外書)』 권12, 「전문잡기(傳聞雜記)」에 기관(祁寬)이 기록한 말로 실려 있다.

◯ '凡讀書', 蓋以讀『大學』而言也, 觀於下文'他書'一語有可知耳. 蓋他書規模不周備, 故欲著多工夫而不可得也.

「독대학법(讀大學法)」에서 '범독서(凡讀書 : 무릇 책을 읽을 때에)'라고 하는 것은 『대학(大學)』을 읽는 것을 가지고 말한 것이니, 아래 글에서 '타서(他書 : 다른 책)'이라고 한 말을 보면 알 수 있다. 대개 다른 책은 그 규모가 두루 갖추어지지 않았기 때문에 많은 노력을 기울이려고 해도 그렇게 할 수 없다.

◯ '方是'猶言'方可'.

「독대학법(讀大學法)」에서 '방시(方是 : 비로소 옳다)'[110]는 마치 '방가(方可 : 비로

---

109) 「독대학법(讀大學法)」에서 '요인독차, 시여하?(要人讀此, 是如何? …… 무엇 때문인가 : 「독대학법(讀大學法)」에서 "물었다. '『대학(大學)』에 조금 통해서 이제 『논어(論語)』를 읽으려고 합니다.' 대답하였다. '아직은 안 된다. 『대학(大學)』에 조금 통했으면 바로 마음을 기울여 정밀하게 읽어야 한다. 지난날 읽었을 때는 앞부분을 보면서 뒷부분은 보지 못했으며, 뒷부분을 보면서 앞부분을 보지 못하였다. 이제 큰 줄기와 체제를 알았으니 바로 숙독해야 한다. 이 책을 읽어 공부가 깊어지면 쓰임이 넓을 것이다. 옛날에 윤화정(尹和靖 : 尹焞)은 이천(伊川 : 程頤)을 뵙고 반년 만에 비로소 『대학(大學)』과 『서명(西銘)』을 볼 수 있었다. 요즘 사람들은 반년 동안에 제법 많은 책을 읽으려고 하는데, 내가 우선 이 책을 사람들에게 읽으라고 하는 것은 무엇 때문인가? 이 책은 분량이 많지 않지만 규모가 두루 갖추어졌기 때문이다. 무릇 책을 읽을 때에 처음 한 차례에는 반드시 십분(十分)의 노력을 기울여야 하고, 두 번째에는 다만 팔구분(八九分)의 노력을 쏟을 뿐이며, 세 번째에는 곧 다만 육칠분(六七分)의 노력을 쏟을 뿐이다. 오래지 않아 독서가 점점 많아지면 저절로 다른 책도 관통하게 되어, 저절로 많은 노력을 기울일 필요가 없다.'(問 : '『大學』稍通, 方要讀『論語』.' 曰 : '且未可. 『大學』稍通, 正好著心精讀. 前日讀時, 見得前未見得後面, 見得後未見得前面. 今識得大綱體統, 正好熟看. 讀此書功深, 則用博. 昔尹和靖見伊川, 半年方得『大學』·『西銘』看. 今人半年要讀多少書, 某且要人讀此, 是如何? 緣此書却不多, 而規模周備. 凡讀書, 初一項須著十分工夫了, 第二項只費得八九分工夫, 第三項便只費得六七分工夫. 少間讀漸多, 自通貫他書, 自著不得多工夫.')"라고 하였다.

110) 「독대학법(讀大學法)」에서 '방시(方是 : 비로소 옳다)' : 「독대학법」에서 "『대학(大學)』을 읽을 때에는 큰 요지를 알기를 기다려야 하니, 이에 다른 책에 이르러야 한다. 다만 읽을 때 반드시 다시 큰 단락을 작은 단락으로 나누어, 매 글자 매 구절마다 쉽게 지나쳐 가서는 안 된다. 평상시 암송하고 묵묵히 생각하며 반복하여 연구해서, 아직 유창하지 못할 때는 반드시 유창하도록 하고, 아직 통달하지 못했을 때는 반드시 통달하도록 해야 한다. 이미 통달한 뒤에는 곧 능숙해야 하니, 사색하지 않을 때조차도 이 뜻이 항상 마음속에 있어 쫓아내려고 해도 떠나가지 않아야 비로소 괜찮다. 이 한 단락을 마치고 또 한 단락을 바꾸어 보는 방법으로 이와 같이 몇 단락을 본 뒤, 마음이 편안하고 이치가 익숙해져서 공부하기에 힘이 덜 드는 것을 느낄 때에 곧 점점 힘을 얻게 될 것이다.(看『大學』俟見大指, 乃及他書. 但看時, 須是更將大段分作小段, 字字句句, 不可容易放過. 常時暗誦黙思, 反覆硏究, 未上口時, 須教上口, 未通透時, 須教通透. 已通透後, 便要純熟, 直待不思索時, 此意常在心胸之間, 驅遣不去, 方是. 此一段了, 又換

소 괜찮다)'라고 말하는 것과 같다.

○ '塡敎他實著', 言自我塡之, 使『大學』實也.

「독대학법(讀大學法)」에서 '전교타실착(塡敎他實著 : 그것을 채워서 가득하게 해야 한다)'이라고 한 것[111]은 자신이 그것을 채워서 『대학(大學)』이 실질되게 해야 함을 말한다.

○ '看來看去', 言正經·『章句』·『或問』盡看也.

「독대학법(讀大學法)」에서 '간래간거(看來看去 : 보고 또 보면)'라고 한 것[112]은 경서(經書)·『장구(章句)』·『혹문(或問)』을 모두 다 본다는 것을 말한다.

○ '看某底不出', 言欲見我之意而不可得也.

「독대학법(讀大學法)」에서 '간모저불출(看某底不出 : 나의 것을 보지 못할 것이고)'이라고 한 것[113]은 나의 뜻을 보려고 해도 그렇게 할 수 없음을 말한다.

○ '『大學』解'指『章句』, '本文'指『章句』之文.

「독대학법(讀大學法)」에서 '『대학』해(『大學』解 : 『대학』에서 풀이한 것)'라고 한 것은 『장구』를 가리키고, '본문(本文)'은 『장구』의 글을 가리킨다.[114]

一段看, 令如此數段之後, 心安理熟, 覺工夫省力時, 便漸得力也.)"라고 하였다.

111) 「독대학법(讀大學法)」에서 '전교타실착(塡敎他實著 …… 이라고 한 것 : 「독대학법」에서 "『대학(大學)』은 사람 몸에서 배와 같으니, 이제 또한 그것을 채워서 가득하게 해야 한다. 예컨대 『대학(大學)』에서 '격물(格物)'을 말한 것은 스스로 반드시 격물한 뒤에 그것을 채워서 가득하게 해야 하고, '성의(誠意)'도 또한 그렇게 해야 한다. 만약 다만 빈껍데기를 읽는다면 또한 유익함이 없을 것이다.(『大學』是一箇腔子, 而今却要塡敎他實. 如他說'格物', 自家須是去格物後塡敎他實著, '誠意'亦然. 若只讀得空殼子, 亦無益也.)"라고 하였다.

112) 「독대학법(讀大學法)」에서 '간래간거(看來看去 : 보고 또 보면)'라고 한 것 : 「독대학법」에서 "『대학(大學)』이라는 책에는 경서(經書)가 있고, 『장구(章句)』가 있고 『혹문(或問)』이 있으니, 보고 또 보면 『혹문』은 필요 없고 다만 『장구』만 보아도 될 것이다. 『장구』를 보는 것이 오래되면 또 다만 경서만 보아도 될 것이다. 또 경서를 보는 것이 오래되면 저절로 한 권의 『대학(大學)』이 나의 가슴속에 있어서 경서마저도 또한 필요 없게 될 것이다. 그러나 나의 많은 공부를 하지 않으면 또한 나의 것을 보지 못할 것이고, 성현의 많은 공부를 하지 않는다면 또한 성현의 것을 보지 못할 것이다.(『大學』一書, 有正經, 有『章句』, 有『或問』, 看來看去, 不用『或問』, 只看『章句』便了. 久之, 又只看正經便了. 又久之, 自有一部『大學』在我胸中, 而正經亦不用矣. 然不用某許多工夫, 亦看某底不出; 不用聖賢許多工夫, 亦看聖賢底不出.)"라고 하였다.

113) 「독대학법(讀大學法)」에서 '간모저불출(看某底不出 : 나의 것을 보지 못할 것이고)'이라고 한 것이다.

114) 「독대학법(讀大學法)」에서 '『대학』해『(『大學』解 …… '본문(本文)'은 『장구』의 글을 가리킨다 : 「독대학법」에서 "『대학(大學)』에서 본문(本文)을 해석한 것이 상세하지 못한 것을 『혹문

○ 我解此書,『章句』已足矣, 不當復多言. 只爲學者準備其疑問之端, 而又著『或問』, 使其更無可疑. 故致有學者不爲究思容易看過之弊也. 此節三反, 皆抑揚『或問』, 其語勢與「孟子序說」'楊·墨行, 正道廢'一節四反者略相類.

내가 이 책을 풀이한 것은『대학장구(大學章句)』가 이미 충분하니 다시 많이 말해서는 안 된다. 다만 배우는 사람들을 위해 질문의 단서를 안배하여 또『대학혹문(大學或問)』을 지어서 그들에게 의심할 만한 것이 없도록 하였다.115) 그 때문에 배우는 사람들이 연구하고 사색하지 않고 쉽게 읽고 넘어가는 폐단이 있게 되었다. 이 구절에서 세 번 논의를 뒤집은 것은 모두『대학혹문』을 억누르거나 찬양하는 것이니, 그 어세(語勢)가「맹자서설(孟子序說)」에서 '양주(楊朱)·묵적(墨翟)의 도(道)가 행해지면 정도(正道)가 폐기된다'라고 한 단락이 네 번 논의를 뒤집은 것116)과 대략 서로 유사하다.

(或問)』에서 자세히 말했으니, 우선 처음부터 매 구절마다 이해하다가 통달하지 못하는 곳에 이르면 또한『혹문』을 보아야 한다.『혹문』은 곧 주석에 대한 주석이다.(『大學』解本文未詳者, 於『或問』中詳之, 且從頭逐句理會, 到不通處, 却看.『或問』, 乃註脚之註脚.)"라고 하였다.

115) 내가 이 책을 풀이한 것은『대학장구(大學章句)』가 …… 그들에게 의심할 만한 것이 없도록 하였다 :「독대학법(讀大學法)」에서 "내가 책을 풀이함에 너무 많아서는 안 되지만 또 우선 배우는 사람들을 안배하여, 그들을 위해 질문을 가설해서 설명하였으니, 그것으로써 배우는 사람들에게 쉽게 볼 수 있도록 하였다.(某解書不合太多, 又先準備學者, 爲他設疑說了, 所以致得學者看得容易了.)"라고 하였다.

116)「맹자서설(孟子序說)」에서 '양주(楊朱)·묵적(墨翟)의 …… 한 단락이 네 번 논의를 뒤집은 것 :『맹자집주(孟子集註)』「맹자서설」에서 "한자(韓子 : 韓愈)가 또 말하였다. '양자운(揚子雲 : 揚雄)은 '옛날에 양주·묵적이 정도(正道)를 막았는데, 맹자가 변론하고 물리쳐서 평정하였다.'라고 말하였다. 양주·묵적의 도(道)가 행해지면 정도가 폐기된다. 맹자가 비록 현명하고 훌륭하였지만 지위를 얻지 못해서 공허한 말만 했을 뿐 시행됨이 없었으니, 비록 절실하다고 해도 무슨 보탬이 되었겠는가? 그러나 그 말에 힘입어서 지금의 배우는 사람들이 여전히 공씨(孔氏 : 孔子)를 종주(宗主)로 삼고 인의(仁義)를 숭상하며, 왕도(王道)를 귀하게 여기고 패도(霸道)를 천박하게 여길 줄 알고 있다. 그러나 그 큰 원칙과 큰 법칙이 모두 없어져 구제되지 못하고 파괴되어 수습되지 못하여, 이른바 천 가지에서 열 가지, 백 가지에서 한 가지가 남아 있다는 것과 같으니, 맹자가 평정할 수 있었다고 하는 것이 어디에 있는가? 그러나 그때 맹자가 없었다면 우리들은 모두 왼쪽으로 옷깃을 여미는 오랑캐 옷을 입고 말이 소통되지 않는 오랑캐 말을 하였을 것이다. 그러므로 나는 일찍이 맹자를 추존하여 공로가 우왕(禹王)의 아래에 있지 않다고 말한 것은 이 때문이다.'(又曰 : '揚子雲曰,「古者, 楊·墨塞路, 孟子辭而闢之, 廓如也.」夫楊·墨行, 正道廢. 孟子雖賢聖, 不得位, 空言無施, 雖切何補? 然賴其言, 而今之學者尙知宗孔氏, 崇仁義, 貴王賤霸而已. 其大經大法, 皆亡滅而不救, 壞爛而不收, 所謂存十一於千百, 安在其能廓如也? 然向無孟氏, 則皆服左衽而言侏離矣. 故愈嘗推尊孟氏, 以爲功不在禹

○ '只說'之'說'字, '不略'之'不'字, 皆釋於'致思'下.

「독대학법(讀大學法)」에서 '지설(只說 : 다만 ~을 말하는데)'에서 '설(說)'자와 '불략(不略 : 간략히 ~하지 않다)'에서 '불(不)'자는 모두 '치사(致思 : 생각을 다하다)' 아래에서 풀이한다.[117]

下者, 爲此也.')"라고 하였다.

117) 「독대학법(讀大學法)」에서 '지설(只說 : 다만 ~을 말하는데)' …… 아래에서 풀이한다 : 「독대학법」에서 "사람들은 다만 내가 『대학(大學)』 등을 해석함에 간략히 설명하여 사람들에게 스스로 생각을 다하도록 하지 않았다고 말하는데, 이 일은 절대 그렇지 않다. 사람들이 학문을 함에는 다만 기꺼이 하는가 기꺼이 하지 않는가를 따질 뿐이니, 그들이 만약 이 학문을 기꺼이 하지 않는다면 간략해도 또한 생각을 다할 줄 모를 것이고, 그들이 만일 이 학문을 기꺼이 한다면 저절로 재미가 있어 더욱 상세할수록 더욱 재미가 있을 것이다.(人只說某說『大學』等不略說, 使人自致思, 此事大不然. 人之爲學, 只爭箇肯與不肯耳, 他若不肯向這裏, 略亦不解致思; 他若肯向此一邊, 自然有味, 愈詳愈有味.)"라고 하였다.

大學章句詳說

대학장구상설

大學之道在明明德在親民在止於至善
知止而后有定定而后能靜靜而后能安安而后能慮慮而后能得

大學之道在明明德在親民在止於至善
知止而后有定定而后能靜靜而后

朱註

大, 舊音泰, 今讀如字.

「대학장구상설(大學章句詳說)」에서 '대(大)'자는 옛 음이 태(泰)인데, 지금은 본래의 음으로 읽는다.

詳說

◯ 此八字本書名下註, 而今移置于此, 且加圈于下而別之. 『中庸』篇題首有此例.

위 여덟 글자[大舊音泰今讀如字]는 이 책의 이름 아래의 주석인데, 이제 여기로 옮기고, 또 그 아래에 '◯(圈)'를 두어 구별하였다.[1] 『중용(中庸)』의 편명 제목에서 처음 이러한 사례가 있다.[2]

朱註

子程子曰:"『大學』, 孔氏之遺書, 而初學入德之門也. 於今可見古人爲學次第者, 獨賴此篇之存, 而『論』·『孟』次之. 學者必由是而學焉, 則庶乎其不差矣."

자정자(子程子)가 말하였다. "『대학(大學)』은 공씨(孔氏:孔子)가 남긴 글이고, 학문을 처음 배우는 사람들이 도덕 수양에 들어가는 문이다. 지금 옛사람들이 학문 공부를 하는 순서를 볼 수 있는 것은 오직 이 책에 보존된 것을 의뢰할 수 있고, 『논어(論語)』와 『맹자(孟子)』가 그 다음이다. 배우는 사람들이 반드시 이로 말미암아 배우면 거의 틀리지 않을 것이다."

詳說

◯ 新安陳氏曰:"上'子'字, 倣『公羊傳』注'子沈子'之例, 乃後學宗師先儒之稱."[3]

'자정자왈(子程子曰)'과 관련하여, 신안 진씨(新安陳氏:陳櫟)[4]가 말하였다. "앞의

---

1) 또 그 아래에 '◯(圈)'를 두어 구별하였다: 아래 "子程子曰"앞에 '◯'를 붙여 '◯子程子曰'로 표기하고 구분하였다는 말이다. 여기에서 편의상 '◯'는 생략한다.

2) 『중용장구(中庸章句)』 집주에 보면, "中者, 不偏不倚無過不及之名. 庸, 平常也."아래에 "子程子曰, 不偏之謂中 ……"라는 구절이 나오는데, 그 "子程子曰"앞에 '◯'를 붙여 '◯子程子曰'로 표기하였다.

3) 호광 편(胡廣 編), 『대학장구대전(大學章句大全)』「서(序)」.

4) 진력(陳櫟, 1252~1334): 자는 수옹(壽翁)이고, 호는 정우(定宇) 또는 동부노인(東阜老人)이다. 송말원초 때 휘주(徽州) 휴녕(休寧) 사람이다. 송나라가 망하자 은거하여 학문과 제자 양성에 힘썼다. 학문 성향은 주희(朱熹)의 학문을 위주로 하면서 육구연(陸九淵)의 심학(心學)을 아울

'자(子)'자는 『춘추공양전(春秋公羊傳)』의 주석에서 '자심자(子沈子)'라고 한 사례를 모방한 것[5]이니, 후학들이 자기 학파의 스승이나 선대 학자들을 일컫는 표현이다."

○ 首句伯子, '次之'以上叔子, '學者'以下伯子.

위 구절에서 첫 구절인 '『대학(大學)』, 공씨지유서. 이초학입덕지문야(『大學』, 孔氏之遺書. 而初學入德之門也)'는 형 정호(程顥)의 말이고, 그 뒤 '차지(次之)'까지는[6] 동생 정이(程頤)의 말이며, '학자(學者 : 배우는 사람들)'라는 말부터 그 아래는 형 정호의 말이다.

○ 亦不言曾子述之.

위에서 정자(程子)는 '『대학(大學)』, 공씨지유서(『大學』, 孔氏之遺書)'라고 말했지, 증자(曾子)가 서술했다고 말하지 않았다.

○ 大人初學.

'이초학입덕지문야(而初學入德之門也)'에서 '초학(初學 : 학문을 처음 배우는 사람)'은 대인(大人 : 성인)이 학문을 처음 배우는 일을 가리킨다.

○ '是'字指『大學』也. 『小學』註可考. 若云指『大學』·『論』·『孟』, 則上下句非一時之說, 不可牽合看.

'학자필유시이학언(學者必由是而學焉)'에서 '시(是)'자는 『대학(大學)』을 가리키니, 『소학(小學)』의 주석을 참고할 만하다.[7] 만약 '시(是)'자가 『대학(大學)』과 『논어(論語)』와 『맹자(孟子)』를 가리킨다고 말한다면, 앞뒤 구절이 같은 때의 말이 아

러 취하려 하였다. 인종(仁宗) 연우(延祐) 초에 향시(鄕試)에 급제했지만 예부시(禮部試)에 나가지 않고 집에서 학생들을 가르쳤다. 효성과 우애가 지극했고, 세력이나 이익에 휩쓸리지 않았다. 주희와 여러 학자의 학설을 채집하고 자신의 견해를 덧붙여 『상서집전찬소(尙書集傳纂疏)』를 저술하였다. 그 밖의 저서에 『사서발명(四書發明)』, 『예기집의(禮記集義)』, 『역조통략(歷朝通略)』, 『근유당수록(勤有堂隨錄)』, 『정우집(定宇集)』 등이 있다.

5) 『춘추공양전(春秋公羊傳)』의 주석에서 '자심자(子沈子)'라고 한 사례를 모방한 것 : 『춘추공양전』 권3 주석에서 "심자(沈子)에 대해 그 성씨 앞에 '자(子)'자라는 호칭을 쓴 것은 그가 스승임을 드러낸 말이다.(沈子稱'子'冠氏上者, 著其爲師也.)"라고 하였다.

6) 그 뒤 '차지(次之)'까지는 : 본문의 '어금가견고인위학차제자, 독뢰차편지존, 이『논』·『맹』차지(於今可見古人爲學次第者, 獨賴此篇之存, 而『論』·『孟』次之)'라는 구절을 가리킨다.

7) '시(是)'자는 『대학(大學)』을 가리키니, 『소학(小學)』의 주석을 참고할 만하다 : 『소학집주(小學集註)』 권5에서 "문으로써 『대학(大學)』이라는 책을 비유했는데, 이는 도덕수양을 반드시 『대학(大學)』으로 말미암아야 한다는 말로 집에 들어가려면 반드시 문을 통해 들어가는 것과 견줄 수 있기 때문이다.(門以比『大學』之書, 蓋入德必由乎『大學』, 譬之入室必由乎門也.)"라고 하였다.

니니 억지로 합쳐서 보아서는 안 된다.

○ 有次第, 故不差.

'즉서호기불차의(則庶乎其不差矣)'라고 말한 것은 순서가 있기 때문에 틀리지 않다는 뜻이다.

○ 朱子曰 : "先讀『大學』, 以定其規模; 次讀『論語』, 以立其根本; 次讀『孟子』, 以觀其發越; 次讀『中庸』, 以求古人之微妙."[8]

주자(朱子 : 朱熹)가 말하였다. "먼저 『대학(大學)』을 읽어서 그 규모를 확정하고, 다음으로 『논어(論語)』를 읽어서 그 근본을 확립하며, 그 다음으로 『맹자(孟子)』를 읽어서 그 발산되는 것을 살펴보고, 또 그 다음으로 『중용(中庸)』을 읽어서 옛 사람들의 미묘한 점을 찾아보아야 한다."

○ 新定邵氏曰 : "他書言平天下本於治國, 治國本於齊家, 齊家本於修身, 修身本於正心者, 有矣. 若夫推正心之本於誠意, 誠意之本於致知, 致知之本於格物, 則他書未之言, 六籍之中惟此篇而已."[9]

신정 소씨(新定邵氏 : 邵甲)[10]가 말하였다. "다른 책에서도 평천하(平天下)는 치국(治國)에 근본하고, 치국은 제가(齊家)에 근본하며, 제가는 수신(修身)에 근본하고, 수신은 정심(正心)에 근본한다고 말한 대목은 있었다. 그런데 정심의 근본을 성의(誠意)에 미루어 보고, 성의 근본을 치지(致知)에 미루어 보며, 치지의 근본을 격물(格物)에 미루어 본 것은 다른 책에는 그렇게 말한 대목이 없으니, 육경(六經 : 詩 · 書 · 易 · 春秋 · 禮記 · 樂記) 가운데 오직 이 편만이 그렇게 말했을 뿐이다.[11]"

---

8) 『주자어류(朱子語類)』 권14, 「대학1(大學一)」 3조목.

9) 위식(衛湜), 『예기집설(禮記集說)』 권150.

10) 소갑(邵甲) : 자는 인중(仁仲)이고, 송나라 때 건덕(建德 : 현 절강성 항주<杭州>시 소속) 사람이다. 『예기』 연구에 정통하여 저술에 『예기해(禮記解)』가 있었다고 한다.

11) 육경(六經 : 詩 · 書 · 易 · 春秋 · 禮記 · 樂記) 가운데 오직 이 편만이 그렇게 말했을 뿐이다 : 육경 가운데 『예기(禮記)』의 「대학(大學)」에서만 그렇게 말했다는 것을 가리킨다.

경1장

經一章

[經1-1]

大學之道, 在明明德, 在親民, 在止於至善.

대학(大學)의 도(道)는 밝은 덕을 밝히는 데 있고, 백성들을 새롭게 하는 데 있으며, 지극한 선(善)에 그치는 데 있다.

朱註

程子曰 : "'親'當作'新'."

정자(程子 : 程頤)가 말하였다. "'재친민(在親民)'에서 '친(親)'자는 '신(新)'자로 보아야 한다."

詳說

○ **叔子.**

'정자왈(程子曰)'에서 정자(程子)는 동생 정이(程頤)이다.

○ **此本正文下音訓, 而今姑依『大全』本移置于此.**

위 구절은 본래 『대학(大學)』 경문 아래의 음훈(音訓)인데, 이제 우선 『대학장구대전(大學章句大全)』 판본에 의거하여 여기로 옮겨 놓았다.

○ **朱子曰 : "以「傳」文考之則有據."**[1)]

친당작신(親當作新)에 대해, 주자가 말하였다. "「전(傳)」의 글로써 고찰해 보면 근거가 있다."

○ **此之'新'誤作'親', 猶『書』「金縢」之'親'誤作'新'.**

여기에서 '신(新)'자를 '친(親)'자로 잘못 쓴 것은 마치 『서경(書經)』「금등(金縢)」에서 '친(親)'자를 '신(新)'자로 잘못 쓴 것과 마찬가지이다.[2)]

---

1) 주희(朱熹), 『대학혹문(大學或問)』 권1.

2) 『서경(書經)』「금등(金縢)」에서 '친(親)'자를 '신(新)'자로 잘못 쓴 것과 마찬가지이다 : 『서경』「금등」에는 "**王執書以泣曰 : 其勿穆卜. 昔公勤勞王家, 惟予沖人, 弗及知, 今天, 動威, 以彰周公之德, 惟朕小子其新逆, 我國家禮, 亦宜之.**(왕이 책축(冊祝)한 글을 잡고 울며 말씀하시기를 '목복(穆卜)'을 할 것이 없다. 옛날에 공이 우리 왕가에 힘써 노력하셨으나 나 어린 사람이 미처 알지 못하였는데, 이제 하늘이 위엄을 발동하여 주공의 덕을 밝히시니, 나 소자(小子)가 직접 공을 맞이함이 우리 국가의 예의에 또한 마땅하다.)"라는 경문의 주석에서 "**新, 當作親. …… 親誤作新, 正猶『大學』, 新誤作親也**(신(新)은 마땅히 친(親)이 되어야 한다. …… 친(親)을 신(新)으로 잘못 쓴 것은 바로 『대학(大學)』에서 신(新)을 친(親)으로 잘못 쓴 것과 같다.)"라고 하였다.

○『庸』·『學』註加圈, 只於字訓處有之. 與『語』·『孟』不同, 蓋章下無所事圈故也.

『중용(中庸)』과 『대학(大學)』의 주석에서 '○(圈)'를 붙인 것은 다만 글자를 훈고한 곳에서 그렇게 하였다. 『논어(論語)』와 『맹자(孟子)』 주석의 경우와는 같지 않으니, 장(章) 아래에 '○(圈)'를 붙일 만한 일이 없기 때문이다.[3)]

朱註

大學者, 大人之學也.

대학은 대인(大人 : 어른)의 학문이다.

詳說

○ 經文之首'大學'二字, 非以大學之宮言, 亦非以『大學』之書言也. '大學之道', 言大人爲學之道也. 「序」文中'大學之明法'與'過於大學'之二'大學'與此'大學'同.

경(經)의 글 첫 구절인 '대학지도(大學之道)'에서 '대학(大學)'이라는 두 글자는 태학이라는 학궁으로 말한 것이 아니고 『대학(大學)』이라는 책 이름으로 말한 것도 아니다. '대학지도(大學之道)'는 대인(大人 : 어른)이 학문하는 도(道)를 말한다. 「대학장구서(大學章句序)」의 글 가운데 '대학지명법(大學之明法)'[4)]과 '과어대학(過於大學)'[5)]이라고 한 두 곳의 '대학'이라는 글자가 여기에서 '대학'이라는 글자와 같다.

朱註

明, 明之也.

'재명명덕(在明明德)'에서 앞의 '명(明)'자는 어떤 것을 밝힌다는 뜻이다.

詳說

○ 上明.

---

3) 아래에 나오는 구절 "○大學者, 大人之學也"의 '동그라미(○ : 圈)'와 같은 것을 가리킨다. 여기서는 '동그라미(○ : 圈)'를 생략한다.

4) 대학지명법(大學之明法) : 「대학장구서(大學章句序)」에서 "그런데 이 편(篇)은 소학의 성공에 따라서 대학의 밝은 법을 드러내었다.(而此篇者, 則因小學之成功, 以著大學之明法.)"라고 한 구절 속의 말이다.

5) 과어대학(過於大學) : 「대학장구서(大學章句序)」에서 "이단의 허무(虛無)·적멸(寂滅)의 가르침은 그 고원함이 대학의 도를 넘어서지만 실질이 없었다.(異端虛無·寂滅之敎, 其高過於大學而無實.)"라고 한 구절 속의 말이다.

'명, 명지야(明, 明之也)'에서 앞의 '명(明)'자는 본문 '재명명덕(在明明德)'에서 앞의 '명(明)'자를 가리킨다.

○ 人爲明之.

'명, 명지야(明, 明之也)'에서 뒤의 '명(明)'자는 사람이 어떤 것을 밝힌다는 뜻을 말한다.

朱註

'明德'者, 人之所得乎天, 而虛靈不昧, 以具衆理而應萬事者也.

'명덕(明德)'은 사람이 하늘에서 얻은 것으로, 허령불매(虛靈不昧 : 텅 비어 있으면서도 영험하고 어둡지 않음)하여 온갖 이치를 갖추고 수많은 일에 호응하는 것이다.

詳說

○ 本明之德.

'명덕(明德)'은 본래 밝은 덕이다.[6]

---

6) 『주자어류(朱子語類)』 권14, 「대학1(大學一)」 79조목에서 "명덕은 자기에게 갖추어진 것을 말하니 지극히 밝아서 어둡지 않은 것이다. 마치 부자(父子) 사이에는 친함이 있고, 군신(君臣) 사이에는 의리가 있고, 부부에게는 분별이 있고, 어른과 아이 사이에는 차례가 있으며, 붕우에게는 신의가 있는 것과 같으니, 처음부터 일찍이 어긋남이 없다. 혹시라도 어긋난다면 그 갖추어진 것이 혼미할 것이니 고유한 명덕이 아니다.(明德, 謂得之於己, 至明而不昧者也. 如父子則有親, 君臣則有義, 夫婦則有別, 長幼則有序, 朋友則有信, 初未嘗差也. 苟或差焉, 則其所得者昏, 而非固有之明矣.)"라고 하였고, 80조목에서는 "사람에게는 본래 이 명덕이 모두 갖추어져 있고, 덕 가운데 인의예지 네 가지가 있다. 외물에 빠지게 되면 그것이 드러나지 않게 되어, 모두 묻혀버린다. 때문에 대학의 도로 반드시 먼저 이 명덕을 밝혀야 한다. 배울 수 있다면, 이 명덕을 지각하여, 항상 스스로 보존할 수 있으니, 즉시 깎아내 가면, 물욕에 의해 가리지 않게 된다. 미루어 나가 부모를 효로 섬기고, 군주를 충으로 섬기며, 미루어 나가 집안을 다스리고, 나라를 다스려 천하를 평안하게 하는 것은, 모두 이 이치 뿐이다. 『대학』 한 책에서, 이 한 구절을 이해한다면, 곧 문제가 쉽게 풀릴 수 있다.(人本來皆具此明德, 德內便有此仁義禮智四者. 只被外物汩沒了不明, 便都壞了. 所以大學之道, 必先明此明德. 若能學, 則能知覺此明德, 常自存得, 便去刮剔, 不爲物欲所蔽. 推而事父孝, 事君忠, 推而齊家·治國·平天下, 皆只此理. 『大學』一書, 若理會得這一句, 便可迎刃而解.)"라고 하였다. 또한 92조목에는 "명덕이라 함은 본래 가지고 있는 이 밝은 덕을 말한다. '어린아이가 그 어버이를 사랑하는 것을 알며, 그 자라남에 이르러서도 그 형을 공경할 것을 안다.' 양지양능은 본래부터 가지고 있는 것인데, 단지 사욕에 의해 가리워졌기 때문에 어두워져서 밝지 않은 것이다. 이른바 '명명덕'이라는 것은 밝히는 방법을 구하는 일이다. 비유하자면 거울 같은 것으로, 본래 밝은 물건이었는데, 먼지로 인하여 흐려졌

○ 通聖凡言.

'인지소득호천(人之所得乎天)'에서 '인(人)'자는 성인과 보통 사람을 통틀어서 말한 것이다.

○ '所'字義貫至'者也'.

'인지소득호천(人之所得乎天)'에서 '소(所)'자의 의미는 '이구중리이응만사자야(以具衆理而應萬事者也)'에서 '자야(者也)'까지 관통한다.

○ 此'而'字爲上下段性·心之界分.

'이허령불매(而虛靈不昧)'에서 '이(而)'자는 앞 뒤 단락의 성(性)과 심(心)의 경계가 된다.

○ 此'而'字又就下段中作體·用之界分.

'이구중리이응만사자야(以具衆理而應萬事者也)'에서 '이(而)'자는 또 뒤 단락에서 본체와 작용의 경계가 된다.

○ 黃氏曰:"'虛靈不昧', 明也; '具衆理'·'應萬事', 德也. '具衆理', 德之全體, 未發者也; '應萬事', 德之大用, 已發者也."[7]

황씨(黃氏)가 말하였다. "'허령불매(虛靈不昧: 텅 비어 있으면서도 영험하고 어둡지 않음)'는 '명덕(明德: 밝은 덕)'에서 '밝음'이고 '온갖 이치를 갖춤'과 '수많은 일에 호응함'은 '명덕'에서 '덕'이다. '온갖 이치를 갖춤'은 덕의 온전한 본체로서 아직 발현하지 않은 것이고, '수많은 일에 호응함'은 덕의 큰 작용으로서 이미 발현한 것이다."

○ 玉溪盧氏曰:"'虛', 猶鑑之空;[8] '明', 猶鑑之照; '不昧', 申言其明也. '虛'則明存於中, '靈'則明應於外. 惟'虛', 故'具衆理'; 惟'靈', 故'應萬事'."[9]

옥계 노씨(玉溪盧氏: 盧孝孫[10])가 말하였다. "'허(虛)'는 마치 거울이 비어 있는

기 때문에 비출 수 없게 된 것이다. 모름지기 묵은 때를 닦아낸 후에야 거울은 밝음을 회복하게 된다.(明德, 謂本有此明德也. '孩提之童, 無不知愛其親; 及其長也, 無不知敬其兄.' 其良知·良能, 本自有之, 只爲私欲所蔽, 故暗而不明. 所謂'明明德'者, 求所以明之也. 譬如鏡焉: 本是箇明底物, 緣爲塵昏, 故不能照; 須是磨去塵垢, 然後鏡復明也.)"

7) 호광 편(胡廣 編) 『대학장구대전(大學章句大全)』.

8) 虛, 猶鑑之空: 호광 편(胡廣 編) 『대학장구대전(大學章句大全)』에 노효손(盧孝孫)의 말로서 이 구절 앞에 "'明德', 只是本心. '虛'者, 心之寂; '靈'者, 心之感. 心, 猶鑑也.('밝은 덕'은 다만 본심일 뿐이다. '허(虛)'는 마음의 고요한 상태이고, '영(靈)'은 마음이 감응하는 것이다. 마음은 마치 거울과 같다.)"라는 말이 더 있다.

9) 호광 편(胡廣 編) 『대학장구대전(大學章句大全)』.

것과 같고, '명(明 : 밝음)'은 마치 거울이 비추는 것과 같다. '불매(不昧 : 어둡지 않음)'는 그것이 밝음을 거듭 밝혀 말한 것이다. '허(虛)'하면 밝음이 안에 보존되고, '영(靈)'하면 밝음이 밖으로 호응한다. 오직 '허(虛)'하기 때문에 '온갖 이치를 갖출 수' 있고, 오직 '영(靈)'하기 때문에 '수많은 일에 호응할 수' 있다."

○ 朱子曰 : "禪家但以'虛靈不昧'者爲性, 而無'以具衆理'以下之事."[11]

주자(朱子 : 朱熹)가 말하였다. "선가(禪家)에서는 다만 '허령불매(虛靈不昧 : 텅 비어 있으면서도 영험하고 어둡지 않음)'를 성(性)으로 여기지만, '온갖 이치를 갖추고 수많은 일에 호응하는' 실제적인 일은 없다."

○ 又曰 : "'明德'便是仁義禮智之性."[12]

주자(朱子 : 朱熹)가 또 말하였다. "'명덕(明德 : 밝은 덕)'은 곧 인의예지(仁義禮智)의 성(性)이다."

○ 栗谷曰 : "'明德', 心 · 性 · 情之總稱."[13]

율곡(栗谷 : 李珥)이 말하였다. "'명덕(明德 : 밝은 덕)'은 심(心) · 성(性) · 정(情)의 통칭(統稱)이다."

---

10) 노효손(盧孝孫) : 자는 신지(新之)이고 호는 옥계(玉溪)이며, 귀계(貴溪) 사람이다. 진덕수(陳德秀)의 문하에서 학문을 배워, 가태(嘉泰 : 1201~1204) 연간에 진사에 급제하였다. 벼슬은 태학박사(太學博士)에 이르렀다. 벼슬을 그만둔 뒤 옥계서원(玉溪書院)에서 주로 강학하였다. 저서에는 송 이종(理宗)에게 진상한 『사서집의(四書集義)』 1백 권이 있다.

11) 『주자어류(朱子語類)』 권14, 「대학1(大學一)」 87조목.

12) 『주자어류(朱子語類)』 권14, 「대학1(大學一)」 65조목에는 "或問 : '明德便是仁義禮智之性否?' 曰 : '便是.'(어떤 사람이 물었다. '명덕(明德 : 밝은 덕)은 곧 인의예지의 성(性)입니까?' 주자가 대답하였다. '그렇다.')"라고 되어 있다. 이외에도 64조목~68조목에는 명덕과 관련하여 아주 간략하면서도 분명한 언급이 있다. 64조목 : "하늘이 인간과 사물에 부여한 것을 '명(命)'이라 하고, 인간과 사물이 받은 것을 '성(性)'이라 하며, 일신을 주관하는 것을 '신(心)'이라 하고, 하늘로부터 얻은 것으로 광명정대한 것을 '명덕(明德)'이라 한다.(天之賦於人物者謂之命, 人與物受之者謂之性, 主於一身者謂之心, 有得於天而光明正大者謂之明德.)" 66조목 : "어떤 이가 '인의예지를 성이라 한다면, 명덕은 심에 주안점을 두어 말한 것입니까?'라고 묻자, 주희가 말하였다. '이 도리는 마음속에 훤하게 비추는 것으로, 터럭 끝만큼도 밝지 않음이 없다.(或問 : '所謂仁義禮智是性, 明德是主於心而言?' 曰 : '這个道理在心裏光明照徹, 無一毫不明.')" 67조목 : "명덕은 오묘한 온전한 본체이다.(明德是指全體之妙)" 68조목 : "'명덕을 밝힌다.'라고 하니, '명'은 단지 '분발하고 진작하는 일'일 뿐이다.('明明德,' 明只是提撕也)"

13) 윤봉구(尹鳳九), 『병계선생집(屛溪先生集)』 권39, 「김유도심성강설(金幼道心性講說)」에서 "栗 · 尤兩先生皆言'明德'是心 · 性 · 情之總稱.(율곡과 우암 두 선생님은 모두 '명덕(明德 : 밝은 덕)'은 심(心) · 성(性) · 정(情)의 통칭(統稱)이라고 말하였다.)"라고 하였다.

○ 尤菴曰："或人有捨'性'·'情'二字，而單提'心'字訓'明德'.[14] 其意以所謂'虛靈不昧'者爲釋'明德'之意，故有此說. 而不知所謂'明德'，是心·性·情之總名也."[15]

우암(尤菴：宋時烈)[16]이 말하였다. "어떤 사람이 '성(性)'과 '정(情)' 두 글자를 버리고 단독으로 '심(心)'이라는 한 글자를 들어서 '명덕(明德：밝은 덕)'을 훈고하는 경우가 있었다. 그 뜻은 이른바 '허령불매(虛靈不昧：텅 비어 있으면서도 영험하고 어둡지 않음)'라고 하는 것으로써 '명덕'의 뜻을 풀이한 것이기 때문에 이러한 주장이 있게 되었다. 그렇지만 그것은 이른바 '명덕'이 심(心)·성(性)·정(情)의 통칭(統稱)이라는 뜻을 모르는 것이다."

○ 農巖曰："'明德'本指心，而性·情在其中. 細玩『章句』可見. 今或有謂主性而言，又有謂兼心·性而言，則似不察於文義賓主之分矣."[17]

농암(農巖：金昌協)[18]이 말하였다. "'명덕(明德：밝은 덕)'은 본래 심(心)을 가리키는데, 성(性)·정(情)이 그 가운데 있다. 『대학장구(大學章句)』를 자세히 음미해보면 알 수 있다. 지금 어떤 사람은 명덕을 성(性)을 위주로 하여 말한 것이라고도 하고, 또 어떤 사람은 심(心)과 성(性)을 겸해서 말한 것이라도 하니, 이렇게 말하

---

14) 或人有捨'性'·'情'二字，而單提'心'字訓'明德'：송시열, 『송자대전(宋子大全)』 권104 「답김직경(答金直卿)」에 의하면 이 구절은 질문자인 김직경(金直卿)이 물은 내용 속에 있다.

15) 송시열(宋時烈), 『송자대전(宋子大全)』 권104 「답김직경(答金直卿)」.

16) 송시열(宋時烈：1607~1689)：본관이 은진(恩津)으로 자가 영보(英甫), 호가 우암(尤庵) 또는 우재(尤齋), 시호가 문정(文正)이다. 저서로는 『송자대전(宋子大全)』 외에 『주자대전차의(朱子大全箚疑)』·『주자어류소분(朱子語類小分)』·『이정서분류(二程書分類)』 등이 있다.

17) 김창협(金昌協) 『농암집(農巖集)』 권20, 「답오대하(答吳大夏)」에는 "且如'明德'二字，『章句』本以心言，而性·情自在其中矣. 或有謂主性而言，又有謂兼心·性而言，則此於文義賓主，不能無少差.(그리고 '명덕(明德)'이라는 두 글자에 대해 『대학장구(大學章句)』에서는 본래 심(心)으로써 말했고, 성(性)·정(情)도 저절로 그 가운데 있는 것이다. 어떤 사람은 성을 위주로 하여 말했다는 것도 있고 또 어떤 사람은 심과 성을 겸하여 말했다는 것도 있으니, 이는 글의 의미에 주인과 손님의 구분이 있는 것에 대해 조금은 차이가 없을 수 없다.)"라고 되어 있다.

18) 김창협(金昌協, 1651~1708)：본관은 안동(安東)이고, 자는 중화(仲和)이며, 호는 농암(農巖)·삼주(三洲)이다. 조선 숙종(肅宗) 때 주로 활동한 문신이며 학자이다. 아버지 김수항(金壽恒)과 형 김창집(金昌集)이 영의정을 지낸 집안 출신이다. 1669년 진사에 급제한 뒤 병조좌랑, 사헌부지평, 교리, 이조정랑, 동부승지, 대사성, 병조참지(兵曹參知), 예조참의, 대사간 등을 두루 역임하였다. 학문적 특징은 이황(李滉)과 이이(李珥)의 이기론(理氣論)을 절충한 학설을 주장하였다. 왕명에 의해 송시열(宋時烈)의 『주자대전차의(朱子大全箚疑)』를 교정하였다. 저서에 『농암집(農巖集)』, 『주자대전차의문목(朱子大全箚疑問目)』, 『논어상설(論語詳說)』, 『오자수언(五子粹言)』, 『이가시선(二家詩選)』 등이 있다.

는 것은 글의 의미에 주인과 손님의 구분이 있음을 살펴보지 못한 것 같다."

○ 南塘曰 : "'明德'本合心·性言之, 而重在於性. 觀於「傳」文'明命'之語及『或問』論'明德'處, 則可見也. 朱子之論'明德', 皆主於性善."

남당(南塘 : 韓元震)이 말하였다. "'명덕(明德 : 밝은 덕)'은 본래 심(心)과 성(性)을 합쳐서 말한 것이지만 중점은 성에 있다. 「전(傳)」의 글 가운데 '명명(明命 : 밝은 명령)'이라고 한 말[19]과 『대학혹문』에서 '명덕'을 논한 곳[20]을 살펴보면 알 수 있다. 주자가 '명덕'을 논한 것은 모두 성이 선(善)하다는 것을 위주로 하고 있다."

○ 巍巖曰 : "'明德'是心."

외암(巍巖 : 李柬)[21]이 말하였다. "'명덕(明德 : 밝은 덕)'은 심(心)이다."

○ 屛溪曰 : "'明德'是性."[22]

병계(屛溪 : 尹鳳九)[23]가 말하였다. "'명덕(明德 : 밝은 덕)'은 성(性)이다."

---

19) 「전(傳)」의 글 가운데 '명명(明命 : 밝은 명령)'이라고 한 말 : 『대학장구(大學章句)』「전(傳) 1장」에서 "『서(書)』「태갑(太甲)」에서 말하였다. '이 하늘의 「명명(明命 : 밝은 명령)」을 생각한다.' (「大甲」曰 : '顧諟天之明命.')"라고 하였다.

20) 『대학혹문』에서 '명덕'을 논한 곳 : 『대학혹문』 권1에서 "이렇다면 이른바 '밝은 덕을 밝힌다'는 것은 성(性)의 분수 밖에서 작위(作爲)함이 있는 것이 아니다. 그러나 그 이른바 명덕(明德 : 밝은 덕)은 또 모든 사람들이 똑같이 얻은 것이지 내가 사사로이 얻은 것이 아니다.(是則所謂'明明德'者, 而非有所作爲於性分之外也. 然其所謂'明德'者, 又人人之所同得, 而非有我之得私也.)"라고 하였다.

21) 이간(李柬, 1677~1727) : 본관은 예안(禮安)이고, 자는 공거(公擧)이며, 호는 외암(巍巖)·추월헌(秋月軒)이다. 벼슬은 1716년 천거에 의해 세자시강원자의가 되었고, 그 뒤 종부시정, 회덕(懷德)현감, 경연관을 역임하였다. 권상하(權尙夏)의 문인이며, 강문팔학사(江門八學士) 중 한 사람이다. 호락논쟁(湖洛論爭)에서 낙론(洛論)인 인물성동론(人物性同論)을 주장한 대표적 인물이다. 저서에 『외암유고(巍巖遺稿)』가 있다.

22) 윤봉구(尹鳳九), 『병계선생집(屛溪先生集)』 권39, 「김유도심성강설(金幼道心性講說)」에는 "去'明德'之'明'字, 只言一'德'字以釋之, 此其'明德'專主於性 …… '明明德', 亦但以性爲主.('명덕(明德)'의 '명(明)'자를 제거하고 다만 '덕(德)'이라는 한 글자로 풀이하면 이에 '명덕(明德)'은 오로지 성(性)에 집중된다. …… '명명덕(明明德)'도 또한 다만 성(性)을 위주로 한다.)"라고 되어 있다.

23) 윤봉구(尹鳳九, 1683~1767) : 본관은 파평(坡平)이고, 자는 서응(瑞膺)이며, 호는 병계(屛溪)·구암(久菴)이고, 시호는 문헌(文獻)이다. 1714년 진사에 급제하여 청도군수가 되었고 그 뒤 벼슬은 사헌부지평, 장령(掌令), 집의(執義), 서연관(書筵官), 대사헌, 공조판서 등을 역임하였다. 한원진(韓元震)·이간(李柬)·현상벽(玄尙壁)·채지홍(蔡之洪) 등과 더불어 권상하(權尙夏)의 문하에서 수학한 강문팔학사(江門八學士)의 한 사람으로서 호락논쟁(湖洛論爭)의 중심인물로 꼽힌다. 저서에 『병계집』이 있다.

○ 南溪曰："得乎天者，性也."

남계(南溪 : 朴世采)[24]가 말하였다. "하늘에서 얻은 것은 성(性)이다."

○ 尤菴曰："德，得也. 將說'德'字，故先言'得'字. 和叔說未安."[25]

우암(尤菴 : 宋時烈)이 말하였다. "덕(德)은 득(得 : 얻다)이다. '덕(德)'자를 말하려고 했기 때문에 먼저 '득(得)'자를 말하였다. 화숙(和叔 : 朴世采)의 말은 타당하지 않다."

○ 按：南溪說亦覺有理. 若以'得乎天'三字謂非指性，則'明德'訓中更無可討其合心·性爲說處. 而其末之'復其初'三字，亦涉突兀無來歷矣. 蓋'得乎天'·'復其初'，是始終呼應之辭也. 凡諸經註言'得乎天'·'復其初'者，多指性言. 若心，則未有以'得乎天'·'復其初'言之者. 而『孟子』'犬牛'·'所性'二註以'得於天'訓性，'盡心'註以'神明'·'具'·'應'訓心.

내가 생각하건대, 남계(南溪 : 朴世采)의 말도 또한 일리가 있는 것 같다. 만약 '득호천(得乎天 : 하늘에서 얻다)'이라는 세 글자를 성(性)을 가리키는 것이 아니라고 말한다면, '명덕(明德 : 밝은 덕)'에 대한 훈고 가운데 다시는 그것이 심(心)과 성(性)을 합쳐서 말한 것이라고 하는 곳을 찾아 볼 수 없을 것이다. 그러나 그 끝부분의 '복기초(復其初 : 처음을 회복한다)'라고 한 세 글자는 또한 갑작스럽게 튀어나와 내력이 없는 것 같다. 대개 '득호천(得乎天)'과 '복기초(復其初)'라는 말은 시

24) 박세채(朴世采, 1631~1695) : 본관은 반남(潘南)이고, 자는 화숙(和叔)이며, 호는 현석(玄石)·남계(南溪)이고, 시호는 문순(文純)이다. 1649년 진사에 급제하여 성균관에 들어갔고 그 뒤 벼슬은 사헌부집의, 승정원동부승지, 공조참판, 대사헌, 이조판서, 우의정, 좌의정 등을 두루 역임하였다. 학문적으로는 김상헌(金尙憲)과 김집(金集)의 문하에서 수학하여 김장생(金長生)의 학맥을 이었다. 저서에 『범학전편(範學全編)』, 『시경요의(詩經要義)』, 『춘추보편(春秋補編)』, 『남계독서기(南溪讀書記)』, 『대학보유변(大學補遺辨)』, 『심경요해(心經要解)』, 『학법총설(學法總說)』, 『양명학변(陽明學辨)』, 『남계수필록(南溪隨筆錄)』, 『심학지결(心學旨訣)』, 『신수자경편(新修自警編)』, 『육례의집(六禮疑輯)』, 『삼례의(三禮儀)』, 『사례변절(四禮變節)』, 『가례요해(家禮要解)』, 『가례외편(家禮外編)』, 『남계예설(南溪禮說)』, 『남계시무만언봉사(南溪時務萬言封事)』, 『남계연중강계(南溪筵中講啓)』, 『남계기문(南溪記聞)』, 『동유사우록(東儒師友錄)』, 『주자대전습유(朱子大全拾遺)』 등이 있다.

25) 송시열(宋時烈), 『송자대전(宋子大全)』 권105, 「답심명중(答沈明仲)」에는 "夫德之爲言得也. 朱先生將說'德'字, 故先言'得'字. …… 和叔所謂'所得乎天爲性'者, 於鄙意略有未安.(무릇 덕(德)이라는 말은 득(得 : 얻다)이다. 주자는 '덕(德)'자를 말하려고 했기 때문에 먼저 '득(得)'자를 말하였다. …… 화숙(和叔 : 朴世采)이 이른바 '하늘에서 얻은 것은 성(性)이다'라고 한 것은 내 생각으로는 조금 타당하지 않은 것 같다.)"라고 되어 있다.

종일관 호응하는 말이다. 무릇 여러 경(經)의 주석에서 '득호천'과 '복기초'를 말한 것은 대부분 성(性)을 가리켜 말한다. 만약 심(心)의 경우라면 '득호천'과 '복기초'로 말하지 않았다. 그런데 『맹자(孟子)』에서 '견우(犬牛)'와 '소성(所性)'에 대한 두 곳의 주석에서는 '득호천'으로 성(性)을 훈고했고,[26] '진심(盡心)'에 대한 주석에서는 '신명(神明)' · '구(具 : 갖춤)' · '응(應 : 호응함)'으로서 심(心)을 훈고하였다.[27]

○ '明德'之訓正指心, 而必本於性. 但言性處短, 只爲三字, 而言心處長, 至爲十二字者, 於性自著不得許多字故也. 以其所指, 而農巖謂之心爲主; 以其所本, 而南塘謂之重在性, 兩說皆得之. 而又由是一轉, 則心 · 性偏主之論起矣. 蓋主心之論, 常以虛靈 · 具 · 應之正, 襯於'明德'二字爲說, 殊不察'得乎天'三字之亦更襯焉耳. 德者, 得也, 而莫明於天之明命. 明命, 卽性善也.

'명덕(明德 : 밝은 덕)'에 대한 훈고는 바로 심(心)을 가리키지만 반드시 성(性)에 근본한다. 그러나 성을 말한 곳은 그 글이 짧아서 단지 세 글자일 뿐인데,[28] 심을 말한 곳은 그 글이 열두 글자나 되니,[29] 성에 대해서는 본래 많은 글자를 붙일 수 없기 때문이다. 그것이 가리키는 것의 측면에서 농암(農巖 : 金昌協)은 심(心)이 주인이 된다고 말했고, 그것이 근본하는 것의 측면에서 남당(南塘 : 韓元震)은 중점이 성(性)에 있다고 말했으니, 이 두 가지 주장들은 모두 타당성을 얻었다. 그런

26) 『맹자(孟子)』에서 '견우(犬牛)'와 '소성(所性)'에 대한 …… '득호천'으로 성(性)을 훈고했고 : 『맹자(孟子)』「고자상(告子上)」에서 "그렇다면 개의 성(性)이 소의 성과 같으며, 소의 성이 사람의 성과 같은가?(然則犬之性, 猶牛之性; 牛之性, 猶人之性與?)"라고 한 구절에 대해, 주자는 "성은 사람이 하늘에서 얻은 것으로서의 이치이다(性者, 人之所得於天之理也.)"라고 주석하였다. 『맹자(孟子)』「진심상(盡心上)」에서 "천하의 한가운데 서서 왕이 되어 사해(四海)의 백성을 안정시키는 것을 군자는 즐거워하지만, 성(性)으로 삼은 것은 여기에 있지 않다.(中天下而立, 定四海之民, 君子樂之, 所性, 不存焉.)"라고 한 구절에 대해, 주자는 "그러나 그 하늘에서 얻은 것은 여기에 있지 않다.(然其所得於天者, 則不在是也.)"라고 주석하였다.

27) '진심(盡心)'에 대한 주석에서는 '신명(神明)' · '구(具 : 갖춤)' · '응(應 : 호응)'으로서 심(心)을 훈고했다 : 『맹자(孟子)』「진심상(盡心上)」에서 "맹자가 말하였다. '그 마음을 다 발휘하는 사람은 그 성(性)을 아니, 그 성을 알면 하늘을 알게 된다.'(孟子曰 : '盡其心者, 知其性也, 知其性, 則知天矣.)"라고 한 구절에 대해, 주자는 "심(心)은 사람의 신명(神明)이니, 온갖 이치를 갖추고 수많은 일에 호응하는 것이다.(心者, 人之神明, 所以具衆理而應萬事者也.)"라고 주석하였다.

28) 성을 말한 곳은 그 글이 짧아서 단지 세 글자일 뿐인데 : '득호천(得乎天 : 하늘에서 얻음)'이라는 세 글자를 가리킨다.

29) 심(心)을 말한 곳은 그 글이 열두 글자나 되니 : '허령불매(虛靈不昧) · 이구중리(以具衆理) · 응만사자(應萬事者)'라는 열두 글자를 가리킨다.

데 여기에서부터 한번 돌려보면 심(心)과 성(性)이 각각 한 편이 주인이 된다는 논의가 일어나게 된다. 대개 심(心)을 주인으로 삼는 논의는 항상 허령(虛靈)·구(具 : 갖춤)·응(應 : 호응함)의 올바름을 가지고 '명덕(明德)'이라는 두 글자에 결부시켜 말하는데 특히 '득호천(得乎天 : 하늘에서 얻음)'이라는 세 글자도 또한 거기에 더욱 결부된다는 것을 살펴보지 못했을 뿐이다. 덕(德)은 득(得 : 얻다)이지만, 그 어느 것도 하늘의 밝은 명령보다 밝은 것은 없다. 밝은 명령은 곧 성(性)이 선(善)하다는 뜻이다.

○ 『論語』首章訓'學'字處, 全用此書首二句之意. 其曰'明性善', 卽此所謂'明明德'也. 蓋本明者, 性也; 明之者, 心也. 以心明性, 於事爲順. 且性則純善, 心有善惡. 而明德是純善無惡底物事, 則謂之性, 不亦宜乎? 明德心性偏主之論, 固皆有違於栗·尤二先生之意. 而與其偏主心, 不若偏主性之爲無弊. 若主心則心純善之弊有不可言矣. 夫心, 氣也; 性, 理也. 而德是理之名, 非氣之名, 故謂仁爲心之德, 仁非理與性乎? 且行道而有得於心謂之德, 不便以心爲德, 則德之爲理, 不亦審乎?

『논어(論語)』 첫 장(章)에서 '학(學)'자를 훈고한 곳은 전적으로 이 책 『대학(大學)』 첫 두 구절의 뜻을 사용하였다. 거기에서 '명성선(明性善 : 성이 선하다는 것을 밝힌다)'라고 말한 것[30]은 곧 여기에서 이른바 '명덕(明德 : 밝은 덕)을 밝힌다'라는 뜻이다. 대개 본래 밝은 것은 성(性)이고, 그것을 밝히는 것은 심(心)이다. 심으로써 성을 밝히는 것이 일에서는 순조롭다. 또한 성(性)은 순전히 선(善)하고 심(心)은 선악(善惡)을 가지고 있다. 그런데 명덕은 순전히 선하여 악함이 없는 것이니, 그것을 성이라고 말하는 것이 또한 마땅하지 않겠는가? 명덕에 대해 심이나 성이 각각 한 편이 주인이 된다는 논의는 본디 모두 율곡과 우암 두 선생님의 뜻에 위배됨이 있다. 그래도 그것이 심(心) 한 편만이 주인이 되는 것보다는 차라리 성(性) 한 편만이 주인이 되는 것의 폐단이 없는 것만 못하다. 만약 심을 주인으로 하면, 심이 순전히 선하다는 폐단은 말할 수도 없을 것이다. 무릇 심(心)은 기(氣)이고 성(性)은 리(理)이다. 덕(德)은 리(理)에 이름 붙이는 것이지 기(氣)에 이름 붙이는 것이 아니기 때문에 인(仁)은 심의 덕이라고 말했으니, 인은 리와 성이 아

30) 거기에서 '명성선(明性善 : 성이 선하다는 것을 밝힌다)'라고 말한 것 : 『논어(論語)』「학이(學而)」 제1장 "배우고 그것을 때때로 익히면 또한 기쁘지 않은가?(學而時習之, 不亦說乎?)"라고 한 구절에 대해, 주자가 "사람의 본성(本性)은 모두 선(善)하지만, 이것을 깨닫는 데 먼저 깨닫고 뒤에 깨닫는 차이가 있으니, 뒤에 깨닫는 자는 반드시 먼저 깨달은 자가 한 것을 본받아야 선함을 밝혀 그 처음을 회복할 수 있다.(人性皆善, 而覺有先後, 後覺者, 必效先覺之所爲, 乃可以明善而復其初也.)"라고 주석한 것을 가리킨다.

니겠는가? 또한 도(道)를 실행하여 심에 얻은 것을 덕이라고 하니, 심을 곧 덕이라고 하지 않는다면 덕이 리(理)가 됨을 또한 살펴보아야 하지 않겠는가?

○ 『章句』於訓處以'所'·'者也'三字始之終之, 滾成一句文勢. 而又以'而'字界之於性·心之間, 其釋處又常兼言性·心. 而歸其宿於'復其初'一句, 所以終'得乎天'一句之意也. 訓與釋可謂盛水不漏矣.

『대학장구(大學章句)』는 훈고하는 곳에서 '인지소득호천(人之所得乎天)'에서 '소(所)'자와 '이구중리이응만사자야(以具衆理而應萬事者也)'에서 '자야(者也)'의 세 글자로써 시작하고 끝맺어 한 구절의 글의 형세를 세차게 이루었다. 그리고 또 '이허령불매(而虛靈不昧)'에서 '이(而)'자를 가지고 성(性)과 심(心)의 사이를 경계지어, 그 풀이한 곳은 또 늘 성과 심을 겸해서 말하였다. 그리고 그것을 '복기초(復其初 : 처음을 회복한다)'라는 구절에 귀착시켜 그것으로서 '득호천(得乎天 : 하늘에서 얻음)'이라는 구절의 뜻을 끝맺었다. 훈고와 풀이가 물을 가득 채워도 새어나가지 않듯이 논리가 엄밀하다.

○ 塘翁亦嘗以爲'明德'主心言, 而包性·情在其中. 又直云'明德只是心', 而今此重在性之說是其最後定論. 當從之.

당옹(塘翁 : 權斗寅)[31]도 일찍이 '명덕(明德 : 밝은 덕)'은 심(心)을 위주로 말한 것이고 그 심속에 성·정을 포괄한다고 여겼다. 또 곧바로 '명덕은 다만 심일 뿐이다'라고 말했지만, 이제 중점이 성에 있다고 주장하였으니, 이것은 그의 최후의 정론(定論)이다. 마땅히 그것을 쫓아야 할 것이다.

○ 栗谷曰 : "'具衆理'指言心, 而小註乃指性, 未穩矣."[32]

율곡(栗谷 : 李珥)이 말하였다. "'구중리(具衆理 : 온갖 이치를 갖춤)'는 심(心)을 가리켜 말한 것인데, 소주(小註)에서는 곧 성(性)을 가리킨다고 했으니,[33] 온당치 않다."

---

31) 권두인(權斗寅, 1643~1719) : 본관은 안동(安東)이고, 자는 춘경(春卿)이며, 호는 하당(荷塘)이다. 매헌(梅軒) 홍준형(洪俊亨)에게 배웠다. 1678년 진사에 급제하여 벼슬은 태복주부(太僕主簿), 공조좌랑(工曹佐郎), 동궁사어(東宮司禦), 사직서령(社稷署令), 영춘현감(永春縣監) 등을 역임하였다. 저서에는 문집인 『하당집(荷塘集)』이 있다.

32) 이이(李珥), 『율곡선생전서(栗谷先生全書)』 권31, 「어록(語錄) 상」에는 "問 : '『大學』小註曰, 「具衆理是性」. 愚意以爲衆理具於心之謂也, 何以謂之性也?' 曰 : '具衆理, 指言心, 而乃指性, 未穩矣.'(물었다. '『대학(大學)』 소주(小註)에 '구중리(具衆理 : 온갖 이치를 갖춤)는 성(性)이다.'라고 하였습니다. 내 생각에 온갖 이치는 심(心)에 갖추어졌다는 것을 말한다고 여겨지는데, 무엇 때문에 성(性)이라고 말했습니까?' 대답하였다. '구중리는 심을 가리켜서 말한 것인데, 이에 성을 가리킨다고 한 것은 온당치 않다.')"라고 되어 있다.

○ 按：雲峰說果誤. 栗翁非之, 是矣. 蓋具之·應之, 亦以心言, 不可分屬於性·情也, 明矣. 今人若因雲峰此說而謂明德爲心·性·情總稱, 則亦恐失栗翁之意. 蓋明德之訓, 合心·性言之而情在其中. 曰'得乎天', 性也; 曰'虛靈·具·應', 心也. 南塘所云'合心·性言之'者, 蓋謂是耳.

내가 생각하건대, 운봉(雲峰 : 胡炳文)의 말은 과연 잘못되었다. 율옹(栗翁 : 李珥)이 그것을 비판한 것은 옳다. 갖춘다고 하고 호응한다고 하는 것은 심(心)으로써 말한 것이지 성(性)·정(情)에 나누어 소속시킬 수 없는 것은 분명하기 때문이다. 요즘 사람들이 만약 운봉(雲峰 : 胡炳文)의 이 말로 인하여 '명덕(明德 : 밝은 덕)'은 심(心)·성(性)·정(情)의 통칭(統稱)이라고 말한다면, 이것 또한 아마 율옹(栗翁 : 李珥)의 뜻을 잃을 것이다. 명덕에 대한 훈고는 심·성(心·性)을 합쳐서 말한 것이고 정(情)이 그 가운데 있기 때문이다. '득호천(得乎天 : 하늘에서 얻었다)'이라고 한 것은 성이고, '허령(虛靈)·구(具 : 갖춤)·응(應 : 호응함)'이라고 한 것은 심이다. 남당(南塘 : 韓元震)이 '심과 성을 합쳐서 말한 것이다'라고 한 것은 대개 이것을 말한 것일 뿐이다.

○ '得乎天'專指性理, '衆理'兼指事物之理.

'득호천(得乎天 : 하늘에서 얻었다)'은 오로지 성(性)의 이치를 가리키고, '중리(衆理 : 온갖 이치)'는 사물의 이치를 겸해서 가리킨다.

○ 小註北溪'理與氣合, 所以虛靈'之說果未瑩. 栗·尤諸先生皆斥其非, 而亦不言所以虛靈之故. 竊嘗思之, 心之能虛靈, 蓋以性之所宅故也. 天以至善之理賦與吾人也, 其所安頓之物自能虛靈, 爲一身之主. 假使此理而寓於腎, 則腎必虛靈; 寓於肺, 則肺必虛靈. 而今寓於心, 故心自能虛靈, 此其本事也. 若乃心屬火, 故虛靈者, 終是以彼喩此也, 非其本事也, 則只可備其一義而已. 如以火論之, 火之能光明, 以其爲炎上之理所寓故也, 此其本事也. 若乃火屬南·屬夏故光明者, 是其以彼喩此之一義而已. 雖然, 火之爲物, 外則光明, 內實虛暗, 此又與心不同. 況一心內所具之五常, 又各自分屬五行者耶?

『대학장구대전(大學章句大全)』 소주(小註)에서 북계(北溪 : 陳淳)[34]가 '리(理)와 기

33) 소주(小註)에서는 곧 성(性)을 가리킨다고 했으니 : 『대학장구대전(大學章句大全)』에서 운봉 호씨(雲峯胡氏 : 胡炳文)가 '구중리시성(具衆理是性 : 온갖 이치를 갖춘 것은 성(性)이다)'라고 한 말을 가리킨다.

34) 진순(陳淳 : 1159~1223) : 남송 시대 학자로, 자가 안경(安卿)이고, 호가 북계(北溪)여서 북계선생(北溪先生)라고 부르며, 장주 용계(漳州龍溪) 사람이다. 주자(朱子 : 朱熹)가 만년에 만족한 제자로서 이학(理學)을 잘 계승하였다고 평가받는 사람이다. 저서로는 『북계전집(北溪全集)』

(氣)가 합쳐졌기 때문에 허령(虛靈)하다'라고 한 말[35]은 과연 명백하지 않다. 율곡과 우암 등 여러 선생들이 모두 그것이 아님을 배척했지만, 또한 허령한 까닭을 말하지는 않았다. 내가 일찍이 그것을 생각해 본 적이 있으니, 심(心)이 허령할 수 있는 것은 성(性)이 심을 집으로 삼고 있기 때문이다. 하늘은 지극히 선한 리(理)를 우리에게 부여했고, 그것이 안치된 곳은 저절로 허령할 수 있어서 몸의 주인이 된다. 만약 이 리(理)가 신장에 우거(寓居)한다면 신장이 반드시 허령할 것이고, 만약 폐에 우거한다면 폐가 반드시 허령할 것이다. 이제 심에 우거했기 때문에 심이 저절로 허령할 수 있는 것은 그 본분의 일이다. 그런데 심이 화(火)에 속하기 때문에 허령하다고 하는 것은 끝내 저것을 가지고 이것을 깨우치게 하는 것이지 그 본분의 일이 아니니, 다만 그 한 가지 의미를 갖출 수 있을 뿐이다. 만약 화로써 논한다면, 화가 밝게 빛날 수 있는 것은 그것이 불타오르는 리(理)가 거기에 우거해 있기 때문이니, 이것이 그 본분의 일이다. 그런데 화는 남쪽에 속하고 여름에 속하기 때문에 밝게 빛난다고 하는 것은 저것을 가지고 이것을 깨우치게 하는 한 가지 의미일 뿐이다. 비록 그러하지만 화라는 것은 밖은 밝게 빛나지만 안은 사실 비어 있고 어두우니 이것은 또 심과 같지 않다. 게다가 심 안에 갖춘 오상(五常 : 인·의·예·지·신)은 또 각자 오행(五行 : 목·화·토·금·수)에 나누어 소속되니 어떻겠는가?

朱註

但爲氣稟所拘, 人欲所蔽, 則有時而昏. 然其本體之明, 則有未嘗息者.

다만 기(氣)의 품부(稟賦)에 구애되고 인욕(人欲)에 가려지면 때로 혼매하다. 그러나 그 본체의 밝음은 일찍이 그친 적이 없다.

詳說

○ 新安吳氏曰 : "氣稟拘之, 有生之初; 物欲蔽之, 有生之後."[36]

외에 『북계자의(北溪字義)』가 유명하며, 『용학강의(庸學講義)』 등이 있다.

35) 『대학장구대전(大學章句大全)』 소주(小註)에서 …… '리(理)와 기(氣)가 합쳐졌기 때문에 허령(虛靈)하다'라고 한 말 : 호광 편(胡廣 編), 『대학장구대전(大學章句大全)』에는 "북계 진씨(北溪陳氏 : 陳淳)가 말하였다. '사람은 태어나면서 천지의 리(理)를 얻고 또 천지의 기(氣)를 얻는다. 리와 기가 합쳐졌기 때문에 허령하다.'(北溪陳氏曰 : '人生得天地之理, 又得天地之氣. 理與氣合, 所以虛靈.')"라고 되어 있다.

36) 호광 편(胡廣 編), 『대학장구대전(大學章句大全)』.

'단위기품소구, 인욕소폐(但爲氣稟所拘, 人欲所蔽)'에 대해, 신안 오씨(新安吳氏 : 吳浩)[37]가 말하였다. "기(氣)의 품부(稟賦)가 그것을 구속하는 것은 처음 태어날 때의 일이고, 물욕(物欲)이 그것을 가리는 것은 태어난 뒤의 일이다."

○ 心之罪也.

'즉유시이혼(則有時而昏)'이라고 한 것은 심(心)의 죄이다.

○ 朱子曰 : "本明之體, 得之於天."[38]

'연기본체지명(然其本體之明)'과 관련하여, 주자(朱子 : 朱熹)가 말하였다. "본래 밝은 본체는 하늘에서 얻은 것이다."

○ 性固自若也.

'즉유미상식자(則有未嘗息者)'라고 한 것은 성(性)이 본디 저절로 그러한 것이다.

朱註

故學者當因其所發, 而遂明之, 以復其初也.

그러므로 배우는 사람은 마땅히 그것이 발현하는 것에 따라 마침내 그것을 밝혀서 그 처음을 회복해야 한다.

詳說

○ 指性, 上下二'其'字放此.

'고학자당인기소발(故學者當因其所發)'에서 '기(其)'자는 성(性)을 가리키고, 이 앞과 뒤 두 개의 '기(其)'자[39]는 이것과 같다.

○ 朱子曰 : "如見孺子入井而怵惕, 見賢人而恭敬. 雖至惡之人, 亦時有善念之發."[40]

---

37) 오호(吳浩) : 자는 의부(義夫)이고 송나라 때 휴녕(休寧 : 현 안휘성 휴녕현) 사람이다. 주자의 문인으로 저서에 『대학구의(大學口義)』가 있었다고 한다.

38) 주희(朱熹), 『대학혹문(大學惑問)』 권1.

39) 이 앞과 뒤 두 개의 '기(其)'자 : '연기본체지명(然其本體之明)'에서 '기(其)'자와 '이복기초야(以復其初也)'에서 '기(其)'자를 가리킨다.

40) 『주자어류(朱子語類)』 권14, 「대학1(大學一)」 78조목에는 "明德未嘗息, 時時發見於日用之間. 如見非義而羞惡, 見孺子入井而惻隱, 見尊賢而恭敬, 見善事而歎慕, 皆明德之發見也.(밝은 덕은 그친 적이 없으니, 일상생활에 수시로 발현한다. 예컨대 의롭지 않은 것을 보고 미워하는 것, 갓난아이가 우물에 빠지려는 것을 보고 측은해 함, 존귀한 사람과 현명한 사람을 보고 공경하는 것, 선한 일을 보고 찬탄·사모하는 것과 같은 일은 모두 밝은 덕이 발현한 것이다.)"라고 되어 있다. 또 『주자어류(朱子語類)』 권14, 「대학1(大學一)」 83조목에는 "或問 : ''明明德', 是

'고학자당인기소발(故學者當因其所發)'에서 '발(發)'과 관련하여, 주자(朱子 : 朱熹)가 말하였다. "발현하는 것은 예컨대 갓난아이가 우물에 빠지려는 것을 보고 측은해 함과, 현명한 사람을 보고 공경하는 것과 같다. 비록 지극히 악한 사람이라도 역시 때때로 착한 생각이 발현한다."

◯ **雲峯胡氏曰 : "'有時而昏'說心, '本體之明'說性, '所發'說情."**[41]

운봉 호씨(雲峯胡氏 : 胡炳文)[42]가 말하였다. "'유시이혼(有時而昏 : 때로 혼매하다)'이라는 구절은 심(心)을 말한 것이고, '본체지명(本體之明 : 본체의 밝음)'은 성(性)을 말한 것이며, '소발(所發 : 발현하는 것)'은 정(情)을 말한 것이다."

◯ **朱子曰 : "接續明之."**[43]

於靜中本心發見, 學者因其發見處從而窮究之否?' 曰 : '不特是靜, 雖動中亦發見. 孟子將孺子將入井處來明這道理. …… 便教至惡之人, 亦時乎有善念之發.'(어떤 사람이 물었다. "'밝은 덕을 밝힌다'라는 것은 고요한 가운데 본심이 발현하는 것이니, 배우는 사람은 그것이 발현하는 것에 따라 좇아서 궁구해야 합니까?' 주자가 대답하였다. '다만 고요할 때뿐만 아니라 움직이는 가운데도 또한 발현한다. 맹자는 갓난아이가 우물에 빠지려는 것을 가지고 이 도리를 밝혔다. …… 지극히 악한 사람에게도 또한 때때로 착한 생각이 발현한다.')"라고 되어 있다.

41) 호병문(胡炳文), 『사서통(四書通)』「대학통(大學通)」에는, "'有時而昏'又是說心, '本體之明'又是說性, '所發'又說情.('유시이혼(有時而昏 : 때로 혼매하다)'이라는 구절은 또 심(心)을 말한 것이고, '본체지명(本體之明 : 본체의 밝음)'은 또 성(性)을 말한 것이며, '소발(所發 : 발현하는 것)'은 또 정(情)을 말한 것이다.)"라고 되어 있다.

42) 호병문(胡炳文, 1250~1333) : 자는 중호(仲虎)이고, 호는 운봉(雲峯)이다. 원(元) 나라 때의 경학자로 휘주 무원(徽州 婺源 : 현 안휘성 소속) 사람이다. 주희(朱熹)의 종손(宗孫)에게 『주역(周易)』과 『서경(書經)』을 배워 주자학에 잠심했으며, 특히 『주역(周易)』에 뛰어났다. 신주(信州) 도일서원(道一書院) 산장(山長)을 지내고, 난계주학정(蘭溪州學正)이 되었는데 취임하지 않았다. 주자의 『주역본의(周易本義)』를 근거로 여러 설을 절충·시정하여 『주역본의통석(周易本義通釋)』 12권을 지었다. 처음 이름은 『주역본의정의(周易本義精義)』였고, 『통지당경해(通志堂經解)』에 들어있다. 이 밖에 『서집해(書集解)』, 『춘추집해(春秋集解)』, 『예서찬술(禮書纂述)』, 『사서통(四書通)』, 『대학지장도(大學指掌圖)』, 『오경회의(五經會義)』, 『이아운어(爾雅韻語)』 등이 있다.

43) 『주자어류(朱子語類)』 권14, 「대학1(大學一)」 74조목에는 "或以'明明德'譬之磨鏡. 曰 : '鏡猶磨而後明. 若人之明德, 則未嘗不明. 雖其昏蔽之極, 而其善端之發, 終不可絶. 但當於其所發之端, 而接續光明之, 令其不昧, 則其全體大用可以盡明. 且如人知己德之不明而欲明之. 只這知其不明而欲明之者, 便是明德, 就這裏便明將去.'(어떤 사람이 '명명덕(明明德 : 밝은 덕을 밝히는 것)'을 거울 닦는 것에 비유하였다. 주자가 대답하였다. '거울도 또한 닦은 뒤에 밝아진다. 만약 사람의 밝은 덕이라면 일찍이 밝지 않은 적이 없다. 비록 그 어둡게 가림이 지극해도 그 선한 단서의 발현은 끝내 끊어질 수는 없다. 다만 그 발현한 단서에 대해서는 계속해서 빛나게 밝혀나가

'이수명지(而遂明之)'와 관련하여, 주자(朱子 : 朱熹)가 말하였다. "계속해서 밝혀나가야 한다."

◯ **此又心之功也.**

'이수명지(而遂明之)'라고 한 것은 또 심(心)의 공로이다.

◯ **'得乎天', 故'未嘗息'; '未嘗息', 故'復其初'.**

'이복기초야(以復其初也)'와 관련하여, '하늘에서 얻었기' 때문에 '그친 적이 없고', '그친 적이 없기' 때문에 '그 처음을 회복할 수 있다.'

◯ **'明德', 性也; '明明德'者, 心也; '欲明明德'者, 情也; '欲明明德於天下, 先治其國'者, 意也.**

'밝은 덕'은 성(性)이고, '밝은 덕을 밝히는 것'은 심(心)이며, '밝은 덕을 밝히려고 하는 것'은 정(情)이고, '천하에 밝은 덕을 밝히려고 하면 먼저 그 나라를 다스려야 한다는 것'은 의(意)이다.

朱註

'新'者, 革其舊之謂也, 言旣自明其明德, 又當推以及人, 使之亦有以去其舊染之汙也.

'신(新 : 새롭게 함)'은 옛것을 고친다는 것을 이르니, 이미 스스로 그 밝은 덕을 밝히고 나면 또 마땅히 미루어 남에게까지 미쳐서,[44] 그에게도 또한 그것으로

서 어둡지 않게 해야 하니, 그러면 그 본체의 큰 쓰임을 모두 밝힐 수 있게 된다. 마치 사람이 자신의 덕이 밝지 못함을 알고, 밝게 하려는 것과 같다. 다만 저 밝지 못함을 알고 밝게 하려는 것은 곧 '명덕(明德 : 밝은 덕)'이니, 여기에서 밝혀나가야 한다.')"라고 되어 있다.

44) 『주자어류(朱子語類)』 권14, 「대학1(大學一)」 93조목에는 "어떤 사람이 '덕을 밝히고 백성을 새롭게 한다는 것은 모름지기 자신의 덕이 모두 밝아진 후에 비로소 백성을 새롭게 할 수 있다는 말입니까?'라고 묻자, 주희가 말하였다. '자신의 덕이 밝아지지 않았다고 해서 전혀 다른 사람을 관여하지 않는 것도 옳지 않으며, 억지로 다른 사람을 새롭게 하는 것도 옳지 않다. 이처럼 대강 '백성을 새롭게 한다'라 말한 것은 반드시 덕이 모두 밝아져야만 비로소 이처럼 할 수 있다. 사소한 효험의 경우일지라도 당연히 자신이 이와 같이 하면 남들은 바로 보고서 스스로 깨닫는다. 그래서 '한 집안이 어질면 한 국가가 어짊을 흥기하고, 한 집안이 사양하면 한 나라가 사양함을 흥기시킨다'라고 하니 당연히 이와 같다.(或問 : '明德新民, 還須自家德十分明後, 方可去新民?' 曰 : '不是自家德未明, 便都不管著別人, 又不是硬要去新他. 若大段新民, 須是德十分明, 方能如此. 若小小效驗, 自是自家這裏如此, 他人便自觀感. '一家仁, 一國興仁 ; 一家讓, 一國興讓', 自是如此.')"라고 하였다. 또 94조목에는 "'명덕과 신민은 내가 본래 가지고 있는 것으

써 예전에 물든 더러움을 제거하도록 하는 것을 말한다.

詳說

○ 承'明德'而釋之.

'언기자명기명덕(言旣自明其明德)'이라고 한 구절은 '밝은 덕'을 이어서 풀이한 것이다.

○ 此又與『論語』次節註'及人'同, 尤可驗『論語』·『大學』之相爲表裏也.

'우당추이급인(又當推以及人)'이라고 한 구절은 또 『논어(論語)』 다음 절(節) 주석인 '급인(及人 : 남에게까지 미치다)'[45]과 같으니, 더욱 『논어(論語)』와 『대학(大學)』이 서로 표리가 됨을 증험할 수 있다.

○ 上聲.

'사지역유이거기구염지오야(使之亦有以去其舊染之汙也)'에서 '거(去)'자는 상성(上聲)이다.

○ '使'字有力.

'사지역유이거기구염지오야(使之亦有以去其舊染之汙也)'에서 '사(使)'자는 힘이 있다.

○ 新安陳氏曰 : "『書』「胤征」云'舊染汙俗, 咸與惟新', 『章句』本此, 以釋'新民'."[46]

'사지역유이거기구염지오야(使之亦有以去其舊染之汙也)'와 관련해서, 신안 진씨(新安陳氏 : 陳櫟)[47]가 말하였다. "『서경(書經)』「윤정(胤征)」에서 '예전에 물든 나쁜

로 그들을 새롭게 하는데 달려 있습니다. 백성이 자신들의 명덕을 밝힘에 이르러서도 또한 그것에 달려 있는 것입니까?'라고 묻자, 주희가 말하였다. '비록 말은 자신의 덕을 밝히고, 백성의 덕을 새롭게 한다고 했으나, 그 의미는 자연스럽게 참고해볼 수 있다. '명덕을 천하에 밝힌다'는 말은 자신이 새로워짐으로써 그 백성을 새롭게 한다는 것임을 알 수 있다(問 : '明德新民, 在我有以新之. 至民之明其明德, 卻又在它?' 曰 : '雖說是明己德, 新民德, 然其意自可參見. '明明德於天下', 自新以新其民, 可知.')"라도 하였다.

45) 『논어(論語)』 다음 절(節) 주석인 '급인(及人 : 남에게까지 미치다)' : 『논어(論語)』「학이(學而)」 제1장 두 번째 구절인 '유붕자원방래, 불역락호(有朋自遠方來, 不亦樂乎)'에 대한 주석에서 "정자(程子 : 程頤)가 말하였다. '선함을 남에게 미쳐가게 하여 믿고 따르는 자가 많기 때문에 즐거울 수 있는 것이다.'(程子曰 : '以善及人, 而信從者衆, 故可樂.')"라고 한 말을 가리킨다.

46) 호광 편(胡廣 編), 『대학장구대전(大學章句大全)』.

47) 진력(陳櫟, 1252~1334) : 자는 수옹(壽翁)이고, 호는 정우(定宇) 또는 동부노인(東阜老人)이다. 송말원초 때 휘주(徽州) 휴녕(休寧) 사람이다. 송나라가 망하자 은거하여 학문과 제자 양성에 힘썼다. 학문 성향은 주희(朱熹)의 학문을 위주로 하면서 육구연(陸九淵)의 심학(心學)을 아울러 취하려 하였다. 인종(仁宗) 연우(延祐) 초에 향시(鄕試)에 급제했지만 예부시(禮部試)에 나

풍속을 모두 함께 새롭게 하겠다'라고 하였는데, 『대학장구(大學章句)』는 이것에 근본해서 '신민(新民 : 백성을 새롭게 한다)'이라는 말을 풀이하였다."

○ 尤菴曰 : "'明'·'新'二字, 名異而實同. '明明德', 是新己德也; '新民', 是明民德也."[48)]
우암(尤菴 : 宋時烈)이 말하였다. "명명덕(明明德)의 '명(明 : 밝힌다)'자와 신민(新民)의 '신(新 : 새롭게 한다)'자 두 글자는 명칭은 다르지만 실질은 같다. '밝은 덕을 밝힌다'는 것은 자기의 덕을 새롭게 하는 일이고, '백성들을 새롭게 한다'는 것은 백성들의 덕을 밝힌다는 뜻이다."

朱註

'止'者, 必止於是而不遷之意.

'지(止 : 그친다)'는 반드시 여기에 이르러 옮기지 않는다는 뜻이다.

詳說

○ 沙溪曰 : "'是'字汎說. 或以'至善'看, 非是."[49)]
'필지어시이불천지의(必止於是而不遷之意)'에서 '시(是)'자에 대해, 사계(沙溪 : 金長生)[50)]가 말하였다. "여기에서 '시(是)'자는 일반적으로 말한 것이다. 어떤 사람

가지 않고 집에서 학생들을 가르쳤다. 효성과 우애가 지극했고, 세력이나 이익에 휩쓸리지 않았다. 주희와 여러 학자의 학설을 채집하고 자신의 견해를 덧붙여 『상서집전찬소(尙書集傳纂疏)』를 저술하였다. 그 밖의 저서에 『사서발명(四書發明)』, 『예기집의(禮記集義)』, 『역조통략(歷朝通略)』, 『근유당수록(勤有堂隨錄)』, 『정우집(定宇集)』 등이 있다.

48) 송시열(宋時烈), 『송자대전(宋子大全)』 권131, 「간서잡록(看書雜錄)」.

49) 김간(金榦), 『후재선생집(厚齋先生集)』 권21에 "沙溪先生曰 : '此只釋'止'字意. 所謂'是'者, 是泛說. 或以'至善'看, 非是.'(사계(沙溪 : 金長生) 선생이 말하였다. '이것은 다만 '지(止)'자의 뜻을 풀이한 것일 뿐이다. 이른바 여기에서 '시(是)'자는 일반적으로 말한 것이다. 어떤 사람은 '지어지선(止於至善)'에서 '지선(至善)'으로 보는데 옳지 않다.')"라고 실려 있다.

50) 김장생(金長生, 1548~1631) : 본관은 광산(光山)이고, 자는 희원(希元)이며, 호는 사계(沙溪)이고 시호는 문원(文元)이다. 한양 정릉동(貞陵洞 : 현 서울 중구 정동)에서 태어났다. 1560년 송익필(宋翼弼)로부터 사서(四書)와 『근사록(近思錄)』 등을 배웠고, 20세 무렵에 이이(李珥)의 문하에 들어갔다. 1578년 학행(學行)으로 천거되어 창릉참봉(昌陵參奉)이 되고, 성균관 사업(司業), 집의(執義), 공조참의, 형조참판 등을 역임하였다. 인조반정 이후로는 서인의 영수격으로 영향력이 매우 컸다. 학문적으로 송익필, 이이, 성혼(成渾) 등의 영향을 받았다. 이이와 성혼(成渾)을 제향하는 황산서원(黃山書院)을 세웠다. 특히 둘째 아들이 그와 함께 문묘에 종사된 신독재(愼獨齋) 김집(金集, 1574~1656)이다. 저서로는 1583년 첫 저술인 『상례비요(喪禮備要)』 4권을 포함하여, 『가례집람(家禮輯覽)』·『전례문답(典禮問答)』·『의례문해(疑禮問解)』 등

은 '지어지선(止於至善)'에서 '지선(至善)'으로 보는데 옳지 않다."

○ 朱子曰: "未至其地, 則必求其至; 旣至其地, 則不當遷動而之佗也."[51)]

'필지어시이불천지의(必止於是而不遷之意)'와 관련하여, 주자(朱子: 朱熹)가 말하였다. "그곳에 이르지 않았으면 반드시 거기에 이르기를 구하며, 이미 그곳에 이르렀으면 옮겨서 다른 곳으로 가서는 안 된다."

朱註

'至善', 則事理當然之極也.[52)]

'지선(至善: 지극히 선함)'은 사리(事理)가 마땅히 그러해야 하는 표준이다.

詳說

○ '當然'訓'善', '極'訓'至'.

'지선, 즉사리당연지극야(至善, 則事理當然之極也)'라고 한 것에서, '당연(當然: 마땅히 그러해야 함)'은 '선(善: 선함)'자를 훈고한 것이고, '극(極: 표준)'자는 '지(至: 지극함)'자를 훈고한 것이다.

○ 朱子曰: "'至善', 只是恰好處."[53)]

'지선, 즉사리당연지극야(至善, 則事理當然之極也)'에서 '지선(至善: 지극히 선함)'에 대해, 주자(朱子: 朱熹)가 말하였다. "'지선(至善)'은 다만 꼭 알맞은 것일 뿐이다."[54)]

예에 관한 것으로, 조선 예학의 기반을 마련하였다. 스승 이이가 시작한 『소학집주(小學集註)』를 1601년에 완성하고 『근사록석의(近思錄釋疑)』, 『경서변의(經書辨疑)』, 시문집을 모은 『사계선생전서(沙溪先生全書)』가 있다.

51) 『주자어류(朱子語類)』 권14, 「대학1(大學一)」 103조목.

52) 『주자어류(朱子語類)』 권14, 「대학1(大學一)」 105조목. 전문은 다음과 같다. "'事理當然之極也.' '恐與伊川說'艮其止, 止其所也'之義一同. 謂有物必有則, 如父止於慈, 子止於孝, 君止於仁, 臣止於敬, 萬物庶事莫不各有其所. 得其所則安, 失其所則悖. 所謂'止其所'者, 卽止於至善之地也.'('사리가 마땅히 그러해야 하는 표준이다.' 아마도 이천이 말한 '멈출 때에 멈추는 것은 그 위치에 멈추는 것이다'라는 말과 같다. 사물이 있으면 반드시 법칙이 있으니, 예를 들어 부모는 자애에 머물고, 자식은 효에 머물고, 군주는 인에 머물고, 신하는 경에 머물고, 만물과 모든 일은 각기 그 위치가 있지 않음이 없음을 말한다. 그 있을 곳을 얻으면 편안하게 되고, 그 위치를 잃으면 어긋나게 된다. 이른바 '그 위치에서 머문다'는 말이 지선의 경지에 머무는 것이다.)"

53) 『주자어류(朱子語類)』 권14, 「대학1(大學一)」 114조목에는 "'至善', 只是些子恰好處.('지선(至善: 지극히 선함)'은 다만 얼마간 꼭 알맞은 것일 뿐이다.)"라고 되어 있다.

54) '지선(至善)'에 대한 견해는 『주자어류(朱子語類)』 곳곳에 정돈되어 있다. 권14, 「대학1(大學

○ 栗谷曰 : "'至善', 太極之異名, 而明德之本體也."[55)]

'지선, 즉사리당연지극야(至善, 則事理當然之極也)'에서 '지선(至善 : 지극히 선함)'에 대해, 율곡(栗谷 : 李珥)이 말하였다. "'지선(至善)'은 태극(太極)의 다른 명칭이고 밝은 덕의 본체이다."

朱註

言'明明德'·'新民', 皆當止於至善之地而不遷.

이것은 '명명덕(明明德)'과 '신민(新民)'이 모두 지극한 선(善)의 경지에 그쳐서 옮겨가지 않아야 한다[56)]는 것을 말한다.

一)」 98조목에는 "일반적으로 선이라 일컫는 것은 진실로 좋은 것이다. 그러나 비로소 좋은 일이라고 한 것은 '지선'이 아니다. 반드시 지극한 곳에 이르러서야 도리를 모두 다한 것이니, 조금이라도 다하지 않는 것이 없는 까닭에 지선이라 말한 것이다.(凡曰善者, 固是好. 然方是好事, 未是極好處. 必到極處, 便是道理十分盡頭, 無一毫不盡, 故曰至善.)"라고 하였고, 99조목에는 "'지선'은 지극히 좋은 것이다. 예를 들어 효는 겨울에 따뜻하게 여름에 시원하게 해드리고, 저물면 잠자리를 정해드리고 새벽에 안부를 묻는 일인데, 효의 일이라 할지라도 모름지기 '말씀하시기 전에 듣고, 드러나기 전에 보아야'만 비로소 효라 일컫는 것을 극진히 했다고 할 것이다.(至善是極好處. 且如孝 : 冬溫夏凊, 昏定晨省, 雖然是孝底事, 然須是能'聽於無聲, 視於無形', 方始是盡得所謂孝.)"라고 하였다. 또한 100조목에는 "지선은 가장 좋은 것이다. 예컨대 열 가지 일 가운데 아홉 가지 옳은 일을 했다 하더라도, 한 가지 일이 부진하면 또한 지선이 아니다.(至善是个最好處. 若十件事做得九件是, 一件不盡, 亦不是至善.)"라고도 하였다.

55) 이이(李珥), 『율곡선생전서(栗谷先生全書)』 권9, 「답성호원(答成浩原)」.

56) '명명덕(明明德)'과 '신민(新民)'이 모두 지극한 선(善)의 경지에 그쳐서 옮겨가지 않아야 한다 : 이와 관련하여 『주자어류(朱子語類)』 권14, 「대학1(大學一)」 112조목에는 "'지어지선(止於至善)'이 '재명명덕(在明明德) 재신민(在新民)'을 포괄한다. 자기도 또한 지어지선(止於至善)이 필요하고, 다른 사람도 또한 지어지선(止於至善)이 필요하다. 천하는 하나의 도리일 뿐이니, 남에게는 비록 행하게 할 수 없지만 내가 다른 사람에게 바라는 것이라면 이와 같지 않을 수 없다.('止於至善', 是包'在明明德, 在新民.' 己也要止於至善, 人也要止於至善. 蓋天下只是一个道理, 在他雖不能, 在我之所以望他者, 則不可不如是也.)"라 하였고, 113조목에는 "명덕(明德)과 신민(新民) 둘은 모두 지극한 곳에 이르는 것이 필요하다. 명덕은 대략 덕이 밝아지면 곧 끝나는 것이 아니고, 신민은 대략 새로움을 얻으면 곧 그만두는 것이 아니다. 모름지기 지극한 곳에 그치는 일이 필요하다.(明德·新民, 二者皆要至於極處. 明德, 不是只略略地明德便了 ; 新民, 不是只略略地新得便休. 須是要止於極至處.)"라고 되어 있다.

詳說

◯ 合'明明德'·'新民'而釋之.

'언명명덕·신민(言'明明德'·'新民')'이라고 한 것은 '명명덕(明明德)'과 '신민(新民)'을 합쳐서 풀이한 것이다.

◯ 朱子曰:"'明德'中也有'至善', '新民'中也有'至善', 皆要到那極處."[57)]

주자(朱子:朱熹)가 말하였다. "'명덕(明德:밝은 덕)' 가운데 또한 '지선(至善:지극한 선)'이 있고 '신민(新民:백성들을 새롭게 함)' 가운데 또한 '지선'이 있으니, 이는 모두 저 지극한 곳에 이르려는 것이다."

◯ 雙峰饒氏曰:"明德, 以理之得於心者言; 至善, 以理之見於事者言. 以明明德對新民, 則明明德爲主; 以明明德·新民對止至善, 則止至善爲重."[58)]

쌍봉 요씨(雙峰饒氏:饒魯[59)])가 말하였다. "명덕(明德)은 리(理)를 마음에 얻은 것으로써 말한 것이고, 지선(至善)은 리(理)가 일에 나타난 것으로써 말한 것이다. 명명덕(明明德:밝은 덕을 밝힘)을 신민(新民:백성들을 새롭게 함)에 짝지으면 명명덕이 주인이 되고, 명명덕과 신민을 지어지선(止於至善:지극한 선에 그침)에 짝지으면 지어지선이 중요하다."

朱註

蓋必其有以盡夫天理之極, 而無一毫人欲之私也.

반드시 그것으로써 저 천리(天理)의 지극함을 다 발휘하여, 인욕(人欲)의 사사로움을 한 터럭도 없애야 하기 때문이다.

---

57) 『주자어류(朱子語類)』 권14, 「대학1(大學一)」 114조목에는 "問:'至善, 不是明德外別有所謂善, 只就明德中到極處便是否?' 曰:'是. 明德中也有至善, 新民中也有至善, 皆要到那極處.'(물었다. '지선(至善)은 명덕(明德) 밖에 따로 이른바 선이 있다는 것이 아니라, 다만 명덕 가운데서 지극한 곳에 이르는 것이 아닙니까?' 주자가 대답하였다. '그렇다. 명덕 가운데 또한 지선이 있고, 신민(新民) 가운데 또한 지선이 있으니, 이는 모두 저 지극한 곳에 이르려는 것이다.')"라고 되어 있다.

58) 호광 편(胡廣 編), 『대학장구대전(大學章句大全)』.

59) 요로(饒魯, 1194~1264):송나라 때의 유학사로 요주의 여간 사람이며, 자는 중원(仲元)이며, 호는 쌍봉(雙峰)이다. 황간에게 학문을 배우고, 평생 동안 벼슬하지 않아 그의 사후 문인들이 그에게 사시(私謚)를 문원(文元)이라 올렸다. 저서로는 『오경강의』, 『논맹기문(論孟紀聞)』, 『춘추절전(春秋節傳)』, 『학용찬술(學庸纂述)』, 『근사록주(近思錄註)』, 『태극삼도(太極三圖)』, 『용학십이도(庸學十二圖), 『서명도(西銘圖)』 등이 있다.

詳說

◯ 音扶.

'개필기유이진부천리지극(蓋必其有以盡夫天理之極)'에서 '부(夫)'자는 음이 부(扶)이다.

◯ 又申釋'止至善'之義. 而'天理'照上'明德'訓中'得乎天', '人欲'照'明德'釋中'人欲'.

위 구절은 또 '지어지선(止於至善 : 지극한 선에 그침)'의 의미를 거듭 밝혀 풀이한 것이다. 그런데 여기에서 '천리(天理)'는 앞에서 '명덕(明德)'을 훈고할 때의 '하늘에서 얻은 것'을 비추어 본 것이고 여기에서 '인욕(人欲)'은 앞에서 '명덕'을 풀이할 때의 '인욕'을 비추어 본 것이다.

◯ 新安吳氏曰 : "自散在事物者而言,[60] 則曰事理, 是理之萬殊處, 一物各具一太極也; 自人心得於天者而言, 則曰天理, 是理之一本處, 萬物統體一太極也."[61]

신안 오씨(新安吳氏 : 吳浩)[62]가 말하였다. "사물에 흩어져 있는 것으로 말하면 사리(事理)는 리(理)가 수만 가지로 흩어져 달리 표현된 것이니 매 사물이 각각 하나의 태극을 갖춘 것이며, 사람의 마음이 하늘에서 얻은 것으로 말하면 천리(天理)는 리(理)의 하나로 수렴되어 근본이 된 것이니 모든 사물이 통틀어서 하나의 태극을 본체로 삼는 것이다."

◯ 栗谷曰 : "得之於天而有本然一定之則者, 至善之體, 而吾心統體之太極也; 見於日用之間而各有本然一定之則者, 至善之用, 而事事物物各具之太極也."[63]

---

60) 自散在事物者而言 : 호광 편(胡廣 編), 『대학장구대전(大學章句大全)』에 의하면 이 구절 앞에 "止至善, 爲明明德·新民之標的; 極盡天理, 絶無人欲, 爲止至善之律令. 然旣言'事理當然之極', 又言'天理之極'者,(지어지선(止於至善 : 지극한 선에 그침)은 명명덕(明明德 : 밝은 덕을 밝힘)과 신민(新民 : 백성을 새롭게 함)의 목표이고, 천리(天理)를 극진히 발휘하여 인욕(人欲)을 완전히 없애는 것은 지어지선의 규정이다. 그러나 이미 '사리(事理)가 마땅히 그러해야 하는 표준'을 말했는데, 게다가 또 '천리의 지극함'을 말한 것은)"라는 말이 더 있다.

61) 호광 편(胡廣 編), 『대학장구대전(大學章句大全)』.

62) 오호(吳浩, 생몰년 미상) : 송나라 때의 학자로, 자가 의부(義夫)이고, 호는 직헌(直軒)이며, 신안(新安) 사람이다. 오석주(吳錫疇 : 1215~1276)의 아들로 벼슬하지 않았으며, 저서로는 『대학강의(大學講義)』 등이 있다.

63) 이이(李珥), 『율곡선생전서(栗谷先生全書)』 권9, 「답성호원(答成浩原)」에 실려 있는데, 이 말은 율곡이 옥계 노씨(玉溪盧氏 : 盧孝孫)의 말을 인용한 것이다. 원문은 다음과 같다. "'至善'與'中'之說, 尚未歸一, 緣珥所見自不端的. 故言不明瑩, 致足下輾轉生疑耳. 但先儒之說, 似是分明, 不可別生意旨. 玉溪盧氏曰 : '至善, 太極之異名, 而明德之本體. 得之於天而有本然一定之則者, 至善之體, 乃吾心統體之太極也; 見於日用之閒, 而各有本然一定之則者, 至善之用, 乃事事物物各具之太極也.' 以此觀之, 至善之體, 非未發之中耶; 至善之用, 非事物上自有之中耶?('지선(至善)'과 '중

율곡(栗谷 : 李珥)이 말하였다. “하늘에서 얻어 본래 그러한 일정한 법칙이 있는 것은 지선(至善)의 본체이니, 내 마음의 전체로서의 태극이고, 일상생활에 나타나서 각각 본래 그러한 일정한 법칙이 있는 것은 지선의 작용이니, 모든 사물이 각각 구비한 태극이다.”

朱註

此三者, 『大學』之綱領也.

이 세 가지는 『대학(大學)』의 강령(綱領)이다.

詳說

○ **此句又總括言之.**

위 구절은 또 총괄해서 말한 것이다.

○ **新安陳氏曰 : “如網之有綱, 綱擧則目張; 如裘之有領, 領挈而裘順.”**[64]

신안 진씨(新安陳氏 : 陳櫟)[65]가 말하였다. “마치 그물에 벼릿줄이 있어 벼릿줄이 들리면 그물눈이 펴지는 것과 같고, 마치 갖옷에 깃이 있어서 깃이 들리면 갖옷이 따라서 들리는 것과 같다.”

(中)’에 대한 설명은 아직 하나로 귀결하지 못했는데, 그것은 나의 소견이 스스로 확정되지 못했기 때문입니다. 그러므로 말이 명백하지 못해서 그대에게 이리저리 의심을 일으키도록 했습니다. 그렇지만 선대 학자들의 설명이 거의 분명한 것 같으니, 다른 생각을 해서는 안 될 것입니다. 옥계 노씨(玉溪盧氏)는 다음과 같이 말했습니다. ‘지선(至善)은 태극의 다른 명칭이고, 명덕(明德)의 본체(本體)이다. 하늘에서 얻어 본래 그러한 일정한 법칙이 있는 것은 지선의 본체이니, 곧 내 마음의 전체로서의 태극이고, 일상생활에 나타나서 각각 본래 그러한 일정한 법칙이 있는 것은 지선의 작용이니, 곧 모든 사물이 각각 구비한 태극이다.’ 이것으로 살펴본다면 지선의 본체는 희로애락이 아직 발현되지 않은 중(中)이 아닙니까, 지선의 작용은 사물(事物)이 본디 가지고 있는 중(中)이 아닙니까?)”

64) 호광 편(胡廣 編), 『대학장구대전(大學章句大全)』.

65) 진력(陳櫟, 1252~1334) : 자는 수옹(壽翁)이고, 호는 정우(定宇) 또는 동부노인(東阜老人)이다. 송말원초 때 휘주(徽州) 휴녕(休寧) 사람이다. 송나라가 망하자 은거하여 학문과 제자 양성에 힘썼다. 학문 성향은 주희(朱熹)의 학문을 위주로 하면서 육구연(陸九淵)의 심학(心學)을 아울러 취하려 하였다. 인종(仁宗) 연우(延祐) 초에 향시(鄕試)에 급제했지만 예부시(禮部試)에 나가지 않고 집에서 학생들을 가르쳤다. 효성과 우애가 지극했고, 세력이나 이익에 휩쓸리지 않았다. 주희와 여러 학자의 학설을 채집하고 자신의 견해를 덧붙여 『상서집전찬소(尙書集傳纂疏)』를 저술하였다. 그 밖의 저서에 『사서발명(四書發明)』, 『예기집의(禮記集義)』, 『역조통략(歷朝通略)』, 『근유당수록(勤有堂隨錄)』, 『정우집(定宇集)』 등이 있다.

○ 朱子曰 : "'明明德 · 新民 · 止至善'八字, 已括盡一篇之意."[66]

주자(朱子 : 朱熹)가 말하였다. "'명명덕 · 신민 · 지지선(明明德 · 新民 · 止至善)'이라는 여덟 글자는 이미 『대학(大學)』의 뜻을 모두 포괄하고 있다."[67]

○ 玉溪盧氏曰 : "'明明德'是格 · 致 · 誠 · 正 · 修之綱領, '新民'是齊 · 治 · 平之綱領."[68]

옥계 노씨(玉溪盧氏 : 盧孝孫)가 말하였다. "'명명덕(明明德)'은 격물 · 치지 · 성의 · 정심 · 수신의 강령이고, '신민(新民)'은 제가 · 치국 · 평천하의 강령이다."

○ 尤菴曰 : "'止至善'爲'明明德' · '新民'之綱領."[69]

우암(尤菴 : 宋時烈[70])이 말하였다. "'지지선(止至善)'은 '명명덕(明明德)'과 '신민(新民)'의 강령이다."

○ 按 : 三綱領之'至善', 如五常之信.

내가 생각하건대 삼강령에서 '지선(至善)'은 오상(五常)에서 신(信)과 같다.

○ 雲峰胡氏曰 : "此節三句說工夫, 下節五句說功效."[71]

운봉 호씨(雲峯胡氏 : 胡炳文[72])가 말하였다. "이 단락의 세 구절은 공부를 말했고, 아래 단락의 다섯 구절은 그 효과를 말하였다."

---

66) 호광 편(胡廣 編), 『대학장구대전(大學章句大全)』에는 주자의 말로 실려 있지만, 조순손(趙順孫), 『사서찬소』「대학찬소(大學纂疏)」에는 황씨(黃氏)의 말로 실려 있다.

67) 『주자어류(朱子語類)』 권14, 「대학1(大學一)」 61조목에서는 "명덕과 신민은 절목이고, '지어지선'은 규모의 크기이다.(明德, 新民, 便是節目 ; 止於至善, 便是規模之大.)"라고 하였다.

68) 호광 편(胡廣 編) 『대학장구대전(大學章句大全)』.

69) 송시열(宋時烈), 『송자대전(宋子大全)』 권131, 「간서잡록(看書雜錄)」.

70) 송시열(宋時烈 : 1607~1689) : 본관이 은진(恩津)으로 자가 영보(英甫), 호가 우암(尤庵) 또는 우재(尤齋), 시호가 문정(文正)이다. 저서로는 『송자대전(宋子大全)』 외에 『주자대전차의(朱子大全箚疑)』 · 『주자어류소분(朱子語類小分)』 · 『이정서분류(二程書分類)』 등이 있다.

71) 호병문(胡炳文), 『사서통(四書通)』「대학통(大學通)」에는 "以朱子之言推之, 綱領第一節三句說工夫, 第二節五句說功效.(주자의 말로 미루어 보면, 강령 제1절 세 구절은 공부를 말했고, 제2절 다섯 구절은 효과를 말하였다.)"라고 되어 있다.

72) 호병문(胡炳文, 1250~1333) : 자는 중호(仲虎)이고, 호는 운봉(雲峯)이다. 원(元) 나라 때의 경학자로 휘주 무원(徽州 婺源 : 현 안휘성 소속) 사람이다. 주희(朱熹)의 종손(宗孫)에게 『주역(周易)』과 『서경(書經)』을 배워 주자학에 잠심했으며, 특히 『주역(周易)』에 뛰어났다. 신주(信州) 도일서원(道一書院) 산장(山長)을 지내고, 난계주학정(蘭溪州學正)이 되었는데 취임하지 않았다. 주자의 『주역본의(周易本義)』를 근거로 여러 설을 절충 · 시정하여 『주역본의통석(周易本義通釋)』 12권을 지었다. 처음 이름은 『주역본의정의(周易本義精義)』였고, 『통지당경해(通志堂經解)』에 들어있다. 이 밖에 『서집해(書集解)』, 『춘추집해(春秋集解)』, 『예서찬술(禮書纂述)』, 『사서통(四書通)』, 『대학지장도(大學指掌圖)』, 『오경회의(五經會義)』, 『이아운어(爾雅韻語)』 등이 있다.

[經1-2]

知止而后有定, 定而后能靜, 靜而后能安, 安而后能慮, 慮而后能得.
그칠 데를 안 뒤에 확정함이 있으니, 확정한 뒤에 고요할 수 있고, 고요한 뒤에 편안할 수 있으며, 편안한 뒤에 고려할 수 있고, 고려한 뒤에 얻을 수 있다.

朱註

'后'與'後'同, 後倣此. '止'者, 所當止之地, 卽至善之所在也.
'후(后)'자는 '후(後)'자와 같으니, 뒤도 마찬가지이다. '지(止)'는 마땅히 그쳐야 할 곳이니, 곧 지선(至善)이 있는 곳이다.

詳說

○ 『大全』曰 : "此'止'字, 接上文'止'字說下來."[73)]
『대학장구대전(大學章句大全)』에서 말하였다. "여기에서 '지(止)'자는 곧 앞의 본문인 '재지어지선(在止於至善)'에서 '지(止)'자를 연결해서 말한 것이다."

○ 註幷及'至善'釋之.
위 구절은 주석이 아울러 '지선(至善)'에까지 미쳐 그것을 풀이하였다.

朱註

知之, 則志有定向.
이것(마땅히 그쳐야 할 곳)을 안다면 의지에 확정된 방향이 있을 것이다.[74)]

---

73) 호광 편(胡廣 編), 『대학장구대전(大學章句大全)』에는 "此'止'字, 卽接上文'在止於至善'之'止'字說下來.(여기에서 '지(止)'자는 곧 앞의 본문인 '재지어지선(在止於至善)'에서 '지(止)'자를 연결해서 말한 것이다.)"라고 실려 있다.

74) 『주자어류(朱子語類)』 권14, 「대학1(大學一)」 126조목에는 "'그칠 데를 안 뒤에 정함이 있다.'는 반드시 '정함이 있다[有定]'라고 해야지, '정할 수 있다[能定]'라고 해서는 안 된다. 그러므로 앎은 사물에 정함이 있음을 말하는 것이다.('知止而後有定.' 必謂有定, 不謂能定, 故知是物有定說.)"라고 하였다. 이와 관련하여 125조목에는 "'그칠 데를 안 뒤에 정함이 있다'는 것은 모름지기 각각의 사물 모두를 다 이해한 후에 정함이 있다는 말이다. 만약 단지 한 가지 일과 한 가지 사물만 이해하고 다음날 별도로 한 가지 일을 이해한다면 곧 이해할 수 없게 된다. 이 도리는 모름지기 50~60% 이상을 이해해야 비로소 여기는 중요하고, 저기는 중요하지 않은 것을 나중에는 쉽게 깨달을 것이다. 현재 아직 절반 이상도 이해하지 못했다면, 힘을 소비하는 것이다. 모름지기 하나하나 이해했다가 점점 많아지게 되고 점차 관통하게 될 것이니 두 개가 합

詳說

○ 蒙上'止'字而省之.

'지지(知之)'에서 '지(之)'자는 앞의 '지(止)'자와 이어져서 생략하였다.

○ 朱子曰 : "知事物所當止之理."[75]

'지지(知之)'에 대해, 주자(朱子 : 朱熹)가 말하였다. "사물이 마땅히 그쳐야 할 곳으로서의 리(理)를 아는 것이다."

○ 欲行之志.

'즉지유정향(則志有定向)'에서 '지(志)'자는 실행하려고 하는 의지를 가리킨다.

○ 添'向'字.

'즉지유정향(則志有定向)'이라고 한 것은 '정(定)'자에 '향(向)'자를 보탠 것이다.

朱註

> 靜, 謂心不妄動; 安, 謂所處而安;
>
> 정(靜 : 고요함)은 마음이 함부로 움직이지 않음을 말하고, 안(安 : 편안함)은 처한 곳에 편안함을 말하며,

詳說

○ 上聲, 下同.

'위소처이안(謂所處而安)'에서 '처(處)'자는 상성(上聲)이고 아래도 마찬가지이다.

쳐져 하나가 되고, 얼마 안 있어 또 7~8개가 합하여 하나가 될 것이니, 모두 일제히 훤하게 꿰뚫게 된다. 이천이 말한 '관통'이라는 말은 신묘한 것이다. 만약 그가 스스로 이같이 되지 않았다면, 어떻게 이러한 말을 할 수 있었겠는가!('知止而後有定.' 須是事事物物都理會得盡, 而後有定. 若只理會得一事一物, 明日別有一件, 便理會不得. 這箇道理須是理會得五六分以上, 方見得這邊重, 那邊輕, 後面便也易了. 而今未理會到半截以上, 所以費力. 須是逐一理會, 少間多了, 漸會貫通, 兩箇合做一箇, 少間又七八箇合做一箇, 便都一齊通透了. 伊川說'貫通'字最妙. 若不是他自會如此, 如何說出這字!)"라고 하였고, 또한 127조목에는 "아직 그칠 데를 알지 못한다면 진실로 공부를 하고 다잡는데 힘써야 한다. 이미 그칠 데를 안다면 힘쓰는 게 쉬어진다.(未知止, 固用做工夫, 但費把捉. 已知止, 則爲力也易.)"라고 하였다.

75) 『주자어류(朱子語類)』 권14, 「대학1(大學一)」 163조목에는 "'知止', 是知事物所當止之理.('지지(知止 : 그칠 데를 안다)'는 사물이 마땅히 그쳐야 할 곳으로서의 리(理)를 아는 것이다.)"라고 되어 있다.

○ 朱子曰 : "無所擇於地而能安."[76]

'위소처이안(謂所處而安)'과 관련하여, 주자(朱子 : 朱熹)가 말하였다. "이 말은 어떤 곳이든 가리지 않고 편안할 수 있음을 뜻한다."

○ 又曰 : "定 · 靜 · 安相去不遠. 但有淺深耳.[77] 定以理言, 故曰有; 靜以心言, 故曰能.[78] 靜就心上說, 安就身上說.[79]"

'위소처이안(謂所處而安)'과 관련하여, 주자(朱子 : 朱熹)가 또 말하였다. "정(定 : 확정함), 정(靜 : 고요함), 안(安 : 편안함)은 서로 간의 거리가 멀지 않다. 다만 얕음과 깊음의 차이가 있을 뿐이다. 정(定 : 확정함)은 리(理)로써 말했기 때문에 '유(有 : 있다)'라고 했고, 정(靜)은 심(心)으로 말했기 때문에 '능(能 : 할 수 있다)'이라고 하였다. 정(靜)은 마음에서 말한 것이고, 안(安)은 몸에서 말한 것이다."

○ 栗谷曰 : "'所處而安'雖似指身, 實是所知之安耳."[80]

'위소처이안(謂所處而安)'과 관련하여, 율곡(栗谷 : 李珥)이 말하였다. "'처한 곳에 편안함'은 비록 몸을 가리켜서 말한 것 같지만 실은 아는 것이 편안하다는 뜻일 뿐이다."

○ 又曰 : "『孟子』'居之安', 合知行而言. 晦齋合而一之, 恐未安."[81]

---

76) 『주자어류(朱子語類)』 권14, 「대학1(大學一)」 149조목에는 "能安者, 隨所處而安, 無所擇地而安.(편안할 수 있다는 것은 처한 곳에 따라서 편안하여 어떤 곳이든 가리지 않고 편안한 것이다.)"라고 되어 있다.

77) 定 · 靜 · 安相去不遠, 但有淺深耳 : 『주자어류(朱子語類)』 권14, 「대학1(大學一)」 139조목에는 "'定而後能靜, 靜而後能安', 亦相去不遠. 但有深淺耳.('확정한 뒤에 고요할 수 있고, 고요한 뒤에 편안할 수 있다'라고 했으니, 또한 서로 간의 거리가 멀지 않다. 다만 얕음과 깊음의 차이가 있을 뿐이다.)"라고 되어 있다.

78) 定以理言, 故曰有; 靜以心言, 故曰能 : 『주자어류(朱子語類)』 권14, 「대학1(大學一)」 130조목.

79) 靜就心上說, 安就身上說 : 『주자어류(朱子語類)』 권14, 「대학1(大學一)」 135조목에는 "問 : ''安, 謂所處而安.' 莫是把捉得定時, 處事自不爲事物所移否?' 曰 : '這箇本是一意. 但靜是就心上說, 安是就身上說. 而今人心才不靜時, 雖有意去安頓那物事, 自是不安. 若是心靜, 方解去區處, 方解穩當.'(물었다. ''안(安 : 편안함)은 처한 곳에서 편안한 것을 말한다'라고 하였는데, 이것은 자신의 의지가 확정된 것을 굳게 잡았을 때 일을 처리하는 것이 저절로 사물에 의해 옮겨가지 않는다는 것이 아닙니까?' 주자가 대답하였다. '이것은 본래 한 가지 뜻이다. 단지 정(靜 : 고요함)은 마음에서 말한 것이고, 안(安)은 몸에서 말한 것이다. 이제 막 사람의 마음이 고요하지 않을 때는 비록 의도적으로 어떤 사태를 안정시켰다고 하더라도, 본래 편안하지 못한다. 만약 마음이 고요해지면 그제야 느슨해져서 일을 분별하여 처리하고, 그제야 온당하게 된다.')"라고 되어 있다.

80) 이이(李珥), 『율곡선생전서(栗谷先生全書)』 권14, 「회재대학보유후의(晦齋大學補遺後議)」.

81) 이이(李珥), 『율곡선생전서(栗谷先生全書)』 권14, 「회재대학보유후의(晦齋大學補遺後議)」에는

'위소처이안(謂所處而安)'과 관련하여, 율곡(栗谷 : 李珥)이 또 말하였다. "『맹자(孟子)』에서 '거지안(居之安 : 거처함이 편안함)'이라고 한 것[82]은 앎과 실행을 합쳐서 말한 것이다. 회재(晦齋 : 李彦迪[83])는 그것을 합쳐서 하나로 했으니 타당하지 않은 것 같다."

朱註

> **慮, 謂處事精詳.**
>
> 려(慮 : 고려함)는 일을 처리함에 정밀하고 상세히 하는 것을 말한다.[84]

"若『孟子』所謂'居之安', 則乃深造自得之效, 合知行而言, 不止於知一邊也. 然則『大學』'定·靜·安'之'安', 與『孟子』'居之安'之'安', 雖似相近, 而輕重不同. 晦齋合而一之, 恐是未安.(만약 『맹자(孟子)』에서 이른바 '거지안(居之安 : 거처함이 편안함)'이라면 곧 깊은 경지에 나아가 스스로 터득하는 효험으로써 앎과 실행을 합쳐서 말한 것이니, 앎 한쪽에만 그치지 않는다. 그렇다면 『대학(大學)』에서 '정(定 : 확정함), 정(靜 : 고요함), 안(安 : 편안함)'이라고 할 때의 '안(安)'은 『맹자(孟子)』에서 '거지안(居之安 : 거처함이 편안함)'이라고 할 때의 '안(安)'과 비록 서로 가까운 것 같지만 경중이 같지 않다. 회재(晦齋 : 李彦迪)는 그것을 합쳐서 하나로 했으니 타당하지 않은 것 같다.)"라고 되어 있다.

82) 『맹자(孟子)』에서 '거지안(居之安 : 거처함이 편안함)'이라고 한 것 : 『맹자(孟子)』「이루하(離婁下)」 제14장에서 "맹자가 말하였다. '군자가 도(道)로써 깊은 경지에 나아가는 것은 그 스스로 터득하려는 것이니, 스스로 터득하면 거처함이 편안하고, 거처함이 편안하면 그것에 의뢰함이 깊고, 의뢰함이 깊으면 좌우에서 취하여 그 근원을 만나게 된다. 그러므로 군자는 스스로 터득하려고 한다.'(孟子曰 : '君子深造之以道, 欲其自得之也, 自得之則居之安, 居之安則資之深, 資之深則取之左右, 逢其原, 故君子欲其自得之也.')"라고 하였다.

83) 이언적(李彦迪, 1491~1553) : 자는 복고(復古)이고, 호는 회재(晦齋)·자계옹(紫溪翁)이며, 원래 이름은 적(迪)이었으나 중종의 명령으로 언적(彦迪)으로 고쳤다. 시호는 문원(文元)이다. 본관은 여주이며, 경주에서 태어나 외숙인 손중돈(孫仲暾)에게 학문을 배웠다. 1514년(중종 9년) 문과에 급제하여 사헌부 지평·장령·밀양 부사·성균관 대사성·사헌부 대사헌·홍문관 부제학·전주 부윤 등을 역임하였다. 1547년 을사사화의 여파인 양재역벽서(良才驛壁書) 사건이 일어나 사람들이 다시 축출될 때 그도 연루되어 강계로 유배되었다. 27세 때 영남지방의 선배학자인 손숙돈(孫叔暾)과 조한보(曺漢輔) 사이에 벌어진 '무극태극(無極太極)' 논쟁에 참여하여, 주리적(主理的) 관점에 입각하여 이들의 견해를 모두 비판하였다. 그의 주리적 성리설은 그다음 세대인 이황(李滉)에게 계승되어 영남학파의 중요한 성리설이 되었으며, 조선 성리학의 한 특징을 이루게 되었다. 저서는 『구인록(求仁錄)』, 『봉선잡의(奉先雜儀)』, 『대학장구보유(大學章句補遺)』, 『속대학혹문(續大學惑問)』, 『중용구경연의(中庸九經演義』, 『회재집(晦齋集)』 등이 있다.

84) 『주자어류(朱子語類)』 권14, 「대학1(大學一)」 150조목의 경우, "여(慮)는 거듭 생각하여 상세하게 살피는 것이다.(慮, 是思之重復詳審者.)"라고 하였고, 151조목의 경우, "여(慮)는 기미를

詳說

○ 栗谷曰 : "晦齋'以慮爲思', 不應於物格 · 知至之後, 乃更有思底工夫也. 先賢以慮處於知行之間, 而謂之臨事更致精詳, 恐是不易之論也."[85)]

율곡(栗谷 : 李珥)이 말하였다. "회재(晦齋 : 李彦迪)가 '려(慮 : 고려함)를 사(思 : 생각함)로 여긴 것'은 사물이 궁구되고 앎이 이르게 된 뒤의 일과 상응하지 않으니, 또 다시 생각하는 공부가 있어야 한다. 선현들이 려(慮 : 고려함)를 앎과 실행의 사이에 두고 일에 임해서 더욱 정밀하고 상세하게 한다고 말했으니, 아마 바뀔 수 없는 논의일 것이다."

○ 尤菴曰 : "'處'是裁制量度之意."[86)]

'려, 위처사정상(慮, 謂處事精詳)'에서 '처(處)'자에 대해, 우암(尤菴 : 宋時烈)이 말하였다. "'처(處 : 처리함)'자는 마름질하고 헤아린다는 뜻이다."

○ 雲坪曰 : "'處'字是'慮'字之誤."

운평(雲坪 : 宋能相)[87)]이 말하였다. "'려, 위처사정상(慮, 謂處事精詳)'에서 '처(處 : 처리함)'자는 '려(慮 : 고려함)'자의 착오이다."

연구하는 것이다.(慮, 是硏幾. 閔祖.)"라고 하였다.

85) 이이(李珥), 『율곡선생전서(栗谷先生全書)』 권14, 「회재대학보유후의(晦齋大學補遺後議)」에는 "'以慮爲思', 雖不大悖, 但思是格物之路, 當初不思, 則無以知止而有定矣. 不應於物格 · 知至之後, 乃更有思底功夫也. 先賢以慮處於知行之間, 而謂之臨事更精詳云云, 恐是不易之論也.(회재(晦齋 : 李彦迪)가 '려(慮 : 고려함)를 사(思 : 생각함)로 여긴 것'은 비록 크게 잘못된 것은 아니지만 사(思)는 격물의 길이니, 애당초 생각하지 않는다면 그칠 데를 알아서 확정됨이 있을 수 없게 된다. 이것은 사물이 궁구되고 앎이 이르게 된 뒤의 일과 상응하지 않으니, 또 다시 생각하는 공부가 있어야 한다. 선현들이 려(慮)를 앎과 실행의 사이에 두고 일에 임해서 더욱 정밀하고 상세하게 한다는 등등으로 말했으니, 아마 바뀔 수 없는 논의일 것이다.)"라고 되어 있다.

86) 송시열(宋時烈), 『송자대전(宋子大全)』 권131, 「간서잡록(看書雜錄)」.

87) 송능상(宋能相, 1710~1758) : 본관은 은진(恩津)이고, 자는 사능(士能) · 사홍(士弘) · 사룡(士龍)이며, 호는 운평(雲坪) · 동해자(東海子)이다. 송시열(宋時烈)의 현손(玄孫)이고 한원진(韓元震)의 제자인데, 과거 공부를 하지 않은 채 학문에 전념하여 20여 세 때 이미 대학자가 되었으나, 윤봉구(尹鳳九) · 이재(李縡) · 임성주(任聖周) · 송환기(宋煥箕) 등 노론학자들과 교유하면서, 송시열, 권상하, 한원진으로 이어지는 학통의 학설과는 다른 주장을 하였다. 벼슬은 시강원 자의에 천거되어 장령(掌令), 집의(執義) 등을 역임하였다. 묘향산(妙香山)으로 들어가 은거하면서 『대학(大學)』을 강론하다가 세상을 떠났다고 한다. 저서에 『운평문집(雲坪文集)』이 있다.

○ 按:『語類』亦有曰‘慮者, 思之精審’. 然還取本字以訓其義, 註例所罕, 當以『章句』爲正.

내가 생각하건대, 『주자어류(朱子語類)』에서도 또한 ‘려(慮 : 고려함)라는 것은 생각이 정밀하고 자세한 것이다’라고 말한 내용이 있다.[88] 그러나 다시 본래의 글자를 취하여 그 의미를 훈고하는 것은 주석의 사례에서 드문 일이니, 마땅히 『대학장구(大學章句)』를 올바른 기준으로 삼는다.

○ 南塘曰 : “定 · 靜 · 安 · 慮, 皆當屬心說.”

남당(南塘 : 韓元震[89])이 말하였다. “경문에서 언급한 정(定 : 확정함), 정(靜 : 고요함), 안(安 : 편안함), 려(慮 : 고려함)는 모두 마땅히 심(心)에 소속시켜 말해야 한다.”

朱註

得, 謂得其所止.

득(得 : 얻다)은 그 그칠 곳을 얻는다는 것을 말한다.

詳說

○ 添‘止’字, 以照首句.

‘득, 위득기소지(得, 謂得其所止)’라고 한 것은 본문 ‘려이후능득(慮而后能得)’에 ‘지(止 : 그칠 곳)’자를 첨가하여 본문 첫 구절인 ‘지지이후유정(知止而后有定)’을

---

88) 『주자어류(朱子語類)』에서도 또한 ‘려(慮 : 고려함)라는 것은 생각이 정밀하고 자세한 것이다’라고 말한 내용이 있다 : 『주자어류(朱子語類)』 권14, 「대학1(大學一)」 143조목에 보인다.

89) 한원진(韓元震, 1682~1751) : 자는 덕소(德昭)이고, 호는 남당(南塘)이며, 시호는 문순(文純)이다. 본관은 청주(清州)이다. 송시열(宋時烈)의 학맥을 이은 서인 산림(山林) 권상하(權尙夏)의 제자로 과거에 뜻을 두지 않고 학문에 전념하였다. 1717년(숙종 43) 학행(學行)으로 천거되어 영릉참봉으로 관직에 나갔다가 경종 때에 노론(老論)이 축출될 때 사직하였다. 1725년(영조 1) 경연관으로 출사하였으나 영조에게 소론을 배척하다가 삭직되었다. 그 뒤 장령 · 집의에 임명되었지만 취임하지 않았으며, 이조판서에 추증되었다. 같은 문인인 이간(李柬) 등과 호락논쟁(湖洛論爭)을 일으켜, 호서 지역 학자들의 호론(湖論)을 이끌었다. 그 주장의 핵심은 사람이 오상(五常)을 모두 갖추었음에 비해 초목이나 금수와 같은 것은 그것이 치우치게 존재하여, 인성과 물성이 근본적으로 다르다는 것이었다. 이러한 주장은 사람과 금수의 근본적 차이를 강조하여 인간의 존엄성을 높이려는 생각에서 나온 것이다. 문집으로 『남당집(南塘集)』이 있으며, 송시열과 스승 권상하의 사업을 이어받아 50년 만에 『주자언론동이고(朱子言論同異攷)』(1741)를 완성하였다. 그 밖에 『역학답문(易學答問)』, 『의례경전통해보(儀禮經傳通解補)』 등 『주역(周易)』 관련 저술들과 『장자변해(莊子辨解)』 등의 편저들이 있다.

비추어 본 것이다.

◯ 朱子曰 : "'知止'如射者之於的, '得止'是已中其的."[90)]

주자(朱子 : 朱熹)가 말하였다. "'지지(知止 : 그칠 곳을 안다)'라는 것은 예컨대 활 쏘기에서 과녁과 같고, '득지(得止 : 그칠 곳을 터득한다)'라는 것은 이미 그 과녁을 맞추었다는 뜻이다."

◯ 又曰 : "定·靜·安·慮·得五者, 是功效次第, 不是工夫節目."[91)]

주자(朱子 : 朱熹)가 또 말하였다. "경문에서 언급한 정(定 : 확정함), 정(靜 : 고요함), 안(安 : 편안함), 려(慮 : 고려함), 득(得 : 얻음) 다섯 가지는 효험의 순서이지, 공부의 항목이 아니다."

◯ 又曰 : "定·靜·安皆容易進, 慮·得, 此最難進處. '安而後能慮', 非顏子不能之."[92)]

주자(朱子 : 朱熹)가 또 말하였다. "경문에서 언급한 정(定 : 확정함), 정(靜 : 고요함), 안(安 : 편안함)은 모두 쉽게 진전할 수 있다. 려(慮 : 고려함)와 득(得 : 얻음)은 가장 진전하기 어려운 것이다. '편안한 뒤에 고려할 수 있는 것'은 안자(顏子 : 顏回)가 아니면 그렇게 할 수 없다."

◯ 勉齋黃氏曰 : "曰知曰得, 止之兩端."[93)]

면재 황씨(勉齋黃氏 : 黃榦[94)])가 말하였다. "경문에서 안다고 하고 얻는다고 하는

---

90) 『주자어류(朱子語類)』 권14, 「대학1(大學一)」 161조목.

91) 주희(朱熹), 『주문공문집(朱文公文集)』 권49, 「답왕자합(答王子合)」.

92) 주희(朱熹), 『주문공문집(朱文公文集)』 권32, 「답장경부문목(答張敬夫問目)」에는 "'定·靜·安'三字雖分節次, 其實知止後皆容易進. '安而後能慮, 慮而後能得', 此最是難進處, 多是至安處住了. '安而後能慮', 非顏子不能之.('정(定 : 확정함), 정(靜 : 고요함), 안(安 : 편안함)'이라는 세 글자는 비록 절차가 나누어지지만 사실 그칠 곳을 안 뒤에는 모두 쉽게 진전할 수 있다. '편안한 뒤에 고려할 수 있고, 고려한 뒤에 얻을 수 있는 것'은 가장 진전하기 어려운 것이니, 대부분 편안한 곳에 머물러 버린다. '편안한 뒤에 고려할 수 있는 것'은 안자(顏子 : 顏回)가 아니면 그렇게 할 수 없다.)"라고 되어 있다.

93) 호광 편(胡廣 編), 『대학장구대전(大學章句大全)』.

94) 황간(黃幹 : 1152~1221) : 송나라 때의 학자로, 자가 직경(直卿)이고, 호가 면재(勉齋)·삼산(三山)이고, 시호가 문숙(文肅)이며, 복주 민현(福州閩縣) 사람이다. 황우(黃瑀)의 넷째 아들로 어려서부터 총영(聰穎)하였고, 1175년에 유청지(劉清之)에게 배움을 청하였는데 기발한 재능을 본 유청지가 주자에게 학업을 배우도록 권하여 주자의 문하에 들어가서 공부하였으며, 뒤에 주자의 사위가 되었다. 주자의 학문을 지극하게 터득하여 주자의 4대 제자 가운데 한 명으로 추존되었다. 저서로는 『황면재문집(黃勉齋文集)』 외에 『논어통석(論語通釋)』·『맹자강의(孟子講義)』 등이 포함된 『오경강의(五經講義)』·『사서기문(四書紀聞)』 등이 있으며, 『주자행장(朱子

것은 그치는 일의 두 단서이다."

○ 雙峰饒氏曰 : "定·靜·安, 在事未至之前, 慮是事方至之際. 四者乃'知止'所以至'能得'之脈絡."[95]

쌍봉 요씨(雙峰饒氏 : 饒魯)[96]가 말하였다. "정(定 : 확정함), 정(靜 : 고요함), 안(安 : 편안함)은 일이 아직 이르기 전이고, 려(慮 : 고려함)는 일이 막 이르렀을 때이다. 이 네 가지는 바로 '그칠 데를 알아서' 그것으로써 '얻을 수 있는' 것에 이르는 맥락이다."

○ 新安陳氏曰 : "明德·新民, 所以得止於至善, 其緊要在知止上. 蓋於事事物物皆知其所當止之理, 卽物格而知至也. 下又'致知'·'知至'之'知'字, 已張本於此."[97]

신안 진씨(新安陳氏 : 陳櫟)가 말하였다. "명덕(明德 : 밝은 덕)과 신민(新民 : 백성을 새롭게 함)은 그것으로써 지어지선(止於至善 : 지극한 선에 그침)을 얻으니, 그 긴요한 점은 그칠 곳을 아는 데 있다. 대개 모든 사물에 모두 그 마땅히 그쳐야 할 곳의 리(理)를 아는 일이 곧 사물이 궁구되고 앎이 이르는 것이다. 아래에 또 '치지(致知 : 앎을 다 이룸)'와 '지지(知至 : 앎이 이르름)'에서 '지(知 : 앎)'자는 이미 여기에서 기원한다."

行狀)』을 지었다.

95) 호광 편(胡廣 編), 『대학장구대전(大學章句大全)』.

96) 요로(饒魯, 1194~1264) : 송나라 때의 유학자로 요주의 여간 사람이며, 자는 중원(仲元)이며, 호는 쌍봉(雙峰)이다. 황간에게 학문을 배우고, 평생 동안 벼슬하지 않아 그의 사후 문인들이 그에게 사시(私諡)를 문원(文元)이라 올렸다. 저서로는 『오경강의』, 『논맹기문(論孟紀聞)』, 『춘추절전(春秋節傳)』, 『학용찬술(學庸纂述)』, 『근사록주(近思錄註)』, 『태극삼도(太極三圖)』, 『용학십이도(庸學十二圖), 『서명도(西銘圖)』 등이 있다.

97) 호광 편(胡廣 編), 『대학장구대전(大學章句大全)』에 진력(陳櫟)의 말로 "明德·新民, 所以得止於至善之由, 其緊要處先在知止上. 蓋於事事物物, 皆知其所當止之理, 卽物格而知至也. 下文'致知'·'知至'之'知'字, 已張本於此矣.(명덕(明德 : 밝은 덕)과 신민(新民 : 백성들을 새롭게 함)은 그것으로써 지어지선(止於至善 : 지극한 선에 그침)을 얻는 까닭이니, 그 긴요한 점은 먼저 그칠 곳을 아는 데 있다. 대개 모든 사물에 모두 그 마땅히 그쳐야 할 곳의 리(理)를 아는 일이 곧 사물이 궁구되고 앎이 이르는 것이다. 아래에 또 '치지(致知 : 앎을 다 이룸)'와 '지지(知至 : 앎이 이르름)'에서 '지(知 : 앎)'자는 이미 여기에서 기원한다.)"라고 실려 있다.

[經1-3]

物有本末, 事有終始, 知所先後, 則近道矣.

사물에는 근본과 말단이 있고, 일에는 시작과 끝이 있으니, 먼저 하고 뒤에 할 것을 알면 도(道)에 가까울 것이다.

朱註

明德爲本, 新民爲末. 知止爲始, 能得爲終. 本·始所先, 末·終所後.

명덕(明德 : 밝은 덕)은 근본이고, 신민(新民 : 백성들을 새롭게 함)은 말단이다. 지지(知止 : 그칠 곳을 아는 것)는 시작이고, 능득(能得 : 얻을 수 있는 것)은 마침이다. 근본과 시작은 먼저 해야 하는 것이고, 말단과 마침은 뒤에 해야 하는 것이다.

詳說

○ 朱子曰 : "以己之一物, 對天下之萬物, 便有內外."[98]

'명덕위본, 신민위말(明德爲本, 新民爲末)'과 관련하여, 주자(朱子 : 朱熹)가 말하였다. "자신의 하나의 물(物 : 對象)로써 천하의 만물과 대비하면 곧 안과 밖이 있다."

○ 知與得皆事而必有序.

'지지위시, 능득위종(知止爲始, 能得爲終)'으로 볼 때, 아는 것과 얻는 것은 모두 일이고, 반드시 순서가 있다.

○ '知所先後'一句總上二句.

본문에서 '지소선후(知所先後)'라는 구절은 앞의 두 구절 즉 '물유본말, 사유종시(物有本末, 事有終始)'라는 말을 총괄한다.

朱註

此結上文兩節之意.

---

98) 조순손(趙順孫), 『사서찬소』「대학찬소(大學纂疏)」에는 "『語錄』曰 : '明德·新民是物, 明德是理會己之物, 新民是理會天下之萬物. 以己之一物, 對天下萬物, 便有箇內外本末.'(『어록』에서 말하였다. '명덕(明德 : 밝은 덕)과 신민(新民 : 백성을 새롭게 함)은 물(物 : 對象)인데, 명덕은 자신의 물(物)을 이해하는 일이고, 신민(新民)은 천하 만물을 이해하는 일이다. 자신의 하나의 물(物)로써 천하 만물과 짝지으면 곧 안과 밖, 근본과 말단의 구별이 있게 된다.')"라고 실려 있다. 하지만 현행 『주자어류(朱子語類)』에는 보이지 않는다.

이는 위 글 두 절(節)의 뜻을 맺은 것이다.

詳說

○ 此節三句.

'차결상문량절지의(此結上文兩節之意)'에서 '차(此)'자는 이 절(節)의 세 구절 즉 '물유본말, 사유종시, 지소선후(物有本末, 事有終始, 知所先後)'를 가리킨다.

○ 玉溪盧氏曰 : "'物有本末'結第一節, '事有終始'結第二節, '知所先後, 則近道矣'兩句再總結兩節. 一'先'字起下六'先'字, 一'後'字起下七'後'字, 不特結上兩節, 亦所以起下文兩節之意."[99]

위 경문에 대해, 옥계 노씨(玉溪盧氏 : 盧孝孫)가 말하였다. "'물유본말(物有本末 : 사물에는 근본과 말단이 있다)'은 제1절을 결론지었고,[100] '사유종시(事有終始 : 일에는 시작과 끝이 있다)'는 제2절을 결론지었으며,[101] '지소선후, 즉근도의(知所先後, 則近道矣)'라는 두 구절은 제1절과 제2절 두 절(節)을 다시 총결하였다. '지소선후(知所先後)'에서 '선(先)'자는 아래 여섯 개의 '선(先)'자를 일으켰고,[102] '지소선후(知所先後)'에서 '후(後)'자는 아래 일곱 개의 '후(後)'자를 일으켰으니,[103] 단지 위 제1절과 제2절 두 절(節)을 결론지었을 뿐 아니라 또한 그것으로써 경문 아래 글 두 절(節)[104]의 뜻을 일으켰다."

○ 按 : 總結上兩節而歸其重於一'知'字, 此'知'字亦所以上結'知止'而下起'致知'.

내가 생각하건대, 경문 제1절과 제2절 두 절(節)을 총결하여 그 중점을 하나의

---

99) 호광 편(胡廣 編), 『대학장구대전(大學章句大全)』.

100) '물유본말(物有本末 : 사물에는 근본과 말단이 있다)'은 제1절을 결론지었고 : 여기에서 제1절은 [경1－1]인 "대학지도, 재명명덕, 재친민, 재지어지선(大學之道, 在明明德, 在親民, 在止於至善.)"을 가리킨다.

101) '사유종시(事有終始 : 일에는 시작과 끝이 있다)'는 제2절을 결론지었으며 : 여기에서 제2절은 [경1－2]인 "지지이후유정, 정이후능정, 정이후능안, 안이후능려, 려이후능득(知止而后有定, 定而后能靜, 靜而后能安, 安而后能慮, 慮而后能得.)"을 가리킨다.

102) 아래 여섯 개의 '선(先)'자를 일으켰고 : [경1－4] "古之欲明明德於天下者, 先治其國; 欲治其國者, 先齊其家; 欲齊其家者, 先修其身; 欲修其身者, 先正其心; 欲正其心者, 先誠其意; 欲誠其意者, 先致其知; 致知在格物."에서 여섯 개의 '선(先)'자를 가리킨다.

103) 아래 일곱 개의 '후(後)'자를 일으켰으니 : [경1－5] "物格而后知至, 知至而后意誠, 意誠而后心正, 心正而后身修, 身修而后家齊, 家齊而后國治, 國治而后天下平."에서 일곱 개의 '후(后)'자를 가리킨다.

104) 경문 아래 글 두 절(節) : [경1－4]와 [경1－5]를 가리킨다.

'지(知)'자에 귀결시켰으니, 이 '지(知)'자는 그것으로써 위로는 경문 제2절 '지지이후유정(知止而后有定)'에서 '지지(知止 : 그칠 데를 앎)'를 결론지었고, 아래로는 경문 제4절 '치지재격물(致知在格物)'에서 '치지(致知)'를 일으켰다.

○ 仁山金氏曰 : "不曰'此是大學之道', 而曰'近道', 蓋方是見得當行之路在面前, 而未行於道上, 所以只曰'近'."105)

경문에 대해, 인산 김씨(仁山金氏 : 金履祥)106)가 말하였다. "경문 '즉근도의(則近道矣)'에서 '차시대학지도(此是大學之道 : 이것은 대학의 도이다)'라 하지 않고 '근도(近道 : 도에 가깝다)'라고 한 것은, 대개 마땅히 걸어가야 할 길을 이제 막 눈앞에 보았지만 아직 그 길 위에 나서지 못했기 때문에, 다만 '근(近 : 가깝다)'이라고 말했을 뿐이다."

○ 按 : 此'道'字與篇首'道'字相爲呼應.

위 경문과 관련하여 내가 생각하건대, '즉근도의(則近道矣)'에서 '도(道)'자는 이 책 첫머리 '대학지도(大學之道)'에서 '도(道)'자와 서로 호응이 된다.

○ 栗谷曰 : "晦齋以'知止'·'物有'兩節移置於'格物'章, 文義似順, 而無乃窮理工夫有所遺漏乎?"107)

---

105) 호광 편(胡廣 編), 『대학장구대전(大學章句大全)』에 김이상(金履祥)의 말로 "不曰'此是大學之道', 而曰'近道', 蓋道者當行之路, 知所先後, 方是見得在面前而未行於道上, 所以只曰'近'.(경문 '즉근도의(則近道矣)'에서 '차시대학지도(此是大學之道 : 이것은 대학의 도이다)'라 하지 않고 '근도(近道 : 도에 가깝다)'라고 한 것은, 대개 도(道)라는 것은 마땅히 걸어가야 할 길이고 먼저 하고 뒤에 할 것을 알아서 비로소 이제 막 눈앞에 보았지만 아직 그 길 위에 나서지 못했기 때문에, 다만 '근(近 : 가깝다)'이라고 말했을 뿐이다.)"라고 실려 있다.

106) 김이상(金履祥, 1232~1303) : 이름은 상(祥)·개상(開祥)·이상(履祥)이고, 자는 길보(吉父)이며, 호는 차농(次農)이고, 자호는 동양숙자(桐陽叔子)이며, 시호는 문안(文安)이다. 송말원초 난계(蘭溪 : 현 절강성 난계시) 사람이다. 왕백(王柏)과 하기(何基)에게 배워 절동학파(浙東學派)와 금화학파(金華학파)의 중추가 되었으며 세칭 북산사선생(北山四先生) 가운데 한 사람이었다. 원나라가 들어서자 벼슬하지 않고 인산(仁山)에 은거하여 인산선생(仁山先生)이라 불렸다. 주돈이(周敦頤)와 정호(程顥)의 학문을 조종으로 삼아 의리(義理)를 궁구하였다. 왕백의 의경(疑經) 정신을 계승하여 『시』와 『서』를 의심했는데, 공자가 3000편을 300편으로 산정(刪定)했다는 설을 부정했고, 『고문상서(古文尚書)』는 후한 때 유자(儒者)들이 위작(僞作)한 것이라 주장하였다. 저서에 『상서주(尚書注)』, 『상서표주(尚書表注)』, 『논어맹자집주고증(論語孟子集注考證)』, 『대학장구소의(大學章句疏義)』, 『중용표주(中庸標注)』, 『자치통감전편(資治通鑑前編)』 등이 있다.

107) 이이(李珥), 『율곡선생전서(栗谷先生全書)』 권14, 「회재대학보유후의(晦齋大學補遺後議)」에는 "經文二節, 置之'格物'之章, 文義似順, 第未知必然否也. 但窮理者, 窮其所當然與其所以然,

율곡(栗谷 : 李珥)이 말하였다. "회재(晦齋 : 李彦迪)는 '지지이후유정, 정이후능정, 정이후능안, 안이후능려, 려이후능득(知止而后有定, 定而后能靜, 靜而后能安, 安而后能慮, 慮而后能得)'과 '물유본말, 사유종시, 지소선후, 즉근도의(物有本末, 事有終始, 知所先後, 則近道矣)'라는 두 구절을 '격물장(格物章)'에 옮겨 놓았는데, 글의 의미는 순조로운 것 같지만 어찌 이치를 궁구하는 공부에 누락됨이 있지 않겠는가?"

○ 按: 以此二節作'格致'傳, 則有不待'補亡'故云'似順'; 只及致知而不及格物, 故云'工夫有所遺漏'. 夫於彼已如此, 而若於此, 則八條目之末亦有結語, 不應於三綱領之下而獨無耳.

위의 의견에 대해, 내가 생각하건대, 이 '지지이후유정, 정이후능정, 정이후능안, 안이후능려, 려이후능득(知止而后有定, 定而后能靜, 靜而后能安, 安而后能慮, 慮而后能得)'과 '물유본말, 사유종시, 지소선후, 즉근도의(物有本末, 事有終始, 知所先後, 則近道矣)'라는 두 구절을 '격물(格物) · 치지(致知)'의 전(傳)으로 삼는다면 '보망(補亡 : 없어진 것을 보충함)'이 필요 없기 때문에 위에서 율곡은 '순조로운 것 같다'라고 말하였다. 그렇지만 다만 치지에만 미치고 격물에는 미치지 못하기 때문에 율곡은 또 '공부에 누락됨이 있다'라고 말하였다. 무릇 저기에서 이미 이와 같고 여기에서도 이와 같으면, 팔조목의 끝에도 또한 맺는말이 있어서 삼강령 아래에 유독 없는 것에 호응하지 않을 뿐이다.

○ 按: 明道改正本以「康誥」至'止於信'置此間.

내가 생각하건대, 명도(明道 : 程顥)의 『대학(大學)』 개정본에서는 「강고(康誥)」에서 '지어신(止於信)'까지[108]를 이 사이에 두었다.

而表裏精粗無所不盡, 則本末先後, 在其中矣. 若只窮其本末 · 始終而已, 則無乃窮理功夫有所遺漏乎?(경문의 두 개의 절(節) 즉 '지지이후유정, 정이후능정, 정이후능안, 안이후능려, 려이후능득(知止而后有定, 定而后能靜, 靜而后能安, 安而后能慮, 慮而后能得)'과 '물유본말, 사유종시, 지소선후, 즉근도의(物有本末, 事有終始, 知所先後, 則近道矣)'라는 두 구절을 '격물장(格物章)'에 두었는데, 글의 의미는 순조로운 것 같지만, 다만 꼭 그래야 하는지의 여부는 모르겠다. 그러나 이치를 궁구하는 것은 그 마땅히 그렇게 해야 하는 것과 그것이 그러한 까닭을 궁구하여 안과 밖, 정밀한 것과 거친 것을 모두 다 발휘하지 않음이 없어야 근본과 말단, 먼저 해야 할 것과 뒤에 해야 할 것이 그 가운데 있다. 만약 다만 그 근본과 말단, 처음과 마침만을 궁구할 뿐이라면 어찌 이치를 궁구하는 공부에 누락됨이 있지 않겠는가?)"라고 되어 있다.

108) 「강고(康誥)」에서 '지어신(止於信)'까지 : 『대학(大學)』 전(傳)1장 '「강고」왈, 극명덕(「康誥」曰, 克明德)'에서 전(傳)3장 '여국인교, 지어신(與國人交, 止於信)'까지를 말한다.

[經1-4]

古之欲明明德於天下者，先治其國；欲治其國者，先齊其家；欲齊其家者，先修其身；欲修其身者，先正其心；欲正其心者，先誠其意；欲誠其意者，先致其知；致知在格物.

옛날에 명덕(明德 : 밝은 덕)을 천하에 밝히려고 하는 사람은 먼저 그 나라를 다스리고, 그 나라를 다스리려고 하는 사람은 먼저 그 집안을 가지런히 하며, 그 집안을 가지런히 하려고 하는 사람은 먼저 그 몸을 수양하고, 그 몸을 수양하려고 하는 사람은 먼저 그 마음을 바로잡으며, 그 마음을 바로잡으려고 하는 사람은 먼저 그 뜻을 성실히 하고, 그 뜻을 성실히 하려고 하는 사람은 먼저 그 앎을 극진히 하였으니, 앎을 극진히 하는 것은 사물의 이치를 궁구함에 있다.

朱註

'治', 平聲, 後倣此.

'치(治)'자는 평성(平聲)이고, 뒤도 마찬가지이다.

詳說

○ '治'之音, 欲與下節相形, 故特著平聲.

위 구절에서 '치(治)'자의 음을 아래 절(節)과 서로 비교하려고 했기 때문에 특히 평성(平聲)임을 드러내었다.

○ '知'亦平聲, 後倣此.

위 본문에서 '지(知)'자도 평성(平聲)이고 뒤도 마찬가지이다.

○ '古'如「傳」文所云, 堯·湯·文王之世.

위 본문에서 '고(古 : 옛날에)'자는 예컨대 「전(傳)」의 글에서 말하는 요 임금·탕 임금·문왕의 시대와 같은 것이다.

朱註

明明德於天下者, 使天下之人皆有以明其明德也.

명덕(明德 : 밝은 덕)을 천하에 밝힌다는 것은 천하 사람에게 모두 그것으로써 그 명덕을 밝히도록 하는 일이다.

詳說

○ 各指己.

'사천하지인개유이명기명덕야(使天下之人皆有以明其明德也)'에서 '기(其)'자는 각각 자기 자신을 가리킨다.

○ 天下之人, 其心各不同, 而所得之性善則同, 故先覺者使之皆能明其固有之明德也.

'사천하지인개유이명기명덕야(使天下之人皆有以明其明德也)'라고 한 것은, 천하의 사람들은 그 심(心)이 각각 같지 않지만 하늘에서 얻은 성(性)이 선함은 같기 때문에 먼저 깨달은 사람은 그들에게 모두 그 자신이 고유한 밝은 덕을 밝힐 수 있도록 한다는 것이다.

○ 新安陳氏曰 : "本當云'欲平天下', 今乃言'明明德於天下'者, 新天下之民, 使之皆明其明德, 則天下無不平矣. '明明德'一言, 又爲綱領中綱領."[109]

신안 진씨(新安陳氏 : 陳櫟)[110]가 말하였다. "본래는 마땅히 '천하를 평안하게 하려면'이라고 해야 할 텐데, 이제 '명덕(明德 : 밝은 덕)을 천하에 밝히려면'이라고 말한 것은 천하의 백성들을 새롭게 해서 그들이 모두 그 밝은 덕을 밝히도록 하면 천하가 평안하지 않음이 없기 때문이다. '밝은 덕을 밝힌다'라는 말은 또 강령 중

---

109) 호광 편(胡廣 編), 『대학장구대전(大學章句大全)』에 진력(陳櫟)의 말로 "本當云'欲平天下者, 先治其國', 今乃以'明明德於天下'言之, 蓋以明德乃人己所同得, 明明德者, 明己之明德, 體也; 明明德於天下者, 新天下之民, 使之皆明其明德, 如此則天下無不平矣, 用也. 一言可以該大學之體用, 可見明明德, 又爲綱領中之綱領也.(본래는 마땅히 '천하를 평안하게 하려는 사람은 먼저 그 나라를 다스려야 한다'라고 해야 할 텐데, 이제 '명덕(明德 : 밝은 덕)을 천하에 밝히려면'이라고 말한 것은 밝은 덕은 남들이나 자신이 같이 얻은 것이니, 밝은 덕을 밝히는 것은 지신의 밝은 덕을 밝히는 것은 본체이고, 밝은 덕을 천하에 밝히는 사람은 천하의 백성들을 새롭게 해서 그들이 모두 그 밝은 덕을 밝히도록 하면, 이와 같이 하면 천하가 평안하지 않음이 없게 되어 작용이 되기 때문이다. 한마디 말로써 대학의 본체와 작용을 다 갖출 수 있으니, '밝은 덕을 밝힌다'라는 것은 또 강령 중의 강령이 된다는 것을 알 수 있다.)"라고 실려 있다.

110) 진력(陳櫟, 1252~1334) : 자는 수옹(壽翁)이고, 호는 정우(定宇) 또는 동부노인(東阜老人)이다. 송말원초 때 휘주(徽州) 휴녕(休寧) 사람이다. 송나라가 망하자 은거하여 학문과 제자 양성에 힘썼다. 학문 성향은 주희(朱熹)의 학문을 위주로 하면서 육구연(陸九淵)의 심학(心學)을 아울러 취하려 하였다. 인종(仁宗) 연우(延祐) 초에 향시(鄕試)에 급제했지만 예부시(禮部試)에 나가지 않고 집에서 학생들을 가르쳤다. 효성과 우애가 지극했고, 세력이나 이익에 휩쓸리지 않았다. 주희와 여러 학자의 학설을 채집하고 자신의 견해를 덧붙여 『상서집전찬소(尙書集傳纂疏)』를 저술하였다. 그 밖의 저서에 『사서발명(四書發明)』, 『예기집의(禮記集義)』, 『역조통략(歷朝通略)』, 『근유당수록(勤有堂隨錄)』, 『정우집(定宇集)』 등이 있다.

의 강령이다.”

◯ 按 : 必以‘明明德’言之者, 是綱領·條目間相承之線脈也, 以見八條是三綱之目也. 내가 생각하건대, 굳이 ‘밝은 덕을 밝힌다’라는 것으로써 말한 것은 강령과 조목 사이를 서로 잇는 맥락으로서 팔조목이 삼강령의 항목임을 보인 것이다.

◯ 新安吳氏曰 : “由此推之, 則治國是明明德於一國也. 齊家是明明德於一家也.”[111) 신안 오씨(新安吳氏 : 吳浩)[112)가 말하였다. “이것으로부터 미루어 보면, 나라를 다스리는 것은 밝은 덕을 한 나라에 밝히는 것이고, 집안을 가지런히 하는 것은 밝은 덕을 한 집안에 밝히는 것이다.”

朱註

心者, 身之所主也. 誠, 實也; 意者, 心之所發也. 實其心之所發, 欲其必自慊而無自欺也.

심(心)은 몸의 주인이다. 성(誠)은 성실함이고, 의(意)는 마음이 발현한 것이다. 그 마음이 발현한 것을 성실히 하여, 반드시 스스로 만족하고 스스로 기만함이 없도록 하려는 것이다.

詳說

◯ 雲峰胡氏曰 : “『中庸』言誠身, 是兼誠意·正心·修身而言, 謂身之所爲者實; 此言誠意, 是欲心之所發者實. 『章句』凡兩言‘所發’, ‘因其所發而遂明之’, 性發而爲情也; ‘實其心之所發’, 心發而爲意也. 朱子嘗曰, ‘情如舟車, 意如人使舟車.’ 然則性發爲情, 其初無有不善, 卽當加明之之功; 心發爲意, 便有善不善, 不可不加誠之之功.”[113)

111) 호광 편(胡廣 編), 『대학장구대전(大學章句大全)』에 오호(吳浩)의 말로 “由此推之, 則治國是欲明明德於一國, 齊家是欲明明德於一家也.(이것으로부터 미루어 보면, 나라를 다스리는 것은 밝은 덕을 한 나라에 밝히려는 것이고, 집안을 가지런히 하는 것은 밝은 덕을 한 집안에 밝히려는 것이다.)”라고 실려 있다.

112) 오호(吳浩, 생몰년 미상) : 송나라 때의 학자로, 자가 의부(義夫)이고, 호는 직헌(直軒)이며, 신안(新安) 사람이다. 오석주(吳錫疇 : 1215~1276)의 아들로 벼슬하지 않았으며, 저서로는 『대학강의(大學講義)』 등이 있다.

113) 호병문(胡炳文), 『사서통(四書通)』「대학통(大學通)」에는 “『中庸』言誠身, 『大學』但言誠意. 誠身是連誠意·正心·修身都說了, 是說身之所爲者實; 此則欲心之所發者實. 『章句』‘所發’二字, 凡兩言之, ‘因其所發而遂明之’者, 性發而爲情也; ‘實其心之所發’者, 心發而爲意也. 朱子嘗曰, ‘情是發出恁地, 意是主張要恁地. 情如舟車, 意如人使那舟車一般.’ 然則性發爲情, 其初無有不

'심자, 신지소주야. 성, 실야; 의자, 심지소발야(心者, 身之所主也. 誠, 實也; 意者, 心之所發也)'와 관련하여, 운봉 호씨(雲峯胡氏 : 胡炳文)가 말하였다. "『중용(中庸)』에서는 성신(誠身 : 몸을 성실하게 한다)을 말한 것은 성의(誠意) · 정심(正心) · 수신(修身)을 겸해서 말하는 것이니 몸이 하는 것이 실질됨을 말하고, 여기에서 성의(誠意)를 말한 것은 심(心)이 발현된 것을 실질되게 하려는 것이다. 『대학장구(大學章句)』에서 '소발(所發 : 발현한 것)'이라는 말을 모두 두 번 말했는데, '그것이 발현한 것에 따라서 마침내 그것을 밝힌다'라고 한 것은 성(性)이 발현하여 정(情)이 된다는 뜻이고, '그 심(心)이 발현한 것을 실질되게 한다'라는 것은 심(心)이 발현하여 의(意 : 뜻)가 된다는 뜻이다. 주자는 일찍이 '정(情)은 마치 배나 수레와 같고, 의(意)는 마치 사람이 배나 수레를 부리는 것과 같다'라고 말하였다. 그렇다면 성(性)이 발현하여 정(情)이 될 때, 애초에는 선하지 않음이 없으니 곧 그것을 밝히는 공부를 해야 하고, 심(心)이 발현하여 의(意)가 될 때는 곧 선함도 있고 선하지 못함도 있으니 그것을 성실하게 하는 공부를 하지 않을 수 없다."

○ 栗谷曰 : "性發爲情, 心發爲意, 意各有在, 非分心 · 性爲二用, 而後人遂以情 · 義爲二岐.114)"115)

善, 卽當加夫明之之功, 是體統說; 心發而爲意, 便有善有不善, 不可不加夫誠之之功, 是從念頭說.(『중용(中庸)』에서는 성신(誠身 : 몸을 성실하게 한다)을 말했고, 『대학(大學)』에서는 단지 성의(誠意 : 뜻을 성실하게 한다)만을 말하였다. 성신(誠身)은 성의(誠意) · 정심(正心) · 수신(修身)까지 모두 말하는 것이니 몸이 하는 것이 실질됨을 말하고, 성의(誠意)는 심(心)이 발현된 것을 실질되게 하려는 것이다. 『대학장구(大學章句)』에서 '소발(所發 : 발현한 것)'이라는 말을 모두 두 번 말했는데, '그것이 발현한 것에 따라서 마침내 그것을 밝힌다'라고 한 것은 성(性)이 발현하여 정(情)이 된다는 뜻이고, '그 심(心)이 발현한 것을 실질되게 한다'라는 것은 심(心)이 발현하여 의(意 : 뜻)가 된다는 뜻이다. 주자는 일찍이 '정(情)은 그렇게 발현해 나오는 것이고, 의(意)는 그렇게 하려고 주장하는 것이다. 정(情)은 마치 배나 수레와 같고, 의(意)는 마치 사람이 그 배나 수레를 부리는 것과 같다'라고 말하였다. 그렇다면 성(性)이 발현하여 정(情)이 될 때, 애초에는 선하지 않음이 없으니 곧 그것을 밝히는 공부를 해야 한다는 것은 체계로써 말하는 것이고, 심(心)이 발현하여 의(意)가 될 때는 곧 선함도 있고 선하지 못함도 있으니 그것을 성실하게 하는 공부를 하지 않을 수 없다는 것은 생각 측면에서 말하는 것이다.)"라고 되어 있다.

114) 而後人遂以情 · 義爲二岐 : 여기에서 '의(義)'자는 이이(李珥), 『율곡선생전서(栗谷先生全書)』 권20, 「성학집요(聖學輯要)2 · 수기(修己) 제2상」에 의하면 '의(意)'자로 되어 있다. 내용과 문맥상으로도 '의(意)'자가 적절하기 때문에 여기에서는 '의(意)'자로 풀이한다.

115) 이이(李珥), 『율곡선생전서(栗谷先生全書)』 권20, 「성학집요(聖學輯要)2 · 수기(修己) 제2상」에는 "性發爲情, 心發爲意云者, 意各有在, 非分心 · 性爲二用, 而後人遂以情 · 意爲二岐.(성(性)

'심자, 신지소주야. 성, 실야; 의자, 심지소발야(心者, 身之所主也. 誠, 實也; 意者, 心之所發也)'와 관련하여, 율곡(栗谷 : 李珥)이 말하였다. "성(性)이 발현하여 정(情)이 되고, 심(心)이 발현하여 의(意)가 된다고 하는 것은 뜻이 각각 존재하니, 심(心)과 성(性)을 두 가지 작용으로 나눈 것이 아닌데, 후세 사람들이 마침내 정(情)과 의(意)를 두 갈래로 생각하였다."

○ 苦劫反.

'욕기필자겸이무자기야(欲其必自慊而無自欺也)'에서 '겸(慊)'자는 '고(苦)'와 '겁(劫)'의 반절이다.

○ 新安陳氏曰 : "'必自慊'本作'一於善'. 庚申三月辛酉, 文公絶筆所更定, 甲子易簀. '一於善'似是歇後語, 不若'必自慊'對'無自欺'. 以「傳」語釋「經」語, 痛快該備, 跌撲不破."116)

이 발현하여 정(情)이 되고, 심(心)이 발현하여 의(意)가 된다고 운운하는 것은 뜻이 각각 존재하니, 심(心)과 성(性)을 두 가지 작용으로 나눈 것이 아닌데, 후세 사람들이 마침내 정(情)과 의(意)를 두 갈래로 생각하였다.)"라고 되어 있다.

116) 호광 편(胡廣 編), 『대학장구대전(大學章句大全)』에 진력(陳櫟)의 말로 "諸本皆作'欲其一於善而無自欺也', 惟祝氏附錄本, 文公適孫鑑, 書其卷端云, '四書元本, 則以鑑向得先公晩年絶筆所更定, 而刊之興國者爲據.' 此本獨作'必自慊而無自欺', 可見絶筆所更定, 乃改此三字也. 按『文公年譜』, 謂慶元庚申四月辛酉, 公改'誠意'章句, 甲子公易簀. 今觀'誠意'章, 則祝本與諸本無一字殊, 惟此處有三字異, 是所改正在此耳. '一於善'之云, 固亦有味, 但必惡惡如惡惡臭, 好善如好好色, 方自快足於己; 如好仁必惡不仁, 方爲眞切. 若曰'一於善', 包涵不二於惡之意, 似是歇後語, 語意欠渾成的當, 不若必自慊對無自欺. 只以「傳」語釋「經」語, 痛快該備, 跌撲不破也. 況『語錄』有云, '誠與不誠, 自慊與自欺, 只爭毫釐之間. 自慊則一, 自欺則二, 自慊正與自欺相對. '誠意'章只在兩箇'自'字上用功.' 觀朱子此語, 則可見矣.(여러 판본에는 모두 '욕기일어선이무자기야(欲其一於善而無自欺也 : 선함에 한결같아서 스스로 기만함이 없도록 하려고 한다)'라고 되어 있는데, 오직 축씨(祝氏 : 祝洙)의 부록본(附錄本 : 『사서부록(四書附錄)』)에 문공(文公 : 朱熹)의 적손(適孫)이 교감하면서 그 책 첫머리에 '사서(四書)의 원본(元本)은 예전에 선공(先公) 만년에 절필(絶筆)하면서 다시 고쳐 확정하여 흥국(興國)에서 간행한 것을 얻어서 근거로 삼아 교감하였다.'라고 하였다. 이 판본에 유독 '필자겸이무자기(必自慊而無自欺 : 반드시 스스로 만족하고 스스로 기만함이 없도록 하려는 것이다)'라고 되어 있으니, 절필하면서 다시 고쳐 확정한 것은 이 세 글자를 고친 것임을 알 수 있다. 『문공연보(文公年譜)』에 의거하면, 경원(慶元) 경신(庚申 : 1200년) 4월 신유(辛酉)에 공(公 : 주희)은 『대학장구(大學章句)』 '성의(誠意)' 장구(章句)를 고치고, 갑자(甲子)에 돌아가셨다고 한다. 이제 '성의장(誠意章)'을 보면 축씨(祝氏 : 祝洙)의 판본과 여러 판본이 한 글자도 다른 것이 없는데 오직 이곳의 세 글자가 다름이 있으니, 바로잡아 고친 것은 이곳일 뿐이다. '일어선(一於善 : 선함에 한결같다)'이라고 한 말은 본디 그 또한 의미가 있지만 반드시 악을 미워하기를 악취를 싫어하는 것같이 하고

'욕기필자겸이무자기야(欲其必自慊而無自欺也)'와 관련하여, 신안 진씨(新安陳氏 : 陳櫟)가 말하였다. "'필자겸(必自慊 : 반드시 스스로 만족하고)'은 본래 '일어선(一於善 : 선함에 한결같다)'이라고 되어 있었다. 이것은 경신(庚申 : 1200년) 3월 신유(辛酉)에 문공(文公 : 주희)이 절필하면서 다시 고쳐 확정한 것이고, 갑자(甲子)에 돌아가셨다. '일어선(一於善)'이라는 말은 뒤의 말을 생략한 것 같아서, 반드시 스스로 만족하는 것으로써 스스로 기만함이 없는 것에 짝 지우는 것만 못하다. 「전(傳)」의 말로써 「경(經)」의 말을 풀이하는 것이 통쾌하게 두루 갖추어서 넘어뜨려도 부서지지 않을 것이다."

○ 渼湖曰 : "此'無'字與'誠意'章之'毋'字不同, 此以極功言, 彼以工夫言."

'욕기필자겸이무자기야(欲其必自慊而無自欺也)'와 관련하여, 미호(渼湖 : 金元行)[117]가 말하였다. "여기의 '무(無)'자는 '성의장(誠意章)'의 '무(毋)'자[118]와 같지 않으니, 여기에서는 지극한 공로로 말했고 저기에서는 공부로 말하였다."

선을 좋아하기를 좋은 색을 좋아하듯이 해야만 비로소 스스로 자신에게 만족스런 느낌이 있고, 인(仁)을 좋아하는 것이 반드시 인(仁)하지 않는 것을 미워하듯이 해야 비로소 진실되고 절실할 것이다. 만약 '선함에 한결같다'라고 말하는 것이 악함에 둘로 나누어지지 않는다는 뜻을 포함하면, 이것은 뒤의 말을 생략한 것 같아서 글의 뜻에 혼연히 적절함이 부족하니, 반드시 스스로 만족하는 것으로써 스스로 기만함이 없는 것에 짝 지우는 것만 못하다. 다만 「전(傳)」의 말로써 「경(經)」의 말을 풀이하는 것이 통쾌하게 두루 갖추어서 넘어뜨려도 부서지지 않을 것이다. 게다가 『어록』에서 '성실함과 성실하지 않음, 스스로 만족함과 스스로 기만함은 다만 아주 작은 차이를 다툴 뿐이다. 스스로 만족하면 한결같고, 스스로 기만하면 둘이 되니, 스스로 만족함은 꼭 스스로 기만함과 짝이 된다. 성의장(誠意章)은 다만 두 개의 자(自 : 스스로)라는 글자에서 노력하는 것일 뿐이다'라고 했으니, 주자의 이 말을 살펴보면 알 수 있을 것이다.)"라고 실려 있다.

117) 김원행(金元行, 1702~1772) : 본관은 안동(安東)이고, 자는 백춘(伯春)이며, 호는 미호(渼湖)·운루(雲樓)이고, 시호는 문경(文敬)이다. 1719년 진사에 급제하였지만 사화로 가족이 유배되어 죽음을 당하자, 벼슬할 뜻을 버리고 학문에 전념하였다. 이재(李縡)의 문인으로 김창협(金昌協)의 학설을 계승하였다. 제자로는 아들 김이안(金履安)과 박윤원(朴胤源)·오윤상(吳允常)·홍대용(洪大容)·황윤석(黃胤錫) 등이 있다. 저서에 『미호집(渼湖集)』이 있다.

118) '성의장(誠意章)'의 '무(毋)'자 : 『대학장구(大學章句)』「전(傳)6장」에서 "이른바 그 뜻을 성실히 한다는 것은 스스로 기만하지 말도록 하는 것이니, 악을 미워하기를 나쁜 냄새를 싫어하는 것과 같이 하고, 선을 좋아하기를 좋은 색(色)을 좋아하는 것과 같이 하여야 한다. 이것을 스스로 만족함이라고 한다. 그러므로 군자는 반드시 그 홀로 있을 때를 삼간다.(所謂誠其意者, 毋自欺也, 如惡惡臭, 如好好色. 此之謂自謙. 故君子必愼其獨也.)"라고 한 것에서 '무(毋)'자를 가리킨다.

朱註

致, 推極也. 知, 猶識也. 推極吾之知識, 欲其所知無不盡也.

치(致)는 끝까지 미루어가는 것이다. 지(知)는 식(識 : 앎)과 같으니, 나의 지식을 끝까지 미루어가서 그 아는 것이 다하지 않음이 없도록 하려는 뜻이다.

詳說

○ 朱子曰 : "如'喪致乎哀'之'致', 言推之而至於盡也."

'치, 추극야(致, 推極也)'와 관련하여, 주자(朱子 : 朱熹)가 말하였다. "여기에서 '치(致)'자는 마치 '상치호애(喪致乎哀)'[119]에서 '치(致)'자와 같으니, 미루어가서 다하는 데까지 이른다는 것을 말한다."

○ 南塘曰 : "'推極'之'極', 以用力言; '極處'之'極', 以地頭言. 小註以'極處'解'推極', 誤矣."

'치, 추극야(致, 推極也)'와 관련하여, 남당(南塘 : 韓元震)이 말하였다. "'추극(推極 : 끝까지 미루어감)'에서 '극(極)'자는 힘을 쓰는 것으로써 말하였고, '극처(極處 : 지극한 곳)'에서 '극(極)'자는 어떤 곳으로써 말한 것이다. 소주(小註)에서 '극처(極處 : 지극한 곳)'로써 '추극(推極 : 끝까지 미루어감)'을 풀이한 것[120]은 잘못이다."

○ 農巖曰 : "'致知'之'知', 非難曉而特訓, 以別於'仁智'之'知'."[121]

'지, 유식야(知, 猶識也)'와 관련하여, 농암(農巖 : 金昌協)이 말하였다. "'치지(致知 : 앎을 극진히 함)'에서 '지(知)'자는 이해하기 어려운 것이 아닌데 『대학장구(大學章句)』에서 특별히 훈고한 것은 '인·지(仁·智)'[122]에서 '지(智)'자와 구별하려고

119) '상치호애(喪致乎哀)' : 『논어(論語)』「자장(子張)」 제14장에서 "자유(子游)가 말하였다. '상례(喪禮)는 슬픔을 극진히 할 뿐이다.'(子游曰 : '喪致乎哀而止.')"라고 하였다.

120) 소주(小註)에서 '극처(極處 : 지극한 곳)'로써 '추극(推極 : 끝까지 미루어감)'을 풀이한 것 : 호광 편(胡廣 編), 『대학장구대전(大學章句大全)』 소주(小註)에서 "미루어가서 지극한 곳에 이르는 것이다.(推之以至極處)"라고 한 구절을 가리킨다.

121) 김창협(金昌協), 『농암집(農巖集)』 권32, 「잡지(雜識)·내편(內篇) 2」에는 "『大學』'致知'之'知', 其義非難曉也. 而『章句』特訓云'猶識也', 舊頗疑之, 近思之, 恐以別於'仁智'之'智'也.(『대학(大學)』의 '치지(致知 : 앎을 극진히 함)'에서 '지(知)'자는 그 의미가 이해하기 어려운 것이 아니다. 『대학장구(大學章句)』에서 특별히 훈고하여 '유식야(猶識也 : 식(識 : 앎)과 같다)'라고 했는데, 예전에는 그것을 자못 의심했지만 근래 생각해 보니 아마 '인·지(仁·智)'에서 '지(智)'자와 구별하려고 했기 때문일 것이다.)라고 되어 있다.

122) 인·지(仁·智) : 『맹자(孟子)』「공손추하(公孫丑下)」 제9장에서 "진가(陳賈)가 말하였다. '왕(王)은 염려하지 마십시오. 왕께서 스스로 생각하시기에 주공(周公)과 비교할 때 누가 더 인

했기 때문이다.”

○ 南塘曰 : “‘致知’之‘知’, 擧全體言; ‘所知’之‘知’, 逐事而言.”

남당(南塘 : 韓元震)[123]이 말하였다. “‘치지(致知 : 앎을 극진히 함)’에서 ‘지(知)’자는 전체를 들어서 말한 것이고, ‘욕기소지무부진야(欲其所知無不盡也)’에서 ‘소지(所知 : 아는 것)’의 ‘지(知)’자는 매 일에 따라서 말한 것이다.”

○ 朱子曰 : “致知是全體說, 格物是零碎說.”[124]

(仁)하고 또 지(智 : 지혜롭다)하다고 여기십니까?’ 왕(王)이 말하였다. ‘아! 이 무슨 말인가?’ 진가(陳賈)가 말하였다. ‘주공(周公)이 관숙(管叔)에게 은(殷)나라를 감독하도록 하였는데, 관숙이 은나라를 가지고 배반하였으니, 주공이 이것을 알고 시켰다면 이는 불인(不仁)함이고, 알지 못하고 시켰다면 이는 부지(不智)함입니다. 인(仁)과 지(智)는 주공도 다하지 못하였는데, 하물며 왕(王)에게서는 어떻겠습니까? 제가 맹자를 만나서 해명하겠습니다.’(陳賈曰 : ‘王無患焉. 王自以爲與周公孰仁且智?’ 王曰 : ‘惡! 是何言也?’ 曰 : ‘周公使管叔監殷, 管叔以殷畔, 知而使之, 是不仁也; 不知而使之, 是不智也. 仁 · 智, 周公未之盡也, 而況於王乎? 賈請見而解之.’)”라고 하면서, ‘인 · 지(仁 · 智)’에 대해 말하였다.

123) 한원진(韓元震, 1682~1751) : 자는 덕소(德昭)이고, 호는 남당(南塘)이며, 시호는 문순(文純)이다. 본관은 청주(清州)이다. 송시열(宋時烈)의 학맥을 이은 서인 산림(山林) 권상하(權尙夏)의 제자로 과거에 뜻을 두지 않고 학문에 전념하였다. 1717년(숙종 43) 학행(學行)으로 천거되어 영릉참봉으로 관직에 나갔다가 경종 때에 노론(老論)이 축출될 때 사직하였다. 1725년(영조 1) 경연관으로 출사하였으나 영조에게 소론을 배척하다가 삭직되었다. 그 뒤 장령 · 집의에 임명되었지만 취임하지 않았으며, 이조판서에 추증되었다. 같은 문인인 이간(李柬) 등과 호락논쟁(湖洛論爭)을 일으켜, 호서 지역 학자들의 호론(湖論)을 이끌었다. 그 주장의 핵심은 사람이 오상(五常)을 모두 갖추었음에 비해 초목이나 금수와 같은 것은 그것이 치우치게 존재하여, 인성과 물성이 근본적으로 다르다는 것이었다. 이러한 주장은 사람과 금수의 근본적 차이를 강조하여 인간의 존엄성을 높이려는 생각에서 나온 것이다. 문집으로 『남당집(南塘集)』이 있으며, 송시열과 스승 권상하의 사업을 이어받아 50년 만에 『주자언론동이고(朱子言論同異攷)』(1741)를 완성하였다. 그 밖에 『역학답문(易學答問)』, 『의례경전통해보(儀禮經傳通解補)』 등 『주역(周易)』 관련 저술들과 『장자변해(莊子辨解)』 등의 편저들이 있다.

124) 『주자어류(朱子語類)』 권15, 「대학2(大學二)」 44조목. 치지(致知)와 격물(格物)에 관한 간략한 정돈을 보면, 『주자어류(朱子語類)』 권15, 「대학2(大學二)」 6조목의 경우, “‘치지’ 공부는 단지 이미 아는 것에 근거하고, 글의 깊은 뜻을 곰곰이 생각하여 찾고, 미루어 넓혀가는 것일 뿐이다. 마음에 갖추어진 것은 본래 부족함이 없다.(致知工夫, 亦只是且據所已知者, 玩索推廣將去. 具於心者, 本無不足也.)”라고 하였고, 11조목에서는 “격물이란, ‘본성’으로 말하자면 마땅히 그 무엇을 본성이라 하는지 미루어 알아야만 하는 것과 같고, ‘마음’으로 말하자면 마땅히 그 무엇을 마음이라 하는지 미루어 알아야만 하는 것과 같으니, 다만 이렇게 하는 것이 바로 격물이다.(格物者, 如言性, 則當推其如何謂之性 ; 如言心, 則當推其如何謂之心, 只此便是格物.)”라고 하였다. 43조목에는 “격물은 사물을 따라 헤아려가는 것이다. 치지는 미루어 헤아

주자(朱子 : 朱熹)가 말하였다. "치지(致知)는 전체로 말한 것이고, 격물(格物)은 자잘한 것으로 말한 것이다."

○ 又曰 : "致知以心言, 格物以理言."125)

주자(朱子 : 朱熹)가 또 말하였다. "치지(致知)는 심(心)으로써 말한 것이고, 격물(格物)은 리(理)로써 말한 것이다."

○ 又曰 : "物理窮得愈多, 則我之知愈廣. 其實只是一理, 纔明彼卽曉此."126)

주자(朱子 : 朱熹)가 또 말하였다. "사물의 이치에 대해 궁구한 것이 많으면 많을수록 나의 앎은 더욱 넓어진다. 사실 다만 하나의 리(理)일 뿐이지만 저것을 밝히자마자 곧 이곳도 이해가 된다."

○ 尤菴曰 : "致知 · 格物只是一事, 如磨鏡者, 掃去塵垢, 是所謂磨鏡也. 物格者, 垢去之謂也; 知至者, 鏡明之謂也."127)

우암(尤菴 : 宋時烈)128)이 말하였다. "치지(致知)와 격물(格物)은 다만 하나의 일일 뿐이니, 이것은 마치 거울을 닦는 것과 같아서 먼지를 제거하는 일이 이른바 거울을 닦는 일이라는 것이다. 사물이 궁구되는 것은 먼지가 제거되는 것을 말하고, 앎이 이르는 것은 거울이 밝아졌다는 것을 말한다."

림이 점점 확대되는 것이다.(格物, 是逐物格將去 ; 致知, 則是推得漸廣.)"라고도 하였다.

125) 『주자어류(朱子語類)』 권15, 「대학2(大學二)」 49조목.

126) 『주자어류(朱子語類)』 권18, 「대학5(大學五)」 33조목.

127) 송시열(宋時烈), 『송자대전(宋子大全)』 권81, 「답조복형(答趙復亨)」에는 "鄙意只以致知 · 格物, 只是一事, 非是旣去格物, 又却致知. 正如磨鏡者, 掃去塵垢, 是所謂磨鏡非有別樣事也. …… 若曰物格者, 垢去之謂也; 知至者, 鏡明之謂也云爾, 則義意明暢耳.(내 생각에 다만 치지(致知)와 격물(格物)은 다만 하나의 일일 뿐이기 때문에 이미 격물하고 나서 또 도리어 치지하는 것은 아니다. 이것은 마치 거울을 닦는 것과 같아서 먼지를 제거하는 일이 이른바 거울을 닦는 일이지 다른 일이 있는 것이 아닌 것과 같다. …… 만약 사물이 궁구되는 것이라면 이것은 먼지가 제거되는 것을 말하고, 앎이 이르는 것이라면 이것은 거울이 밝아졌다는 것을 말할 뿐이니, 그 의미가 분명하다.)"라고 되어 있다.

128) 송시열(宋時烈 : 1607~1689) : 본관이 은진(恩津)으로 자가 영보(英甫), 호가 우암(尤庵) 또는 우재(尤齋), 시호가 문정(文正)이다. 저서로는 『송자대전(宋子大全)』 외에 『주자대전차의(朱子大全箚疑)』 · 『주자어류소분(朱子語類小分)』 · 『이정서분류(二程書分類)』 등이 있다.

朱註

格，至也.

격(格)은 이르는 것이다.

詳說

○ **朱子曰："如'格于文祖'之格，言窮之而至其極也."**[129)]

주자(朱子：朱熹)가 말하였다. "여기에서 '격(格)'자는 예컨대 '격우문조(格于文祖：문조(文祖：요 임금 시조의 사당)에 이르렀다)'[130)]에서 '격(格)'자와 같으니, 그것을 궁구하여 그 지극한 데 이르는 것을 말한다."

○ **栗谷曰："格物之格，'窮'字意多；物格之格，至字意多."**[131)]

율곡(栗谷：李珥)이 말하였다. "격물(格物)의 격(格)은 '궁(窮：궁구하다)'자의 뜻이 많고, 물격(物格)의 격(格)은 '지(至：이르다)'자의 뜻이 많다."

○ **農巖曰："方格物也，用力雖在我，而'格'字之義，則亦只是物理到極處，非我到極處也. 格物·物格兩'格'字，何曾有二義乎? 如平天下，用力雖在我，而'平'字之義則只是天下均齊，非吾身均齊也."**[132)]

---

129) 주희(朱熹), 『대학혹문(大學或問)』 권1.

130) 격우문조(格于文祖：문조(文祖：요 임금 시조의 사당)에 이르렀다)：『서』「우서(虞書)·순전(舜典)」에서 "정월(正月) 원일(元日)에 순(舜)이 문조(文祖)의 사당에 이르렀다.(月正元日，舜格于文祖.)"라고 하였다.

131) 송시열(宋時烈), 『송자대전(宋子大全)』 권101, 「답정경유(答鄭景由)」에는 "朱子嘗曰：'格物之格，'窮'字意多；物格之格，'至'字意多.' 此亦不可不知也.(주자는 일찍이 '격물(格物)의 격(格)은 '궁(窮：궁구하다)'자의 뜻이 많고, 물격(物格)의 격(格)은 '지(至：이르다)'자의 뜻이 많다'라고 말하였다. 이것 또한 몰라서는 안 된다.)"라고 되어 있다. 권상하(權尙夏), 『한수재선생문집(寒水齋先生文集)』 권5, 「답이군보(答李君輔)」에는 "栗谷先生曰：'格物之格，「窮」字意多；物格之格，'至'字意多.'(율곡 선생이 말하였다. '격물(格物)의 격(格)은 '궁(窮：궁구하다)'자의 뜻이 많고, 물격(物格)의 격(格)은 '지(至：이르다)'자의 뜻이 많다.')"라고 되어 있다.

132) 김창협(金昌協), 『농암집(農巖集)』 권16, 「답이현익(答李顯益)」에는 "然又須知方其言格物也，用力雖在於我，而'格'字之義，則亦只是物理到極處之謂，非我到極處也. 蓋用力而要令物理到極處之謂格物，旣用力後物理各到極處之謂物格，兩'格'字，何曾有二義? 比如平天下，用力雖在於我，而'平'字之義，則只是天下均齊方正之謂，非吾身之均齊方正也.(그러나 또 반드시 막 격물(格物)이라고 말할 때, 힘을 쓰는 것은 비록 나에게 달려 있지만 '격(格)'자의 의미는 또한 다만 사물의 이치가 지극한 곳에 이른다는 것을 말할 뿐, 내가 지극한 곳에 이른다는 것은 아님을 알아야 한다. 대개 힘을 써서 사물의 이치가 지극한 곳에 이르도록 하려는 것을 격물이라 하고, 이미 힘을 쓴 뒤에 사물의 이치가 각각 지극한 곳에 이르게 되는 것을 물격(物格)이라

농암(農巖 : 金昌協)[133]이 말하였다. "막 격물(格物)할 때, 힘을 쓰는 것은 비록 나에게 달려 있지만 '격(格)'자의 의미는 또한 다만 사물의 이치가 지극한 곳에 이른다는 것이지, 내가 지극한 곳에 이른다는 것은 아니다. 격물과 물격(物格)에서 두 개의 '격(格)'자에 어찌 두 가지 의미가 있었겠는가? 예컨대 평천하에서 힘을 쓰는 것은 비록 나에게 달려 있지만 '평(平)'자의 의미는 다만 천하가 고르고 바르게 된다는 것일 뿐 내 몸이 고르고 바르게 된다는 것이 아닌 것과 같다."

○ **按 : 此乃似二而實一者也. 格物·物格處若果有兩義, 則經文當改其一字, 如致知·知至之改致爲至. 而今不然, 其爲至之一義, 固自若也.**

내가 생각하건대, 이것은 바로 둘인 것 같지만 실은 하나이다. 격물(格物)과 물격(物格)이 처한 곳이 만약 과연 두 가지 의미가 있다면 「경(經)」의 글은 마땅히 그 가운데 하나의 글자를 고쳐야 하니, 예컨대 치지(致知)와 지지(知至)에서 치(致)자를 고쳐서 지(至) 자로 하는 것과 같다. 그런데 이제 그렇게 하지 않았으니, 그것이 지(至)라는 하나의 의미가 되는 것은 본디 저절로 그러하다.

朱註

物, 猶事也.

물(物)은 사(事)와 같다.

詳說

○ **朱子曰 : "對言, 則事是事, 物是物. 獨言物, 則兼事在其中."**

주자(朱子 : 朱熹)가 말하였다. "사(事)와 물(物)을 짝지어서 말한다면 사(事)는 사(事)이고 물(物)은 물(物)이다. 그런데 단독으로 물(物)을 말하면 사(事)를 겸해서

고 하니, 여기에서 두 개의 '격(格)'자에 어찌 두 가지 의미가 있었겠는가? 예컨대 평천하에서 힘을 쓰는 것은 비록 나에게 달려 있지만 '평(平)'자의 의미는 다만 천하가 고르고 바르게 된다는 것을 말할 뿐 내 몸이 고르고 바르게 된다는 것이 아닌 것과 같다.)"라고 되어 있다.

133) 김창협(金昌協 : 1651~1708) : 조선 숙종 때 학자로, 자가 중화(仲和)이고, 호가 농암(農巖) 또는 삼주(三洲)이며, 본관이 안동(安東)이다. 좌의정을 지낸 김상헌(金尙憲)의 증손자이고, 영의정을 지낸 김수항(金壽恒)의 아들이며, 또한 영의정을 지낸 김창집(金昌集)의 아우이다. 현종 10년(1669)에 진사시에 합격하고, 숙종 8년(1682)에 증광 문과에서 장원으로 급제한 뒤 벼슬길에 올라 대사간까지 역임하고 기사환국(己巳換局) 때 부친이 죽은 이후로 포천에 은거하면서 학문에 몰두하였다. 저서로는 『주자대전차의문목(朱子大全箚疑問目)』·『논어상설(論語詳說)』·『오자수언(五子粹言)』·『이가시선(二家詩選)』·『농암집(農巖集)』 등이 있다.

그 가운데 있다."

○ 按:'物, 猶事也'者, 卽小註朱子所云'物謂事物也'之意也. 故下文幷擧事·物釋之. 如『孟子』'萬物皆備'註亦兼言事·物云.

내가 생각하건대, '물, 유사야(物, 猶事也 : 물(物)은 사(事)와 같다)'라는 것은 곧 『대학장구대전(大學章句大全)』 소주(小註)에서 주자(朱子)가 말한 '물(物)은 사물을 말한다'[134]라는 뜻이다. 그러므로 아래 글에서 사(事)와 물(物)을 함께 들어서 그것을 풀이하였다. 예컨대 『맹자(孟子)』의 '만물개비(萬物皆備 : 만물이 모두 갖추어졌다)'에 대한 주자(朱子) 주석에서도 사(事)와 물(物)을 함께 말한 것[135]과 같다.

朱註

窮至事物之理, 欲其極處無不到也.

사물의 이치를 궁구하여 그 지극한 곳에 이르지 않음이 없도록 하려는 것이다.

詳說

○ 至, 猶極也.

'궁지사물지리(窮至事物之理)'에서 '지(至)'자는 마치 극(極 : 지극한 곳)이라고 하는 것과 같다.

○ 此'到'字卽上文'格, 至也'之'至'字義也.

'욕기극처무불도야(欲其極處無不到也)'에서 '도(到)'자는 곧 앞의 주자 주석 '격, 지야(格, 至也 : 격(格)은 이르는 것이다)'에서 '지(至 : 이르다)'자의 의미이다.

○ 此註三'欲其'以下皆取用下節意誠·知至·物格之意. 故下節物格·知至之釋, 仍用此註語.

여기 주석에서 세 차례의 '욕기(欲其)' 아래의 글들[136]은 모두 아래 절(節) 의성

---

134) 주자가 말한 '물(物)은 사물을 말한다' : 『주자어류(朱子語類)』 권15, 「대학2(大學二)」 14조목.

135) 『맹자(孟子)』의 '만물개비(萬物皆備 : 만물이 모두 갖추어졌다)'에 …… 사(事)와 물(物)을 함께 말한 것 : 『맹자(孟子)』「진심상(盡心上)」 제4장에서 "맹자가 말하였다. '만물이 모두 나에게 갖추어져 있다.'(孟子曰 : '萬物皆備於我矣.')"라는 구절에 대해 주자가 "이것은 이치가 본래 그러한 것을 말한 것이다. 크게는 군주와 신하, 부모와 자식관계의 일과 작게는 사물(事物)의 미세한 것에, 그 마땅히 그러해야 하는 이치가 한 가지도 성(性)의 분수 안에 갖추어지지 않은 것이 없다.(此言理之本然也. 大則君臣父子, 小則事物細微, 其當然之理, 無一不具於性分之內也.)"라고 주석한 것을 가리킨다.

136) 여기 주석에서 세 차례의 '욕기(欲其)' 아래의 글들 : 주자 주석에서 '욕기필자겸이무자기야(欲

(意誠 : 뜻이 성실해지고) · 지지(知至 : 앎이 이르며) · 물격(物格 : 사물이 이르는)의 뜻을 가져다 쓴 것이다. 그러므로 아래 절(節)에서 물격(物格) · 지지(知至)에 대한 풀이를 할 때 여전히 여기 주석의 말을 사용하였다.[137)]

○ **栗谷曰 : "格物者, 人窮物之理, 使之至於盡處也; 物格者, 物之理已至於盡處, 更無可窮之餘地也."**[138)]

위 구절과 관련하여 율곡(栗谷 : 李珥)이 말하였다. "격물(格物)이라는 것은 사람이 사물의 이치를 궁구하여 그 다한 곳에 이르도록 하는 것이고, 물격(物格)이라는 것은 사물의 이치가 이미 다한 곳에 이르러 다시 더 궁구할 여지가 없는 것이다."

○ **按 : 『諺』釋'格物'處當用'使'字意, 而今不然. 恐欠詳.**

내가 생각하건대, 『언해』본에서 '격물(格物)'을 풀이하는 곳에는 마땅히 '사(使 : ~하도록 한다)'자의 뜻을 써야 하는데, 지금 그렇게 하지 않았다.[139)] 상세히 살펴보지 못한 것 같다.

○ **尤菴曰 : "格物主人而言, 物格主物而言."**[140)]

우암(尤菴 : 宋時烈)이 말하였다. "격물(格物)은 사람을 중심으로 하여 말한 것이고, 물격(物格)은 사물을 중심으로 하여 말한 것이다."

○ **朱子曰 : "人多把這道理作一箇懸空底物. 『大學』不說窮理, 只說格物, 便是要人就事物上理會."**[141)]

주자(朱子 : 朱熹)가 말하였다. "사람들은 대부분 이 도리를 어떤 허공에 매달려 있는 것으로 간주한다. 『대학(大學)』에서 궁리(窮理 : 이치를 궁구한다)라고 말하지 않고 다만 격물(格物 : 사물을 궁구한다)을 말한 것은 곧 사람들에게 사물에서 이해하도록 하려는 뜻이다."

其必自慊而無自欺也)', '욕기소지무부진야(欲其所知無不盡也)', '욕기극처무불도야(欲其極處無不到也)'라고 한 것을 가리킨다.

137) 아래 절(節)에서 물격(物格) · 지지(知至)에 대한 풀이를 할 때 여전히 여기 주석의 말을 사용하였다 : 아래 절(節)에서 주자가 "격물(格物)은 사물의 이치가 지극한 곳에 이르지 않음이 없는 것이다. 지지(知至)는 내 마음이 안 것이 다하지 않음이 없는 것이다.(物格者, 物理之極處無不到也. 知至者, 吾心之所知無不盡也.)"라고 주석한 것을 가리킨다.

138) 이이(李珥), 『율곡선생전서(栗谷先生全書)』 권32, 「어록(語錄) 하」.

139) 『언해』본에서 '격물(格物)'을 풀이하는 곳에는 …… 지금 그렇게 하지 않았다 : 언해본 『대학장구(大學章句)』에는 "지(知)ᄅᆞᆯ 치(致)호ᄆᆞᆫ 물(物)을 격(格)호매 잇ᄂᆞ니라."라고 되어 있다.

140) 송시열(宋時烈), 『송자대전(宋子大全)』 권101, 「답정경유(答鄭景由)」.

141) 『주자어류(朱子語類)』 권15, 「대학2(大學二)」 31조목.

○ 又曰："'明明德於天下'以上，皆有等級節次，到'致知·格物'處便親切. 致知，則便在格物上. '欲'與'先'字，若慢，故不曰致知者先格其物，只曰'致知在格物'，'在'字又緊得些子."142)

주자(朱子：朱熹)가 또 말하였다. "'명명덕어천하(明明德於天下：밝은 덕을 천하에 밝힌다)' 이상은 모두 등급과 절차가 있고, '치지(致知)와 격물(格物)'에 이르러서는 곧 친밀하고 절실하다. 치지(致知)는 곧 격물(格物)에 있다. '욕(欲：~하려고 하다)'자와 '선(先：먼저)'자는 느슨한 것 같기 때문에, 치지(致知)를 하려는 사람은 먼저 그 사물을 궁구해야 한다고 말하지 않고, 다만 '치지재격물(致知在格物：치지는 격물에 있다)'라고 말했으니, '재(在：~에 있다)'자는 또 조금 긴요하다."

○ 雲峰胡氏曰："此'在'字與章首三'在'字相應. 『大學』綱領所在，莫先於明明德；而明明德工夫所在，又莫先於格物."143)

운봉 호씨(雲峯胡氏：胡炳文)144)가 말하였다. "여기에서 '재(在：~에 있다)'자는 경문의 첫머리에 있는 세 개의 '재(在)'자145)와 서로 호응한다. 『대학』의 강령이

---

142) 『주자어류(朱子語類)』 권15, 「대학2(大學二)」 141조목에는 "『大學』'明明德於天下'以上，皆有等級. 到致知·格物處，便較親切了.(『대학(大學)』에서 '명명덕어천하(明明德於天下：밝은 덕을 천하에 밝힌다)' 이상은 모두 등급이 있다. 치지(致知)와 격물(格物)에 이르러서는 비교적 친밀하고 절실하다.)"라고 되어 있다. 또 『주자어류(朱子語類)』 권15, 「대학2(大學二)」 142조목에는 "'欲明明德於天下者先治其國，至致知在格物.' '欲'與'先'字，謂如欲如此，必先如此，是言工夫節次. 若'致知在格物'，則致知便在格物上. 看來'欲'與'先'字，差慢得些子，'在'字又緊得些子.('욕명명덕어천하자선치기국， 지치지재격물(欲明明德於天下者先治其國， 至致知在格物)'이라고 한 것에서, '욕(欲：~하려고 하다)'자와 '선(先：먼저)'자는 예컨대 이와 같이 되려고 하면 반드시 먼저 이와 같이 해야 한다는 것과 같으니, 이는 공부의 절차를 말한 것이다. '치지재격물(致知在格物)'과 같은 경우는 치지(致知)가 곧 격물(格物)에 있다는 것이다. 생각하건대 '욕(欲：~하려고 하다)'자와 '선(先：먼저)'자는 조금 느슨하고, '재(在：~에 있다)'자는 긴요한 것 같다.)"라고 되어 있다.

143) 호병문(胡炳文), 『사서통(四書通)』「대학통(大學通)」.

144) 호병문(胡炳文, 1250~1333)：자는 중호(仲虎)이고, 호는 운봉(雲峯)이다. 원(元) 나라 때의 경학자로 휘주 무원(徽州 婺源：현 안휘성 소속) 사람이다. 주희(朱熹)의 종손(宗孫)에게 『주역(周易)』과 『서경(書經)』을 배워 주자학에 잠심했으며, 특히 『주역(周易)』에 뛰어났다. 신주(信州) 도일서원(道一書院) 산장(山長)을 지내고, 난계주학정(蘭溪州學正)이 되었는데 취임하지 않았다. 주자의 『주역본의(周易本義)』를 근거로 여러 설을 절충·시정하여 『주역본의통석(周易本義通釋)』 12권을 지었다. 처음 이름은 『주역본의정의(周易本義精義)』였고, 『통지당경해(通志堂經解)』에 들어있다. 이 밖에 『서집해(書集解)』, 『춘추집해(春秋集解)』, 『예서찬술(禮書纂述)』, 『사서통(四書通)』, 『대학지장도(大學指掌圖)』, 『오경회의(五經會義)』, 『이아운어(爾雅韻語)』 등이 있다.

있는 곳은 밝은 덕을 밝히는 것보다 앞서는 것이 없고, 밝은 덕을 밝히는 공부가 있는 곳은 또 격물(格物)보다 앞서는 것이 없다."

○ **按 : 他皆兩事相因, 故下'欲' · '先'二字; 格 · 致則只是一事, 故下'在'字. 雖然, 到下節又隨他例下'後'字. 至修 · 齊 · 治 · 平之「傳」, 又承此'在'字而用六'在'字. 蓋亦互用, 而前後十'在'字參看可也.**

내가 생각하건대, 다른 경우는 모두 두 가지 일이 서로 따르기 때문에 '욕(欲 : ~하려고 하다)'자와 '선(先 : 먼저)'자를 썼지만, 격물과 치지는 다만 하나의 일이기 때문에 '재(在 : ~에 있다)'자를 썼다. 비록 그러하지만 아래 절(節)에서는 또 다른 사례에 따라 '후(後)'자를 썼다.[146] 수신 · 제가 · 치국 · 평천하의 「전(傳)」에 이르러서는 또 이 '재(在)'자를 이어받아서 여섯 개의 '재(在)'자를 썼다.[147] 이는 또한 서로 간에 교대로 쓸 수 있기 때문이니 앞뒤 열 개의 '재(在)'자를 참고해서 보면 알 수 있을 것이다.

朱註

此八者, 『大學』之條目也.

이 여덟 가지는 『대학(大學)』의 조목(條目)이다.

詳說

○ **與三綱領註末句相照應.**

'차팔자, 『대학』지조목야(此八者, 『大學』之條目也)'라고 한 것은 삼강령(三綱領)에

---

145) 경문의 첫머리에 있는 세 개의 '재(在)'자 : "대학지도, 재명명덕, 재친민, 재지어지선(大學之道, 在明明德, 在親民, 在止於至善)"에서 세 개의 '재(在)'자를 가리킨다.

146) 아래 절(節)에서는 또 다른 사례에 따라 '후(後)'자를 썼다 : 아래 절(節)에서 "사물의 이치가 이른 뒤에 지식이 지극해지고, 지식이 지극해진 뒤에 뜻이 성실해지고, 뜻이 성실해진 뒤에 마음이 바루어지고, 마음이 바루어진 뒤에 몸이 닦아지고, 몸이 닦아진 뒤에 집안이 가지런해지고, 집안이 가지런한 뒤에 나라가 다스려지고, 나라가 다스려진 뒤에 천하가 평안해진다. (物格而后知至, 知至而后意誠, 意誠而后心正, 心正而后身修, 身修而后家齊, 家齊而后國治, 國治而后天下平.)"라고 한 것을 가리킨다.

147) 수신 · 제가 · 치국 · 평천하의 「전(傳)」에 이르러서는 …… 여섯 개의 '재(在)'자를 썼다 : 수신 · 제가 · 치국 · 평천하의 「전(傳)」에서 '소위수신, 재정기심자(所謂修身, 在正其心者)', '차위수신재정기심(此謂脩身在正其心)', '소위제기가, 재수기신자(所謂齊其家, 在修其身者)', '고치국, 재제기가(故治國, 在齊其家)', '차위치국재제기가(此謂治國在齊其家)', '소위평천하재치기국자(所謂平天下在治其國者)'라고 한 여섯 개를 가리킨다.

대한 주석 끝 구절[148]과 서로 비추어서 호응한다.

○ 朱子曰 : "綱領之條目也."[149]

'차팔자, 『대학』지조목야(此八者, 『大學』之條目也)'에서 '조목(條目)'에 대해, 주자(朱子 : 朱熹)가 말하였다. "강령의 조목이다."

○ 又曰 : "致·格是窮此理, 誠·正·修是體此理, 齊·治·平是推此理."[150]

주자(朱子 : 朱熹)가 또 말하였다. "치지와 격물은 이 이치를 궁구하는 것이고, 성의·정심·수신은 이 이치를 체인하는 것이며, 제가·치국·평천하는 이 이치를 미루어가는 것이다."

○ 又曰 : "格物是夢覺關, 誠意是人鬼關."[151]

주자가 또 말하였다. "격물은 꿈꾸는 것과 깨어나는 것의 관건이고, 성의는 사람이 되는 것과 귀신이 되는 것의 관건이다."

○ 玉溪盧氏曰 : "八者以心爲主, 格·致·誠皆正心上工夫, 修·齊·治·平皆自正心中流出."[152]

---

148) 삼강령(三綱領)에 대한 주석 끝 구절 : 즉 "이 세 가지는 『대학(大學)』의 강령(綱領)이다.(此三者, 『大學』之綱領也.)"라는 구절을 가리킨다.

149) 주희(朱熹), 『대학혹문(大學或問)』 권1.

150) 『주자어류(朱子語類)』 권15, 「대학2(大學二)」 146조목. 이를 보충하여 『대학(大學)』 팔조목(八條目)의 내용 분류는 다음과 같이 설명된다. 147조목의 경우, "『대학』 한편에는 도리어 2개의 커다란 절목이 있다. 격물·지지가 그 하나이고, 성의·수신이 그 하나이다. 비로소 이 두 관문을 넘어서면, 곧바로 나아갈 수 있게 된다.(大學一篇卻是有兩箇大節目 : 物格·知至是一箇, 誠意·修身是一箇. 才過此二關了, 則便可直行將去.)"로 되어 있고, 148조목에는 "'물격·지지'가 한 부분의 일이고, '의성·심정·신수'가 한 부분의 일이며, '가제·국치·천하평'이 또한 한 부분의 일이다. '지지'로부터 '성의'까지가 하나의 분기점이고, '수신'으로부터 '제가'까지가 또 하나의 분기점이다.(物格·知至, 是一截事 ; 意誠·心正·身修, 是一截事 ; 家齊·國治·天下平, 又是一截事. 自知至交誠意, 又是一箇過接關子 ; 自修身交齊家, 又是一箇過接關子.)"라고 하였다. 또한 149조목에는 "격물로부터 수신까지는 얕은 곳으로부터 깊은 곳에 이르는 것이며, 제가로부터 평천하까지는 안쪽으로부터 바깥쪽에 도달하는 것이다.(自格物至修身, 自淺以及深 ; 自齊家至平天下, 自內以及外.)"라고 하였다.

151) 『주자어류(朱子語類)』 권15, 「대학2(大學二)」 85조목.

152) 호광 편(胡廣 編), 『대학장구대전(大學章句大全)』에 노효손(盧孝孫)의 말로서 "八者以心爲主, 自天下而約之以至於身, 無不統於一心; 自意而推之以至於萬事萬物, 無不管於一心. 曰格曰致曰誠, 皆正心上工夫; 曰修曰齊曰治曰平, 皆自正心中流出.(이 팔조목은 심(心)을 위주로 하니, 천하에서 줄여서 나의 몸에 이르기까지 심(心)에 통괄되지 않음이 없고, 나의 의(意 : 뜻)에서 미루어나가 만사만물에 이르기까지 심(心)에 관여되지 않음이 없다. 격물·치지·성의는 모두 정심(正心)

옥계 노씨(玉溪盧氏 : 盧孝孫)[153]가 말하였다. "이 팔조목은 심(心)을 위주로 하니, 격물·치지·성의는 모두 정심(正心)의 공부이고, 수신·제가·치국·평천하는 모두 정심(正心)으로부터 유출된다."

◯ 新安陳氏曰 : "格物, 知之始; 致知, 知之極. 誠意, 行之始; 正·修, 行之極. 齊家, 推行之始; 治·平, 推行之極."[154]

신안 진씨(新安陳氏 : 陳櫟)[155]가 말하였다. "격물은 앎의 시작이고, 치지는 앎이 지극한 것이다. 성의는 실행의 시작이고 정심·수신은 실행이 지극한 것이다. 제가는 실행을 미루어가는 시작이고 치국·평천하는 실행을 미루어가는 일이 지극한 것이다."

◯ 雙峰饒氏曰 : "此一節就八目逆推工夫, 後一節就八目順推功效."[156]

쌍봉 요씨(雙峰饒氏 : 饒魯)가 말하였다. "이 한 단락[경 1-4]은 팔조목에서 거슬러 미루어가는 공부이고, 뒤의 한 단락[경 1-5]은 팔조목에서 순조롭게 미루어가는 효험이다."

◯ 按 : 逆推如之越者必由吳, 之吳者必由齊也; 順推如自齊而吳而越也.

내가 생각하건대, 거슬러 미루어간다는 것은 예컨대 월(越)나라에 가려고 하는 사람은 반드시 오(吳)나라를 경유해야 하고, 오나라에 가려고 하는 사람은 반드시 제(齊)나라를 경유해야 하는 것과 같고, 순조롭게 미루어간다는 것은 예컨대 제나라에서 오나라로 월나라로 가는 것과 같다.

의 공부이고, 수신·제가·치국·평천하는 모두 정심으로부터 유출된다.)"이라고 실려 있다.

153) 노효손(盧孝孫) : 자는 신지(新之)이고 호는 옥계(玉溪)이며, 귀계(貴溪) 사람이다. 진덕수(陳德秀)의 문하에서 학문을 배워, 가태(嘉泰: 1201~1204) 연간에 진사에 급제하였다. 벼슬은 태학박사(太學博士)에 이르렀다. 벼슬을 그만둔 뒤 옥계서원(玉溪書院)에서 주로 강학하였다. 저서에는 송 이종(理宗)에게 진상한 『사서집의(四書集義)』 1백 권이 있다.

154) 호광 편(胡廣 編), 『대학장구대전(大學章句大全)』.

155) 진력(陳櫟, 1252~1334) : 자는 수옹(壽翁)이고, 호는 정우(定宇) 또는 동부노인(東阜老人)이다. 송말원초 때 휘주(徽州) 휴녕(休寧) 사람이다. 송나라가 망하자 은거하여 학문과 제자 양성에 힘썼다. 학문 성향은 주희(朱熹)의 학문을 위주로 하면서 육구연(陸九淵)의 심학(心學)을 아울러 취하려 하였다. 인종(仁宗) 연우(延祐) 초에 향시(鄕試)에 급제했지만 예부시(禮部試)에 나가지 않고 집에서 학생들을 가르쳤다. 효성과 우애가 지극했고, 세력이나 이익에 휩쓸리지 않았다. 주희와 여러 학자의 학설을 채집하고 자신의 견해를 덧붙여 『상서집전찬소(尚書集傳纂疏)』를 저술하였다. 그 밖의 저서에 『사서발명(四書發明)』, 『예기집의(禮記集義)』, 『역조통략(歷朝通略)』, 『근유당수록(勤有堂隨錄)』, 『정우집(定宇集)』 등이 있다.

156) 호광 편(胡廣 編), 『대학장구대전(大學章句大全)』.

[經1-5]

物格而后知至, 知至而后意誠, 意誠而后心正, 心正而后身修, 身修而后家齊, 家齊而后國治, 國治而后天下平.
사물의 이치가 이른 뒤에 앎이 지극해지고, 앎이 지극해진 뒤에 뜻이 성실해지며, 뜻이 성실해진 뒤에 마음이 바르게 되고, 마음이 바르게 된 뒤에 몸이 수양되며, 몸이 수양된 뒤에 집안이 가지런해지고, 집안이 가지런한 뒤에 나라가 다스려지며, 나라가 다스려진 뒤에 천하가 평안해진다.

朱註

治, 去聲, 後倣此. 物格者, 物理之極處無不到也.
치(治)자는 거성(去聲)이고 뒤도 마찬가지이다. 물격(物格 : 사물의 이치가 이른다)은 사물의 이치가 지극한 곳에 도달하지 않음이 없는 것이다.

詳說

◯ 卽上註'事物之理'.
'물리지극처무불도야(物理之極處無不到也)'에서 '물리(物理)'는 곧 위의 주석에서 '사물지리(事物之理 : 사물의 이치)'이다.

◯ 尤菴曰 : "退溪常以爲物格, 人格之而至於其極. 末年大悟其非, 以爲物理到其極處. 又以爲理非死物, 故能自此至彼云, 則又失矣. 蓋雖非活物, 何害於詣其極乎? 如人行路, 而路之盡處, 則曰路已盡矣, 路豈活物而然耶? 如人看冊子盡, 而自冊言之, 則曰冊盡, 冊豈活物耶?"157)

157) 송시열(宋時烈), 『송자대전(宋子大全)』 권91, 「답이여구(答李汝九)」에는 "退溪常以爲物格者, 人格之而至於其極也. 末年大悟其非, 以爲物格者, 只是物理到其極處也. 此正得其本文之意. 而又以爲理非死物, 故能自此至彼云, 則又失之遠矣. 豈所謂毫釐之差者耶? 蓋物理如冊子, 人之窮理, 如人看冊子. 人看此冊子, 自始至末, 則是雖在人看盡, 而自冊言之, 則曰冊盡, 豈曰此冊是活物?(퇴계(退溪 : 李滉)는 늘 물격(物格)은 사람이 그것을 궁구하여 그 지극함에 이른 것이라고 생각했었다. 말년에 그것이 잘못임을 크게 깨달아 물격은 다만 사물의 이치가 그 극처에 이른 것이라고 하였다. 이는 바로 그 본문의 뜻을 터득한 것이다. 그런데 또 리(理)는 죽은 것이 아니므로 여기에서 저기에 이를 수 있다고 여겼으니, 또 크게 잘못 본 것이다. 어찌 이것이 이른바 털끝만큼의 차이이겠는가? 대개 사물의 이치는 예컨대 책과 같고, 사람이 이치를 궁구하는 일은 마치 사람이 책을 보는 것과 같다. 사람이 이 책을 보기 시작하여 끝에 이르면, 이것은 비록 사람이 다 본 것이지만 그 책으로 말한다면, 책이 다 되었다고 하는 것이니, 어찌 이 책

'물격자, 물리지극처무불도야(物格者, 物理之極處無不到也)'와 관련하여, 우암(尤菴 : 宋時烈)[158]이 말하였다. "퇴계(退溪 : 李滉)는 늘 물격(物格)은 사람이 그것을 궁구하여 그 지극함에 이른 것이라고 생각했었다. 말년에 그것이 잘못임을 크게 깨달아 사물의 이치가 그 극처에 이른 것이라고 여겼다. 그런데 또 리(理)는 죽은 것이 아니므로 여기에서 저기에 이를 수 있다고 여겼으니, 또 잘못하였다. 대개 비록 살아 있는 것은 아니라고 해도 어찌 그 지극함에 이르는 것에 방해가 되겠는가? 예컨대 사람이 길을 갈 때 길이 끝나면 길이 이미 끝났다고 말하지만, 길이 어찌 살아 있는 것이라서 그렇겠는가? 예컨대 사람이 책을 다 보고나서 그 책으로 말한다면, 책이 다 되었다고 하지만, 어찌 이 책이 살아 있는 것일 수 있겠는가?"

○ **又曰 : "'物理之極處', 嘗聞於文元先生, 栗谷以爲或厓讀, 或伊讀, 俱無不可. 然厓讀於'處'字爲順, 而於'之'字逕庭, 曰'此極處何物來到'云爾, 則語窮. 伊讀於'之'字爲順, 而於'處'字逕庭, 曰'此極處將到何處'云爾, 則亦語窮. 鄙意兩無所主, 而略以厓讀爲勝. 蓋'之'字虛, '處'字實, 與其主虛字, 寧主實字?"**[159]

이 살아 있는 것이라고 말할 수 있겠는가?)"라고 실려 있다.

158) 송시열(宋時烈 : 1607~1689) : 본관이 은진(恩津)으로 자가 영보(英甫), 호가 우암(尤庵) 또는 우재(尤齋), 시호가 문정(文正)이다. 저서로는 『송자대전(宋子大全)』 외에 『주자대전차의(朱子大全箚疑)』·『주자어류소분(朱子語類小分)』·『이정서분류(二程書分類)』 등이 있다.

159) 송시열(宋時烈), 『송자대전(宋子大全)』 권94, 「답이동보(答李同甫)」에는 "**嘗於文元先生座下, 伏聞栗谷先生以爲若知物理到於極處之意, 則或厓或伊, 俱無不可也. 然厓讀於'處'字爲順, 而於'之'字逕庭; 伊讀於'之'字爲順, 而於'處'字逕庭. '之'字若作'於'字看, 則厓讀極順. 而'之'·'於'二字之義, 本不相近, 亦不可如此矣. 常與朋友說此, 對主伊者曰, 此'極處伊', 將到何處云爾, 則語窮. 又對主厓者曰, 此'極處厓', 何物來到云爾, 則亦語窮. 故鄙意則兩無所主, 而略以厓讀爲勝者. 蓋以'之'字虛, '處'字實, 與其主虛字而爲伊, 無寧主實字而爲厓也. 未知如何.**(일찍이 문원(文元 : 金長生) 선생 문하에서, 삼가 율곡(栗谷 : 李珥) 선생이 만약 사물의 이치가 지극한 곳에 이른다는 뜻을 알면 '에'로 토를 달든 '이'로 토를 달든 모두 안 될 것이 없다고 여겼다는 말을 들었다. 그러나 '에'로 토를 달면 '물리지극처(物理之極處)'에서 '처(處)'자에는 순조롭지만 '지(之)'자에는 상당히 문제점이 있고, '이'로 토를 달면 '지(之)'자에는 순조롭지만 '처(處)'자에는 상당히 문제점이 있다. '지(之)'자를 만약 '어(於)'자로 본다면 '에'로 토를 다는 것이 매우 순조롭다. 그렇지만 '지(之)'·'어(於)'라는 두 글자의 의미가 본래 서로 가깝지 않으니 또한 이와 같이 할 수 없다. 늘 친구들과 이것을 말했었는데, '이'자 토를 주장하는 사람에 대해, 이 '극처(極處)가'라는 말이 장차 어떤 곳에 이른다는 것을 말하는가를 물어보면 그들은 말이 궁해졌다. 또 '에'자 토를 주장하는 사람에 대해, 이 '극처(極處)에'라는 말이 어떤 것이 와서 이르렀는가를 물어보면 그들도 또한 말이 궁해졌다. 그러므로 내 생각에는 두 가지가 다 주장할 것이 없으면, 대략 '에'자로 토를 다는 것이 나을 것이라고 여겼다. 왜냐하면 '지(之)'자는 허자(虛字)이고 '처(處)'자는 실자(實字)이니, 허자를 위주로 해서 '이'자 토를 붙이

우암(尤菴 : 宋時烈)이 또 말하였다. "'물리지극처(物理之極處)'에 대해서 일찍이 문원(文元 : 金長生) 선생에게서, 율곡(栗谷 : 李珥)이 '에'로 토를 달든 '이'로 토를 달든 모두 안 될 것이 없다고 여겼다는 말을 들었다. 그러나 '에'로 토를 달면 '물리지극처'에서 '처(處)'자에는 순조롭지만 '지(之)'자에는 상당히 문제점이 있고, '이 극처(極處)에 어떤 것이 와서 이르렀는가'를 말하면 말이 궁해진다. '이'로 토를 달면 '물리지극처'에서 '지(之)'자에는 순조롭지만 '처(處)'자에는 상당히 문제점이 있고, '이 극처가 장차 어떤 곳에 이를 것인가'를 말하면 또한 말이 궁해진다. 내 생각에는 두 가지가 다 주장할 것이 없으면, 대략 '에'자로 토를 다는 것이 나을 것이라고 여겼다. 왜냐하면 '지(之)'자는 허자(虛字)이고 '처(處)'자는 실자(實字)이니, 허자를 위주로 하느니 차라리 실자를 위주로 하겠다는 것이다."

○ 按 : 此讀恐當以經文'物格'而斷之. 退溪始亦主厓, 而曉乃從伊. 夫『章句』所以釋經文也, 則於此宜無異同, 且'物理之'·'吾心之'兩'之'字, 文勢改易不得. 而'處'字雖是地頭, 其歸重在'極'字, 不在'處'字. '處'字只是帶過說, 與'活潑地'之'地'字相近, 恐當從'之'字文勢爲主. 凡到文勢天然處, 其字義虛實又不暇論矣.

내가 생각하건대, 여기의 독법은 아마 마땅히 「경(經)」의 글인 '물격(物格)'을 가지고 결단해야 할 것이다. 퇴계(退溪 : 李滉)는 처음에는 또한 '에'자 토를 위주로 했는데, 깨우치고는 '이'자 토를 따랐다. 무릇 『대학장구(大學章句)』는 「경(經)」의 글을 풀이한 것이니, 여기에서는 마땅히 같고 다름이 없어야 하고, 또 '물리지(物理之)'에서 '지(之)'자와 '오심지(吾心之)'에서 '지(之)'자는 문장의 흐름을 고쳐서 바꿀 수 없다. 그리고 '처(處)'자는 비록 어떤 곳을 말하는 것이지만 그 귀결은 중점이 '극(極)'자에 있지 '처(處)'자에 있지 않다. '처(處)'자는 다만 붙여서 넘어가는 말일 뿐이니, '활발지(活潑地 : 활발하게)'에서 '지(地)'자와 서로 비슷하다. 아마도 마땅히 '지(之)'자를 따르는 문장의 흐름이 중심이 될 것이다. 무릇 문장의 흐름이 자연스러운 곳에 이르면, 그 글자의 의미가 허자(虛字)인지 실자(實子)인지는 또 논할 필요가 없을 것이다.

는 것보다는 차라리 실자를 위주로 해서 '에'자 토를 붙이겠다는 것이다. 어떠한지 모르겠다.)"라고 되어 있다.

朱註

知至者, 吾心之所知無不盡也.

지지(知至 : 앎이 지극해진다)는 내 마음이 안 바가 다하지 않음이 없는 것이다.

詳說

○ 南塘曰 : "'致'字推極之義, 於用功上爲重, 而於成功處說不足. 故其言成功處, 改'致'爲'至', 而曰'知至'."

남당(南塘 : 韓元震)[160]이 말하였다. "'치지(致知)'에서 '치(致)'자는 끝까지 미루어 간다는 의미이니 노력하는 데는 중요하지만 공로를 이루는 데는 말이 충분하지 못하다. 그러므로 공로를 이루는 것을 말하는 곳에서는 '치(致)'자를 고쳐서 '지(至)'자로 하여, '지지(知至 : 앎이 지극해진다)'라고 하였다."

○ 朱子曰 : "須要無所不知, 乃爲至耳."[161]

주자(朱子 : 朱熹)가 말하였다. "모름지기 모르는 것이 없어야, 이에 지극하게 될 뿐이다."

---

160) 한원진(韓元震, 1682~1751) : 자는 덕소(德昭)이고, 호는 남당(南塘)이며, 시호는 문순(文純)이다. 본관은 청주(淸州)이다. 송시열(宋時烈)의 학맥을 이은 서인 산림(山林) 권상하(權尙夏)의 제자로 과거에 뜻을 두지 않고 학문에 전념하였다. 1717년(숙종 43) 학행(學行)으로 천거되어 영릉참봉으로 관직에 나갔다가 경종 때에 노론(老論)이 축출될 때 사직하였다. 1725년(영조 1) 경연관으로 출사하였으나 영조에게 소론을 배척하다가 삭직되었다. 그 뒤 장령·집의에 임명되었지만 취임하지 않았으며, 이조판서에 추증되었다. 같은 문인인 이간(李柬) 등과 호락논쟁(湖洛論爭)을 일으켜, 호서 지역 학자들의 호론(湖論)을 이끌었다. 그 주장의 핵심은 사람이 오상(五常)을 모두 갖추었음에 비해 초목이나 금수와 같은 것은 그것이 치우치게 존재하여, 인성과 물성이 근본적으로 다르다는 것이었다. 이러한 주장은 사람과 금수의 근본적 차이를 강조하여 인간의 존엄성을 높이려는 생각에서 나온 것이다. 문집으로 『남당집(南塘集)』이 있으며, 송시열과 스승 권상하의 사업을 이어받아 50년 만에 『주자언론동이고(朱子言論同異攷)』(1741)를 완성하였다. 그 밖에 『역학답문(易學答問)』, 『의례경전통해보(儀禮經傳通解補)』 등 『주역(周易)』 관련 저술들과 『장자변해(莊子辨解)』 등의 편저들이 있다.

161) 『주자어류(朱子語類)』 권15, 「대학2(大學二)」 68조목에는 "'知至', 謂天下事物之理知無不到之謂. 若知一而不知二, 知大而不知細, 知高遠而不知幽深, 皆非知之至也. 要須四至八到, 無所不知, 乃謂至耳.('앎이 지극해진다'라는 구절은 천하 사물의 이치에 앎이 이르지 않음이 없다는 것을 말한다. 만약 하나를 아는데 둘을 모르거나, 큰 것을 아는데 미세한 것을 모르거나, 고원함을 아는데 깊숙하고 은미함을 모르는 것은, 모두 앎이 지극한 것이 아니다. 반드시 사통팔달하여 모든 방면에서 모르는 것이 없어야, 이에 지극하다고 할 뿐이다.)"라고 되어 있다.

朱註

知旣盡，則意可得而實矣；意旣實，則心可得而正矣.

앎이 이미 다하면 뜻이 성실해질 수 있고, 뜻이 이미 성실해지면 마음이 바로잡힐 수 있다.

詳說

○ 雲峰胡氏曰："'可'·'得'二字，蓋謂知此理旣盡，然後意可得而實，非謂知已至則不必加誠意之功也. 然不曰知旣盡然後實其意者，蓋知行二者貴於幷進. 但略分先後，非必了一事無餘，然後又了一事. 是當會於言意之表也."162)

'지기진, 즉의가득이실의(知旣盡，則意可得而實矣)'와 관련하여, 운봉 호씨(雲峯胡氏：胡炳文)163)가 말하였다. "'가(可)'와 '득(得)'이라는 두 글자는 대개 이 이치를

162) 호병문(胡炳文), 『사서통(四書通)』「대학통(大學通)」에는 "『章句』'可'·'得'二字，蓋謂知此理旣盡，然後意可得而實，非謂知之旣至不必加誠意之功也. 意旣誠則心之用可得而正，非謂意誠之後不必加正心之功也. 然但曰'知旣盡則意可得而實'，不曰知旣盡然後實其意；但曰'意旣實則心可得而正'，不曰意旣實而後正其心. 蓋知行二者貴於並進，'先後'二字，聖人但畧言其序之不可紊而其功之不可缺者，非必了一節無餘，然後又了一節也. 是當會於言意之表，可也.(『대학장구(大學章句)』'즉의가득이실의(則意可得而實矣)'에서 '가(可)'와 '득(得)'이라는 두 글자는 대개 이 이치를 아는 것을 이미 다한 뒤에 뜻이 성실해질 수 있다는 것을 말하지, 앎이 이미 이르러서 성의(誠意)의 공부를 할 필요가 없다는 것을 말하지 않는다. 뜻이 이미 성실해지면 심(心)의 작용이 바로잡히게 된다는 것은 뜻이 성실해진 뒤에 심(心)을 바르게 하는 공부가 필요 없음을 말하는 것이 아니다. 그러나 다만 '지기진, 즉의가득이실의(知旣盡，則意可得而實：앎이 이미 다하면 뜻이 성실해질 수 있다.)'라고 말했지 앎이 이미 다한 뒤에 그 뜻을 성실히 한다고 말하지 않았으며, '의기실, 즉심가득이정의(意旣實，則心可得而正矣：뜻이 이미 성실해지면 마음이 바로잡힐 수 있다)'라고 말했지 뜻이 이미 성실해진 뒤에 그 심(心)을 바로잡는다고 말하지 않았다. 대개 앎과 실행, 이 둘은 함께 나아가는 것을 귀하게 여기니, '선후(先後：먼저이고 뒤이다)'라는 두 글자에 대해 성인이 다만 그 차례를 문란하게 할 수 없고 그 공부를 빠트릴 수 없는 것을 대략 말한 것은 반드시 그 하나를 남김없이 끝낸 뒤에 또 그 하나를 끝낸다는 것이 아니다. 이 점은 말뜻의 밖에서 이해해야만 할 것이다.)"라고 되어 있다.

163) 호병문(胡炳文, 1250~1333)：자는 중호(仲虎)이고, 호는 운봉(雲峯)이다. 원(元) 나라 때의 경학자로 휘주 무원(徽州 婺源：현 안휘성 소속) 사람이다. 주희(朱熹)의 종손(宗孫)에게 『주역(周易)』과 『서경(書經)』을 배워 주자학에 잠심했으며, 특히 『주역(周易)』에 뛰어났다. 신주(信州) 도일서원(道一書院) 산장(山長)을 지내고, 난계주학정(蘭溪州學正)이 되었는데 취임하지 않았다. 주자의 『주역본의(周易本義)』를 근거로 여러 설을 절충·시정하여 『주역본의통석(周易本義通釋)』 12권을 지었다. 처음 이름은 『주역본의정의(周易本義精義)』였고, 『통지당경해(通志堂經解)』에 들어있다. 이 밖에 『서집해(書集解)』, 『춘추집해(春秋集解)』, 『예서찬술

아는 것을 이미 다한 뒤에 뜻이 성실해질 수 있다는 것을 말하지, 앎이 이미 이르면 성의(誠意) 공부를 할 필요가 없다는 것을 말하지 않는다. 그러나 앎이 이미 다한 뒤에 그 뜻을 성실히 한다고 말하지 않은 것은 앎과 실행, 이 둘은 함께 나아가는 것을 귀하게 여기기 때문이다. 그런데 대략 선후(先後 : 먼저이고 뒤이다)로 나눈 것은 반드시 그 한 가지 일을 남김없이 끝낸 뒤에 또 나머지 한 가지 일을 끝낸다는 것이 아니다. 이 점은 마땅히 말뜻의 밖에서 이해해야 한다."

○ **朱子曰 : "知至 · 意誠, 是聖凡關."**[164]

'지기진, 즉의가득이실의(知旣盡, 則意可得而實矣)'와 관련하여, 주자가 말하였다. "지지(知至)와 의성(意誠)은 성인과 범인이 구별되는 관건이다."

○ **只釋誠 · 正, 以例其下四事.**

위 구절은 다만 성의 · 정심을 풀이하여 그 아래의 네 가지 일을 열거하였다.

朱註

修身以上, 明明德之事也; 齊家以下, 新民之事也.

수신(修身) 이상은 밝은 덕을 밝히는 일이고, 제가(齊家) 이하는 백성들을 새롭게 하는 일이다.

詳說

○ **上 · 下謂事之先後, 非謂文之上下也.**

'수신이상(修身以上)'에서 '상(上)'자와 '제가이하(齊家以下)'에서 '하(下)'자는 일의 선후를 말하지 경문 글의 위아래를 말하는 것이 아니다.

○ **照明明德 · 新民.**

위 구절은 팔조목을 '명명덕(明明德)'과 '신민(新民)'으로 비추어 본 것이다.

○ **『大全』曰 : "此四句包括上一節."**

『대학장구대전(大學章句大全)』에서 말하였다. "이 네 구절은 위의 단락[165]을 포괄

(禮書纂述)』, 『사서통(四書通)』, 『대학지장도(大學指掌圖)』, 『오경회의(五經會義)』, 『이아운어(爾雅韻語)』 등이 있다.

164) 『주자어류(朱子語類)』 권15, 「대학2(大學二)」 87조목에는 "知至 · 意誠, 是凡聖界分關隘.(지지와 의성은 보통 사람과 성인을 경계 짓는 관건이다.)"라고 되어 있다.

165) 위의 단락 : [경1-4]인 "옛날에 명덕(明德 : 밝은 덕)을 천하에 밝히려고 하는 사람은 먼저 그 나라를 다스리고, 그 나라를 다스리려고 하는 사람은 먼저 그 집안을 가지런히 하며, 그 집안

한다."

朱註

物格·知至, 則知所止矣. 意誠以下, 則皆得所止之序也.

'물격(物格)'과 '지지(知至)'는 그칠 곳을 아는 것이다. '의성(意誠)' 이하는 모두 그칠 곳의 순서를 얻는 것이다.

詳說

○ **此'下'字通指文與事.**

'의성이하(意誠以下)'에서 '하(下)'자는 경문의 글과 일을 통틀어서 가리킨다.

○ **二'止'字照'止至善'.**

'즉지소지의(則知所止矣)'에서 '지(止)'자와 '즉개득소지지서야(則皆得所止之序也)'에서 '지(止)'자는 모두 '지지선(止至善 : 지극한 선에 그친다)'을 비추어 본 것이다.

○ **新安陳氏曰 : "此四句包括此一節也. 是二節可見三綱之統八目, 而八目之隸三綱矣."**[166]

신안 진씨(新安陳氏 : 陳櫟)가 말하였다. "이 네 구절은 이 단락[167]을 포괄한다. 이 두 개의 단락[168]을 통해 삼강령이 팔조목을 통괄하고 팔조목은 삼강령에 예속된다는 것을 알 수 있다."

을 가지런히 하려고 하는 사람은 먼저 그 몸을 수양하고, 그 몸을 수양하려고 하는 사람은 먼저 그 마음을 바로잡으며, 그 마음을 바로잡으려고 하는 사람은 먼저 그 뜻을 성실히 하고, 그 뜻을 성실히 하려고 하는 사람은 먼저 그 앎을 극진히 하였으니, 앎을 극진히 하는 것은 사물의 이치를 궁구함에 있다.(古之欲明明德於天下者, 先治其國; 欲治其國者, 先齊其家; 欲齊其家者, 先修其身; 欲修其身者, 先正其心; 欲正其心者, 先誠其意; 欲誠其意者, 先致其知; 致知在格物.)"를 가리킨다.

166) 호광 편(胡廣 編), 『대학장구대전(大學章句大全)』에 진력(陳櫟)의 말로 실려 있다.

167) 이 단락 : [경1-5]인 "사물의 이치가 이른 뒤에 앎이 지극해지고, 앎이 지극해진 뒤에 뜻이 성실해지며, 뜻이 성실해진 뒤에 마음이 바르게 되고, 마음이 바르게 된 뒤에 몸이 수양되며, 몸이 수양된 뒤에 집안이 가지런해지고, 집안이 가지런한 뒤에 나라가 다스려지며, 나라가 다스려진 뒤에 천하가 평안해진다.(物格而后知至, 知至而后意誠, 意誠而后心正, 心正而后身修, 身修而后家齊, 家齊而后國治, 國治而后天下平.)"라는 구절을 가리킨다.

168) 이 두 개의 단락 : [경1-4]와 [경1-5]를 가리킨다.

○ '得'字釋於'序'字. 或云釋於'止'字, 蓋'知所止'·'得所止'正相對應. 而'意誠以下'頭項多, 故又有'之序'二字更詳之.

'즉개득소지지서야(則皆得所止之序也)'에서 '득(得)'자는 '서(序)'자에서 풀이한다. 어떤 사람은 '지(止)'자에서 풀이한다고 하는데, '지소지(知所止)'와 '득소지(得所止)'가 꼭 서로 대응하기 때문이다. 그렇지만 '의성이하(意誠以下)'에 항목이 많기 때문에 또 '지서(之序)'라는 두 글자를 두어 더욱 그것을 자세하게 한 것이다.

○ 上四句以八目合於'明明德'·'新民'而論逆推工夫, 下四句又以八目合於'止至善'而論順推功效. 陳氏於下四句之下二句亦合'明'·'新'而言, 恐合更詳. 其論'皆'字者又似穿鑿. 蓋'意誠以下'頭項多, 故著'皆'字以該之, 未必遠指'明明德'·'新民'耳.

바로 앞의 네 개의 구절[169]은 팔조목을 '명명덕(明明德)'과 '신민(新民)'에 합쳐서 거슬러 미루어가는 공부를 논했고, 여기의 네 개의 구절은 또 팔조목을 '지지선(止至善)'에 합쳐서 순조롭게 미루어가는 효험을 논하였다. 진씨(陳氏 : 陳櫟)는 여기 네 개의 구절에서 또 뒤의 두 개 구절에 대해서도 또한 '명명덕(明明德)'과 '신민(新民)'에 합쳐서 말했는데, 아마 더욱 상세하게 보아야 할 것이다. 진씨(陳氏 : 陳櫟)가 '개(皆)'자를 논한 것[170]은 또 천착한 것 같다. '의성이하(意誠以下)'에 항목이 많기 때문에 '개(皆)'자를 드러내어서 그것을 갖추었으니, 꼭 멀리 '명명덕(明明德)'과 '신민(新民)'을 가리킬 필요가 없다.

○ '知所止', 知之事也; '得所止', 行之事也.

위 구절에서 '지소지(知所止)'는 앎의 일이고, '득소지(得所止)'는 실행의 일이다.

---

169) 바로 앞의 네 개의 구절 : 바로 위의 주자 주석인 "수신이상, 명명덕지사야; 제가이하, 신민지사야(修身以上, 明明德之事也; 齊家以下, 新民之事也)"를 가리킨다.

170) 진씨(陳氏 : 陳櫟)가 '개(皆)'자를 논한 것 : 호광 편(胡廣 編), 『대학장구대전(大學章句大全)』에 진력(陳櫟)의 말로서 "意誠·心正·身脩, '明明德'所以得'止至善'之次序; 家齊·國治·天下平, '新民'所以得'止至善'之次序也. '皆'之一字, 包'明明德'·'新民'而言.(의성(意誠)·심정(心正)·신수(身脩)는 '명명덕(明明德)'이 '지지선(止至善)'을 얻는 순서이고, 가제(家齊)·국치(國治)·천하평(天下平)은 '신민(新民)'이 '지지선(止至善)'을 얻는 순서이다. '즉개득소지지서야(則皆得所止之序也)'에서 '개(皆)'자는 '명명덕(明明德)'과 '신민(新民)'을 포함해서 말한 것이다.)"라고 실려 있다.

[經1-6]

自天子以至於庶人, 壹是皆以修身爲本.
천자로부터 서인에 이르기까지 모든 사람이 모두 수신(修身)을 근본으로 삼는다.

詳說

○ 朱子曰 : "雖在匹夫之賤, 天之明命, 有生之所同得. 所以堯·舜君民者, 未嘗不在其分內也."171)

주자가 말하였다. "비록 비천한 필부일지라도 하늘의 밝은 명령은 생명이 있는 존재가 모두 같이 얻은 것이다. 요임금과 순임금을 군주로 하고 요임금과 순임금이 백성으로 여기는 사람은 그 분수 안에 있지 않은 적이 없었다."

朱註

壹是, 一切也. 正心以上, 皆所以修身也; 齊家以下, 則擧此而措之耳.
일시(壹是)는 일체(一切 : 모든 것)이다. 정심(正心) 이상은 모두 수신(修身)하는 일이고, 제가(齊家) 이하는 이것을 들어서 거기에 둘 뿐이다.

詳說

○ 音砌.

'일체야(一切也)'에서 '체(切)'자는 음이 체(砌)이다.

○ 新安陳氏曰 : "'此'字指修身."172)

'즉거차이조지이(則擧此而措之耳)'에서 '차(此)'자에 대해, 신안 진씨(新安陳氏 : 陳

---

171) 주희(朱熹), 『대학혹문(大學或問)』 권1에는 "天之明命, 有生之所同得, 非有我之得私也. 是以君子之心, 豁然大公, 其視天下, 無一物而非吾心之所當愛, 無一事而非吾職之所當為. 雖或勢在匹夫之賤, 而所以堯舜其君, 堯舜其民者, 亦未嘗不在其分內也.(하늘의 밝은 명령은 생명이 있는 존재가 모두 같이 얻은 것이지 나만 사사로이 얻은 것이 아니다. 그러므로 군자의 마음은 확 트이고 크게 공정해서 천하를 보는 것이 그 어떤 사물도 나의 마음이 마땅히 사랑해야 할 것이 아닌 것이 없고, 그 어떤 일도 나의 직분에 마땅히 해야 할 것이 아닌 것이 없다. 비록 간혹 형세가 비천한 필부일지라도 요·순을 군주로 하고 요·순이 백성으로 여기는 사람은 또한 그 분수 안에 있지 않은 적이 없었다.)"라고 되어 있다.

172) 호광 편(胡廣 編), 『대학장구대전(大學章句大全)』.

櫟)가 말하였다. "'차(此)'자는 수신(修身)을 가리킨다."

○ 一作'錯'.

'즉거차이조지이(則擧此而措之耳)'에서 '조(措)'자는 어떤 판본에는 '조(錯)'자로 되어 있다.

○ 擧而措之, 出『易』「繫辭」.

'즉거차이조지이(則擧此而措之耳)'에서 '거이조지(擧而措之)'는 『주역』「계사전」에 나온다.[173)]

○ 雙峯饒氏曰:"此一段, 於八者之中, 揭出一箇總要處. 蓋天下之本在國, 國之本在家, 家之本在身. 前兩段是詳說之, 此一段是反說約也."[174)]

쌍봉 요씨(雙峰饒氏 : 饒魯)[175)]가 말하였다. "이 하나의 단락은 팔조목 가운데 하나의 총괄처를 게시하였다. 대개 천하의 근본은 나라에 있고, 나라의 근본은 집안에 있으며, 집안의 근본은 자신의 몸에 있다. 앞 단락은 상세하게 말한 것이고 이 단락은 뒤집어서 간략하게 말하였다."

○ 新安陳氏曰:"單提修身, 而上包正·誠·致·格之工夫, 下包齊·治·平之效驗."[176)]

신안 진씨(新安陳氏 : 陳櫟)[177)]가 말하였다. "경문에서 단독으로 수신(修身)을 제기

---

173) '거이조지(擧而措之)'는 『주역』「계사전」에 나온다 : 『주역(周易)』「계사전상(繫辭傳上)」12에서 "그러므로 형이상자(形而上者)를 도(道)라 하고, 형이하자(形而下者)를 기(器)라고 한다. 화(化)하여 재제(裁制)하는 것을 변(變)이라 하고, 미루어 행하는 것을 통(通)이라 하며, 들어서 천하의 백성들에게 베푸는 것을 사업(事業)이라고 한다.(是故形而上者謂之道, 形而下者謂之器. 化而裁之謂之變, 推而行之謂之通, 擧而錯之天下之民謂之事業.)"라고 하였다.

174) 호광 편(胡廣 編), 『대학장구대전(大學章句大全)』에 요로(饒魯)의 말로 "此一段, 是於八者之中, 揭出一箇總要處. 蓋天下之本在國, 國之本在家, 家之本在身, 是皆當以脩身爲本. 前兩段是詳說之, 此一段是反說約也.(이 하나의 단락은 팔조목 가운데 하나의 총괄처를 게시하였다. 대개 천하의 근본은 나라에 있고, 나라의 근본은 집안에 있으며, 집안의 근본은 자신의 몸에 있으니, 이것은 모두 수신(修身)을 근본으로 삼는다. 앞 단락은 상세하게 말한 것이고 이 단락은 뒤집어서 간략하게 말하였다.)"라고 실려 있다.

175) 요로(饒魯, 1194~1264) : 송나라 때의 유학자로 요주의 여간 사람이며, 자는 중원(仲元)이며, 호는 쌍봉(雙峰)이다. 황간에게 학문을 배우고, 평생 동안 벼슬하지 않아 그의 사후 문인들이 그에게 사시(私諡)를 문원(文元)이라 올렸다. 저서로는 『오경강의』, 『논맹기문(論孟紀聞)』, 『춘추절전(春秋節傳)』, 『학용찬술(學庸纂述)』, 『근사록주(近思錄註)』, 『태극삼도(太極三圖)』, 『용학십이도(庸學十二圖), 『서명도(西銘圖)』 등이 있다.

176) 호광 편(胡廣 編), 『대학장구대전(大學章句大全)』.

177) 진력(陳櫟, 1252~1334) : 자는 수옹(壽翁)이고, 호는 정우(定宇) 또는 동부노인(東阜老人)이다. 송말원초 때 휘주(徽州) 휴녕(休寧) 사람이다. 송나라가 망하자 은거하여 학문과 제자 양

했지만 위로는 정심·성의·치지·격물 공부를 포괄하고, 아래로는 제가·치국·평천하의 효험을 포괄한다."

[經1-7]

其本亂而末治者否矣. 其所厚者薄, 而其所薄者厚, 未之有也.
그 근본이 어지러운데 말단이 다스려지는 경우는 없고, 두텁게 해야 할 것에 엷게 하면서 엷게 할 것에 두텁게 하는 경우는 없었다.

朱註

本, 謂身也.
본(本)은 몸을 말한다.

詳說

○『大全』曰: "接上文'本'字."178)
『대학장구대전(大學章句大全)』에서 말하였다. "여기에서 '본(本)'자는 앞의 경문 '일시개이수신위본(壹是皆以修身爲本)'에서 '본(本)'자와 이어진다."

○ 朱子曰: "天下·國·家爲末."179)
주자가 말하였다. "천하와 나라와 집안은 말단이다."

○ 按: 此節照應上'物有本末'節. 蓋八目之'修身'與三綱之'明明德'相同, 故皆以本言之.
내가 생각하건대, 이 절(節)은 위 '물유본말(物有本末)' 절(節)과 호응한다. 대개 팔조목의 '수신(修身)'은 삼강령의 '명명덕(明明德)'과 서로 같기 때문에 모두 근

성에 힘썼다. 학문 성향은 주희(朱熹)의 학문을 위주로 하면서 육구연(陸九淵)의 심학(心學)을 아울러 취하려 하였다. 인종(仁宗) 연우(延祐) 초에 향시(鄕試)에 급제했지만 예부시(禮部試)에 나가지 않고 집에서 학생들을 가르쳤다. 효성과 우애가 지극했고, 세력이나 이익에 휩쓸리지 않았다. 주희와 여러 학자의 학설을 채집하고 자신의 견해를 덧붙여 『상서집전찬소(尙書集傳纂疏)』를 저술하였다. 그 밖의 저서에 『사서발명(四書發明)』, 『예기집의(禮記集義)』, 『역조통략(歷朝通略)』, 『근유당수록(勤有堂隨錄)』, 『정우집(定宇集)』 등이 있다.

178) 호광 편(胡廣 編), 『대학장구대전(大學章句大全)』.

179) 주희(朱熹), 『대학혹문(大學或問)』 권1.

본으로써 그것을 말하였다.

◯ 言身不修而能齊·治·平者, 無矣.

'본, 위신야(本, 謂身也)'라고 한 것은 몸이 수양되지 않고 제가·치국·평천하 할 수 있는 경우가 없음을 말한다.

朱註

所厚, 謂家也.

두텁게 해야 할 것은 집안을 말한다.

詳說

◯ **三山陳氏曰:"國·天下, 本非所薄, 自家視之, 則爲薄也."**[180]

삼산 진씨(三山陳氏:陳孔碩)[181]가 말하였다. "나라와 천하는 본래 얇게 할 것이 아니지만 집의 입장에서 본다면 얇게 할 것이 된다."

◯ 言薄於家者, 必不能厚於國·天下也. '所'字下皆有'當'字意.

'소후, 위가야(所厚, 謂家也)'라고 한 것은, 집안에 얇게 하는 사람은 반드시 나라와 천하에 두텁게 할 수 없다는 것을 말한다. '소(所)'자 아래에는 모두 '당(當:마땅히 ~해야 한다)'자의 뜻이 있다.

◯ **朱子曰:"孟子言'無所不薄', 其言本於此."**

주자가 말하였다. "맹자는 '무소불박(無所不薄:얇지 않은 것이 없다)'이라고 말했는데,[182] 그 말은 여기에 근본한다."

◯ **新安陳氏曰:"前言齊, 正倫理也; 此言厚, 篤恩義也. 『書』謂'惇敍九族', '敍'卽'齊'之意, '惇'卽'厚'之意."**[183]

180) 호광 편(胡廣 編), 『대학장구대전(大學章句大全)』.

181) 진공석(陳孔碩):자는 부중(膚仲)·숭청(崇清)이고 송(宋)나라 때 후관현(侯官縣:현 복건성 복주시(福州市)) 사람이다. 순희(淳熙) 2년(1175년)에 진사에 급제하여 무주호조(婺州戶曹), 예부랑중(禮部郎中), 비각수찬(秘閣修撰)을 역임하였다. 처음에는 장식(張栻), 여조겸(呂祖謙)에게서 배우다가 뒤에 주자에게 배웠다. 저서에 『대학강의(大學講義)』, 『중용강의(中庸講義)』, 『용학강록(庸學講錄)』 등이 있다.

182) 맹자는 '무소불박(無所不薄:얇지 않은 것이 없다)'이라고 말했는데:『맹자(孟子)』「진심상(盡心上)」 제44장에서 "맹자가 말하였다. '그만두어서는 안 될 것에 그만두는 사람은 그만두지 못하는 것이 없을 것이고, 두텁게 해야 할 것에 얇게 한다면 얇지 않은 것이 없다.'(孟子曰:'於不可已而已者, 無所不已; 於所厚者薄, 無所不薄也.')"라고 하였다.

신안 진씨(新安陳氏 : 陳櫟)184)가 말하였다. "앞에서 집안에 대해 제(齊 : 가지런하게 하다)라고 말한 것은 윤리를 바로잡은 것이고 ,여기에서 집안에 대해 소후(所厚 : 두텁게 할 것)라고 말한 것은 은애(恩愛)와 의리(義理)를 돈독하게 하는 것이다. 『서』에서 이른바 '돈서구족(惇叙九族 : 구족을 돈독하게 하고 질서 지운다)'이라고 한 것185)과 같으니, '서(叙)'자는 곧 '제(齊 : 가지런하게 하다)'라는 뜻이고, '돈(惇)'자는 곧 '후(厚 : 두텁게 하다)'라는 뜻이다."

朱註

此兩節結上文兩節之意.

이 두 절(節)은 위 글의 두 절(節)의 뜻을 맺은 것이다.

---

183) 호광 편(胡廣 編), 『대학장구대전(大學章句大全)』에 진력(陳櫟)의 말로 "此兩節結八目. 前於家言齊, 正倫理也; 此於家言所厚, 篤恩義也. 亦如『書』所謂'惇叙九族', '叙'卽'齊'之意, '惇'卽'厚'之意歟.(이 두 구절은 팔조목을 결론지은 것이다. 앞에서 집안에 대해 제(齊 : 가지런하게 하다)라고 말한 것은 윤리를 바로잡은 것이고, 여기에서 집안에 대해 소후(所厚 : 두텁게 할 것)라고 말한 것은 은애(恩愛)와 의리(義理)를 돈독하게 하는 것이다. 이것은 또한 예컨대 『서』에서 이른바 '돈서구족(惇叙九族 : 구족을 돈독하게 하고 질서 지운다)'이라고 한 것과 같으니, '서(叙)'자는 곧 '제(齊 : 가지런하게 하다)'라는 뜻이고, '돈(惇)'자는 곧 '후(厚 : 두텁게 하다)'라는 뜻이다.)"라고 실려 있다.

184) 진력(陳櫟, 1252~1334) : 자는 수옹(壽翁)이고, 호는 정우(定宇) 또는 동부노인(東阜老人)이다. 송말원초 때 휘주(徽州) 휴녕(休寧) 사람이다. 송나라가 망하자 은거하여 학문과 제자 양성에 힘썼다. 학문 성향은 주희(朱熹)의 학문을 위주로 하면서 육구연(陸九淵)의 심학(心學)을 아울러 취하려 하였다. 인종(仁宗) 연우(延祐) 초에 향시(鄕試)에 급제했지만 예부시(禮部試)에 나가지 않고 집에서 학생들을 가르쳤다. 효성과 우애가 지극했고, 세력이나 이익에 휩쓸리지 않았다. 주희와 여러 학자의 학설을 채집하고 자신의 견해를 덧붙여 『상서집전찬소(尙書集傳纂疏)』를 저술하였다. 그 밖의 저서에 『사서발명(四書發明)』, 『예기집의(禮記集義)』, 『역조통략(歷朝通略)』, 『근유당수록(勤有堂隨錄)』, 『정우집(定宇集)』 등이 있다.

185) 『서』에서 이른바 '돈서구족(惇叙九族 : 구족을 돈독하게 하고 질서 지운다)'이라고 한 것 : 『서경(書經)』「우서(虞書) · 고요모(皐陶謨)」에서 "옛날 고요(皐陶)의 말을 상고하건대, 고요는 '진실로 그 덕을 실행하면 도모하는 것이 밝아지고 보필하는 사람이 화해할 것입니다.'라고 말하였다. 우(禹) 임금은 '너의 말이 옳다! 어떠한 것인가?'라고 말하였다. 고요는 '아! 훌륭합니다. 몸을 수양하기를 삼가고, 생각을 길게 하며, 구족(九族)을 돈독하게 하고 질서 지우며, 여러 현명한 사람들이 힘써 도우면 가까운 데서부터 먼 데 미루어 나감이 여기에 달려 있습니다.'라고 말하였다. 우(禹) 임금은 창언(昌言)에 절하며 '너의 말이 옳다!'라고 하였다.(曰若稽古皐陶, 曰 : '允迪厥德, 謨明, 弼諧.' 禹曰 : '兪! 如何?' 皐陶曰 : '都! 愼厥身修, 思永, 惇敍九族, 庶明勵翼, 邇可遠, 在茲.' 禹拜昌言曰 : '兪!')"라고 하였다.

詳說

◯ 雲峰胡氏曰 : "前節於工夫中拈出修身, 正結; 後節於功效中拈出身與家, 反結."[186]

운봉 호씨(雲峯胡氏 : 胡炳文)가 말하였다. "앞 절(節)은 공부 측면에서 수신(修身)을 끄집어내어 정면으로 결론지었고, 뒤 절(節)은 효험 측면에서 수신과 제가(齊家)를 끄집어내어 반면(反面)으로 결론지었다."

◯ 雙峰饒氏曰 : "上節與此節上一句, 教人以修身爲要, 下句教人以齊家爲要. 周子曰, '治天下有本, 身之謂也; 治天下有道, 家之謂也', 得此意矣."[187]

쌍봉 요씨(雙峰饒氏 : 饒魯)[188]가 말하였다. "앞 절(節)과 이 절(節)의 앞부분의 한 구절[189]은 사람들에게 수신(修身)을 중요시하도록 한 것이고, 뒷부분의 구절[190]은 사람들에게 제가(齊家)를 중요시하도록 한 것이다. 주자(周子 : 周敦頤)가 '천하를 다스리는 데 근본이 있으니 수신이 바로 이것이고, 천하를 다스리는 데 방법이 있으니 제가가 바로 이것이다.'라고 말한 것[191]은 이 뜻을 터득한 표현이다."

朱註

右經一章, 蓋孔子之言, 而曾子述之.[凡二百五字.] 其傳十章, 則曾子之意, 而門人記之也.

---

186) 호병문(胡炳文), 『사서통(四書通)』「대학통(大學通)」.

187) 호광 편(胡廣 編), 『대학장구대전(大學章句大全)』.

188) 요로(饒魯, 1194~1264) : 송나라 때의 유학자로 요주의 여간 사람이며, 자는 중원(仲元)이며, 호는 쌍봉(雙峰)이다. 황간에게 학문을 배우고, 평생 동안 벼슬하지 않아 그의 사후 문인들이 그에게 사시(私諡)를 문원(文元)이라 올렸다. 저서로는 『오경강의』, 『논맹기문(論孟紀聞)』, 『춘추절전(春秋節傳)』, 『학용찬술(學庸纂述)』, 『근사록주(近思錄註)』, 『태극삼도(太極三圖)』, 『용학십이도(庸學十二圖), 『서명도(西銘圖)』 등이 있다.

189) 앞 절(節)과 이 절(節)의 앞부분의 한 구절 : [경1-6]의 '자천자이지어서인, 일시개이수신위본(自天子以至於庶人, 壹是皆以修身爲本)'과 [경1-7]의 첫 구절인 '기본란이말치자부의(其本亂而末治者否矣)'를 가리킨다.

190) 뒷부분의 구절 : [경1-7]의 뒤 구절인 '기소후자박, 이기소박자후, 미지유야(其所厚者薄, 而其所薄者厚, 未之有也)'를 가리킨다.

191) 주자(周子 : 周敦頤)가 '천하를 다스리는 …… 제가가 바로 이것이다.'라고 말한 것 : 주돈이(周敦頤), 『주원공집(周元公集)』 권1에는 "천하를 다스리는 데 근본이 있으니 수신(修身)이 바로 이것이고, 천하를 다스리는 데 법칙이 있으니 제가(齊家)가 바로 이것이다.(治天下有本, 身之謂也; 治天下有則, 家之謂也.)"라고 되어 있다.

위는 경문(經文) 1장(章)이니, 공자가 말한 내용을 증자(曾子)가 기술한 것이다.[모두 205자이다.] 전문(傳文) 10장(章)은 증자(曾子)의 뜻을 문인(門人)이 기록한 것이다.

詳說

○ 去聲, 下幷同.

'기전십장(其傳十章)'에서 '전(傳)'자는 거성(去聲)이고, 아래도 아울러 같다.

○ 朱子曰: "子思以授孟子."[192]

'이문인기지야(而門人記之也)'와 관련해서, 주자가 말하였다. "자사(子思)가 그것을 맹자에게 주었다."

○ 『大全』曰: "'蓋', 疑辭. '則', 決辭."[193]

『대학장구대전(大學章句大全)』에서 말하였다. "'개공자지언(蓋孔子之言)'에서 '개(蓋)'자는 의심하는 말이고, '즉증자지의(則曾子之意)'에서 '즉(則)'자는 결단하는 말이다."

○ '言'較重, '意'較輕.

'개공자지언(蓋孔子之言)'에서 '언(言)'자는 비교적 무겁고, '즉증자지의(則曾子之意)'에서 '의(意)'자는 비교적 가볍다.

○ 經傳記述之事, 當在於篇題而在此者, 以其無明文也. 故於篇題概以'孔氏之遺書'冠之, 而特詳著於經傳之間, 以承上而生下云.

경(經)과 전(傳)을 기술하는 일은 마땅히 책 제목에 있어야 하는데 여기에 있는 것은 그것을 분명히 밝힌 글이 없기 때문이다. 그러므로 책 제목에서는 대략 '공씨지유서(孔氏之遺書 : 공씨(孔氏 : 孔子)가 남긴 글이다)'라는 말로써 첫머리에 두었고, 경(經)과 전(傳) 사이에 특별히 상세하게 드러내어서 위를 잇고 아래가 생겨나도록 하였다.

朱註

舊本頗有錯簡, 今因程子所定, 而更考經文, 別爲序次如左.[凡一千五百四十六字.]

구본(舊本 : 오랜 예전의 책)에 자못 착간(錯簡)이 있기 때문에, 이제 정자(程子 : 程頤)가 확정한 것을 따르고, 다시 경문(經文)을 상고하여 별도로 차례를 만들었으

192) 주희(朱熹), 『대학혹문(大學或問)』 권1.

193) 호광 편(胡廣 編), 『대학장구대전(大學章句大全)』.

니, 아래와 같다.[모두 1,546자이다.]

詳說

○ 叔子.

'금인정자소정(今因程子所定)'에서 정자(程子)는 동생 정이(程頤)이다.

○ 二程皆有『大學』改正本, 而『章句』取用伊川本.

'금인정자소정(今因程子所定)'과 관련해 볼 때, 정호(程顥)와 정이(程頤)에게는 모두 『대학(大學)』 개정본이 있었는데, 『대학장구(大學章句)』는 이천(伊川 : 程頤)의 개정본을 취해 사용하였다.

○ 彼列反.

'별위서차여좌(別爲序次如左)'에서 '별(別)'자는 '피(彼)'와 '열(列)'의 반절이다.

○ 按 : 伊川本'未之有也'下有'子曰, 聽訟'至'知之至也'. 而『章句』依經文舊本移置于後, 故云然.

내가 생각하건대, 이천(伊川 : 程頤)의 개정본에는 위 본문 '미지유야(未之有也)' 아래에 '자왈, 청송(子曰, 聽訟)'에서 '지지지야(知之至也)'까지의 글[194]이 있었다. 그런데 『대학장구(大學章句)』에서는 경(經)의 글과 옛 판본에 의거하여 그것을 뒤에 두었기 때문에 그렇게 말하였다.

朱註

凡傳文, 雜引經傳, 若無統紀, 然文理接續, 血脈貫通, 深淺始終, 至爲精密. 熟讀詳味, 久當見之. 今不盡釋也.

모든 전문(傳文)은 경전(經傳)을 섞어 인용하여 체계가 없는 것 같지만, 문리(文理)가 이어지고 혈맥(血脈)이 관통하여 깊음과 얕음, 시작과 끝이 지극히 정밀하니, 익숙히 읽고 자세히 음미하기를 오래하면 마땅히 알 수 있을 것이다. 그러므로 여기서 다 풀이하지는 않는다.

---

194) '자왈, 청송(子曰, 聽訟)'에서 '지지지야(知之至也)'까지의 글 : 「전(傳)」 제4장 "공자는 '송사(訟事)를 다스림에는 나는 다른 사람과 같지만, 반드시 백성들에게 송사(訟事)함이 없도록 하겠다!'라고 말했으니, 실정(實情)이 없는 사람이 그 거짓말을 다하지 못하게 하는 것은 백성의 마음을 크게 두려워하도록 했기 때문이다. 이것을 일러 근본을 안다고 하는 것이다.(子曰 : '聽訟吾猶人也, 必也使無訟乎!' 無情者不得盡其辭, 大畏民志. 此謂知本.)"에서 「전(傳)」 제5장 "이것을 일러 앎이 지극하다고 말한다.(此謂知之至也)"까지를 가리킨다.

詳說

◯ 知之.

'구당견지(久當見之)'에서 '견지(見之)'는 '지지(知之 : 그것을 알다)'라는 뜻이다.

◯ 於此一提以該十章.

'금부진석야(今不盡釋也)'라고 한 것은, 여기에서 한 번 제기하여 전(傳) 10장 전부를 갖추었다.

◯ 新安陳氏曰 : "傳十章, 朱子有不盡釋者. 然其不可不知者, 未嘗不釋也. 學者於其所釋者熟讀精思, 則其不盡釋者自當得之矣."[195]

'금부진석야(今不盡釋也)'와 관련해서, 신안 진씨(新安陳氏 : 陳櫟)가 말하였다. "전(傳) 10장에 대해 주자가 다 풀이하지 않은 것이 있다. 그러나 몰라서는 안 될 것에 대해서는 풀이하지 않은 적이 없다. 배우는 사람들은 주자가 풀이한 것을 숙독하고 정밀하게 생각하면, 다 풀이하지 않은 것은 당연히 터득할 수 있을 것이다."

◯ 按 : 誠·正·修三傳以外, 凡引用古經傳, 其例大概相同. 與『西銘』引古事之例相近, 讀者當自見矣.

내가 생각하건대, 성의·정심·수신 세 개의 전(傳) 이외에 옛 경전을 인용한 모든 것은 그 사례가 대개 서로 같다. 『서명(西銘)』에서 고사(古事)를 인용한 사례[196]와 서로 비슷하니 독자들은 마땅히 스스로 보아야 할 것이다.

◯ 此註似當在書末而在此者, 所以附於記傳之說之下也. 舊著圈, 今依『大全』, 低一字書之.

이 주석은 마땅히 책의 끝에 있어야 할 것 같은데 여기에 있는 것은 그것으로써 전(傳)의 말을 기록한 것 아래에 붙여서이다. 옛 판본에는 '동그라미(◯ : 圈)'로 드러내었는데, 이제 『대학장구대전(大學章句大全)』에 의거하여 한 글자를 낮추어 썼다.

---

195) 호광 편(胡廣 編), 『대학장구대전(大學章句大全)』.

196) 『서명(西銘)』에서 고사(古事)를 인용한 사례 : 장재(張載), 『서명(西銘)』에서 "맛있는 술을 싫어하는 것은 숭백(崇伯)의 아들인 우(禹) 임금이 부모의 봉양을 돌보는 것이고, 영재(英才)를 기르는 것은 영봉인(潁封人)이 효자의 같은 무리를 만드는 것이다. 노고를 게을리하지 않고 부모를 마침내 기쁘게 한 것은 순(舜) 임금의 공로이고, 도망하지 않고 죽음을 기다린 것은 신생(申生)의 공손함이다. 부모에게 받은 몸을 온전히 해서 돌아간 자는 증삼(曾參)이고, 따르는 데 용감하고 명령에 순종한 자는 백기(伯奇)이다.(惡旨酒, 崇伯子之顧養; 育英才, 潁封人之錫類. 不弛勞而底豫, 舜其功也; 無所逃而待烹, 申生其恭也. 體其受而歸全者, 參乎; 勇於從而順令者, 伯奇也.)"라고 한 말을 가리킨다.

연구번역자 소개

신창호(申昌鎬)

현) 고려대학교 교수
고려대학교 박사(동양철학/교육사철학 전공)
고려대학교 교육문제연구소 소장
한국교육철학학회 회장·한중철학회 회장
「『중용』 교육사상의 현대적 조명」(박사학위논문), 『유교의 교육학 체계』 외 다수의 논문·번역·저서가 있음

김학목(金學睦)

현) 고려대학교 연구교수
건국대학교 박사(한국철학 전공)
해송학당 원장(동양학·사주명리 강의)
「박세당의 『신주도덕경』 연구」(박사학위논문), 『한국주역대전』 외 다수의 논문·번역·저서가 있음

윤원현(尹元鉉)

전) 고려대학교 연구교수
私立中國文化大學 박사(朱子哲學 전공)
한중철학회 회장
「從朱子思想中之天人架構闡論其義理脈絡」(박사학위논문), 『성리대전』 외 다수의 논문·번역·저서가 있음

조기영(趙麒永)

현) 고려대학교 연구교수
연세대학교 박사(한문학 전공)
서정대 교수·연세대국학연구원 연구원
「하서 김인후 시 연구」(박사학위논문), 『한국시가의 정신세계』 외 다수의 논문·번역·저서가 있음

김언종(金彦鍾)

현) 고려대학교 명예교수
國立臺灣師範大學(韓國經學 전공)
한국고전번역원 이사·고전번역학회 회장
「丁茶山論語古今注原義總括考徵」(박사학위논문), 『(역주)시경강의』 외 다수의 논문·번역·저서가 있음

임헌규(林憲圭)

현) 강남대학교 교수
한국학중앙연구원 박사(동양철학 전공)
동양고전학회 회장
「유가의 심성론 연구 – 맹자와 주희를 중심으로」(박사학위논문), 『공자에서 다산 정약용까지 – 유교 인문학의 동서철학적 성찰』 외 다수의 논문·번역·저서가 있음

허동현(許東賢)

현) 경희대학교 교수
고려대학교 박사(한국근대사 전공)
경희대학교 학부대학 학장·한국현대사연구원 원장
「1881년 조사시찰단 연구」(박사학위논문), 『한국의 국가 형성과 민주주의』 외 다수의 논문·번역·저서가 있음

대학장구상설 연구번역 연구진

연구책임자

신창호(고려대학교)

전임연구원	공동연구원
김학목(고려대학교)	김언종(고려대학교)
윤원현(고려대학교)	임헌규(강남대학교)
조기영(고려대학교)	허동현(경희대학교)
	박성빈(고려대학교, 전산)

대학장구상설 1

초판발행 2019년 8월 25일

원저자 박문호
책임역주 신창호
공동역주 김학목 · 윤원현 · 조기영 · 김언종 · 임헌규 · 허동현
펴낸이 노현

편 집 문선미
디자인 BEN STORY
제 작 우인도 · 고철민

펴낸곳 ㈜ 피와이메이트
서울특별시 금천구 가산디지털2로 53 한라시그마밸리 210호(가산동)
등록 2014. 2. 12. 제2018-000080호
전 화 02)733-6771
f a x 02)736-4818
e-mail pys@pybook.co.kr
homepage www.pybook.co.kr
ISBN 979-11-90151-25-2 94140
979-11-90151-24-5 (세트)

정 가 13,000원 (세트 35,000원)

박영스토리는 박영사와 함께하는 브랜드입니다.